제자
　　삼는
교회

제자 삼는 교회

1쇄 발행	2016년 8월 26일
2쇄 발행	2024년 1월 20일
지은이	빌 헐
옮긴이	장택수
펴낸이	고종율
펴낸곳	주)도서출판 디모데 〈파이디온선교회 출판 사역 기관〉
등록	2005년 6월 16일 제 319－2005－24호
주소	서울특별시 서초구 서초대로 141-25(방배동, 세일빌딩)
전화	마케팅실 070) 4018-4141
팩스	마케팅실 02) 6919-2381
홈페이지	www.timothybook.com

ISBN 978-89-388-1603-0 03230
ⓒ 2016 도서출판 디모데 All rights reserved. 〈Printed in Korea〉

제자 삼는 교회

건강한 교회를 꿈꾸는

리더들을 위한
제자양육 지침서

빌 헐 지음 | **장택수** 옮김

추천사

제자 삼는 교회에 대한 빌 헐의 비전은 내 삶에 큰 변혁을 일으키고 우리 교회 리더들에게 큰 영감을 주었다. 예수 그리스도의 제자로 살면서 새로운 제자를 양육하는 교회를 세우고자 하는 목회자나 평신도 리더에게 필독을 권한다.

브라이언 벤슨 Brian Benson
캘리포니아 주 치노밸리, 치노밸리커뮤니티 교회 담임목사

제자도의 권위자인 빌 헐은 이 시대의 교회에 큰 영향력을 발휘한다. 폭넓은 목회 경험으로 전 세계 교회와 교단을 대상으로 상담하면서 얻은 이론적 토대와 실제적 조언을 고스란히 담은 책이다.

마이클 윌킨스 Michael J. Wilkins
바이올라 대학교, 탈봇 신학대학원 학장 및 신약성경 언어·문헌 석학교수

빌 헐은 이번에도 어김없이 나에게 큰 도전을 주었다. 뛰어난 말솜씨와 열정으로 제자양육이 무엇인지를 성경적으로 탁월하게 풀어냈다. 삶과 사역을 돌아볼 계기를 주는 빌 헐의 책을 진심으로 추천한다.

짐 피어슨 Jim Pearson
인디애나 주 포트웨인, 브룩사이드 교회 담임목사
『시장에 도사리는 지뢰밭』(Minefields in the Marketplace) 저자

우리 교회는 리더들을 위한 훈련 교재로 빌 헐의 책을 사용하고 있다. 원래도 훌륭한 책인데 개정판이 나와서 무척 기쁘다.

바이런 모건 Byron Morgan
조지아 주 매리에타, 마운틴뷰 교회 담임목사

교회에서 제자를 세우는 데 필요한 노하우와 새로운 통찰을 제시하는 촉매 역할을 하는 책이다. 교회는 제자 삼는 기본 임무로 돌아가야 한다. 빌 헐이야말로 교회들을 지상명령으로 이끄는 데 가장 적합한 교사다.

샌디 메이슨 Sandy Mason
애리조나 주 피닉스, 데저트뷰바이블 교회 담임목사

예수님의 명령은 그 명령을 거부하는 사람에게는 말로 표
현하기 힘들 정도로 어려우나 명령을 기꺼이 따르는 사람
에게는 쉬운 멍에요 가벼운 짐이다.

___ **디트리히 본회퍼**
　『나를 따르라』(*The Cost of Discipleship*)에서

서문

패스트푸드와 빠른 인터넷에 익숙한 시대에 사는 우리는 진정한 제
자도 대신 별다른 노력과 헌신이 필요하지 않은 피상적 공동체 경험
과 신앙훈련 프로그램을 선택해 왔다. 교회는 수적인 성장을 이루었
을지 모르나 우리가 맺는 하나님과의 관계 차원에서는 깊이 잠수하
지 못하고 얕은 물에서 물장구만 치고 있는 형국이다.

　모든 것을 버리고 랍비를 따르기로 선택한 사람들과 비교할 때 우
리는 너무 멀리 떨어져 있다. 이 책은 이 시대가 망각한 제자도로 돌
아가도록 촉구하는 목소리다. 저자는 우리 모두가 예수 그리스도에
게서 배우는 동시에 서로 배워야 한다는 명확한 성경의 명령을 상기
시켜 준다. 아울러 예수를 따르는 일에 헌신하고, 자신의 삶과 교회
에 대한 기대치를 높이라고 말한다. 많은 영감을 불러일으키는 책이
지만 우리에게 무언가를 향한 열망만 주는 데서 그치지 않는다. 실
제적 도구와 진리를 제시하여 참된 제자도의 길로, 우리의 랍비이신
예수님이 걸어가신 길로 교회를 인도한다.

　젊은 목사로서 교회개척이라는 험난한 정글에 발을 내디딘 이후
지금도 같은 교회에서 목회하는 내 경험을 돌아보면, 실제적이면서
도 성경적인 제자도를 상세히 알려 주는 멘토를 만나기란 매우 어려
운 일이다. 교회의 수적 성장을 다루는 책은 흔하지만 독자에게 깊

이 도전하는 책은 드물다. 특히 우리 세대는 빠른 해결책과 고속 성장에 집착하기 때문에 인기 있고 거창하며 대단한 사역을 펼치는 사람에게만 귀를 기울이는 경향이 있다. 지금이야말로 빌 헐처럼 우리가 당면한 문제들을 이미 경험하고, 예수님의 멍에를 지며, 사람들을 같은 여정으로 인도할 때 얻는 자유를 발견한 선배들의 풍성한 경험에 귀를 기울여야 할 때다.

이 책에는 빌의 다양한 목회 경험, 하나님 말씀에 대한 깊은 이해, 지난 2000년 동안의 교회 역사가 담겨 있다. 책을 읽다 보면 교회를 향한 저자의 열정과 교회의 무한한 가능성에 대한 그의 비전이 느껴진다. 모든 하나님의 백성이 전심으로 여호와를 따르도록 하나님께 지혜와 비전을 간구해 본 사람이라면 이 책에서 그 마음의 소원을 이룰 수 있을 것이다. 내가 그랬듯이 모든 독자가 이 책과 함께 즐겁게 여행하기를 기도한다.

르노 반데르 리트
플로리다 주 오클랜드. 모자이크커뮤니티 교회 담임목사

제자 삼는 교회,
합력해서 발휘하는 힘

제자 삼기는 모두의 의무인가?

이것이 1990년판 머리말의 제목이었다. 이 질문에는 교회들이 벌이는 활동 중에 제자양육으로 분류하기 어려운 활동이 있다는 가정이 전제되어 있다. 제자 삼기가 모두의 의무라는 내 생각에는 변함없다. 많은 교회가 다른 일을 하려고 결정을 내린다. 나에게는 이런 궁금증이 있다. 교회는 왜 제자 삼기 없이 복음전도만 하려고 할까? 물론 제자로 삼으려면 전도가 필요하다. 예수님도 "그러므로 너희는 가서 모든 민족을 제자로 삼아 아버지와 아들과 성령의 이름으로 세례를 베풀고"(마 28:19)라고 하셨다. 예수님을 따르지 않는 사람에게는 세례를 베풀 필요가 없다. 예수님의 지상명령은 교육을 포함한다. "내가 너희에게 분부한 모든 것을 가르쳐 지키게 하라"(20절). 제자도(discipleship)는 예수님을 따르는 삶의 행동 전반을 지칭한다는 점에서 제자 삼기(disciple making)와 구별된다. 제자 삼으라는 명령과 제자로 삼는 행동에도 구별이 필요하다.

1990년판 머리말에서 어느 목사에게 들은 말을 소개한 적이 있다. "제자 삼기를 강조하셨는데 제가 보기에 제자 삼기는 모두가 지켜야 할 명령이 아닙니다." 예수님이 상대론자라도 된다는 말인가? 마치 예수님이 우리에게 가서 사람을 제자로 삼으라고 하셨지만 모두가 원하는 일이 아닐 수도 있고, 그 일이 맞지 않는 사람이 있을 수도 있다는 뉘앙스를 풍긴다. 만약 교회 안에 있지만 예수님을 따르고 싶어 하지 않는 사람들이 있다면 어떻게 해야 할까? 우리는 그들을 강제로 예수님을 따르게 할 수 없으며 그러려고 해서도 안 된다. 어떤 수단으로든 누군가에게 행동을 강요하면 반발과 역효과를 낳는다. 오늘의 교회가 바로 그 증거다. 교인들은 의복을 갖춰 입고 십자가를 들고 행렬을 따르는 시종이 되었다. 또 성경을 가르치고 안내위원으로 봉사하며 원하면 교회에서 목양도 담당한다. 그들은 우리가 믿음이라고 부르는 방식으로 예수님을 믿고, 머리로는 그분의 가르침과 교회의 교리에 동의한다. 그런데 그 모든 일을 하면서도 정작 예수님은 따르지 않는다. 이 시대 상당수 교회에서는 복음의 기본 사실에만 동의하면, 죄를 용서받고 천국을 보장받으며 예수 그리스도가 다시 오실 때까지 종교적 의무 몇 가지만 지키면 된다고 말한다.

이렇게 복음을 축소하고 새로운 제자가 복음에 자연스럽게 보이는 반응, 즉 예수님을 따르고 그분의 삶을 중심으로 자신의 삶을 수정하는 일을 망각해 왔다. 그리스도를 영접하는 일은 결승점이 아니라 출발점이다. '게임의 시작'인 것이다. 예수님이 우리를 구원하기 위해 어떤 대가를 치르셨는가? 자신의 생명을 버리셨다. 우리는 어떤 대가를 치러야 하는가? 우리의 삶이다. 바로 그것이다. 우리의 삶을 번제물인 산 제물로 드려야 한다. "하나님이 자신의 전부를 바친 대가를 값싼 것으로 전락시키지 말라"고 했던 본회퍼의 말을 기억하라.[1]

모든 제자 삼는 활동은 복음의 실제와 복음이 우리에게 요구하는 것에 기초한다. 회개와 새로운 삶에 대한 갈망을 요구하지 않는 형식적 기도는 복음에 대한 조롱이다. 구원에 대한 일반적 시각에는 변화에 대한 요구, 아니 변화 자체가 생략되어 있다. 이는 회중에게 불편한 의구심을 일으킨다. "누가 구원받고 누구는 구원받지 못했나?" "구원받지 않았으면서 자신이 구원받았다고 지금까지 잘못 안 사람은 누구인가?"

사람들이 그토록 회피해 온 제자 삼는 활동이란 대체 무엇인가? 제자 삼는 활동의 핵심은 두 가지다. 우선 "가서 모든 민족을 제자로 삼아 세례를 베풀라"는 명령은 사람들에게 예수님에 대해 말하는 일, 즉 간증과 복음전도라는 제자의 의도적 노력을 뜻한다. 간증이란 자신의 삶에서 하나님이 하신 일을 말하는 것이고 복음전도란 그리스도의 이야기, 성육신, 생애, 죽음, 부활, 재림, 하나님과 함께 하는(또는 하나님 없는) 내세를 전하는 것이다.

다음 핵심은 "내가 너희에게 분부한 모든 것을 가르쳐 지키게 하라"다. 사람들에게 순종을 가르치는 일은 제자도 또는 도제교육이라 불린다. 여기에는 누군가의 삶에 대한 결단과 인내와 투자가 필요하다. 오늘의 교회는 하나님이 일하시는 방법을 기다릴 정도의 인내심이 없다. 국가와 교회 모두 이 조바심 때문에 힘이 약해졌다. 교회 리더들은 '즉시 만족'이라는 패스트푸드에 중독되어 있다. 이처럼 우리는 의미를 찾는 것과 성장을 지금 당장 원한다. 리더들이 불만을 가득 품은 이유가 여기 있다. 목회자와 교회 리더는 시간과 노력을 쏟는 대상을 프로그램이 아닌 개인으로 전환하려는 노력이 필요하다. 그렇다고 프로그램을 무조건 줄이라는 말이 아니다. 그리스도를 따르는 제자의 삶을 이해하고 삶으로 살아 내도록 남녀 모두를 훈련하는 장기적 도제교육이 필요하다. 그러자면 책임, 순복, 낮아짐, 무엇보다 많은 신뢰와 보살핌이 필요하다. 앞으로 이 주제에 대해 자세히 살펴볼 예정이다.

도대체 무엇이 문제인가? 세상에는 하나님께 훌륭히 쓰임 받는 다양한 형태의 교회가 있다. 굳이 제자 삼는 교회라는 특정 교회 모델에 관심을 가져야 할 이유가 있을까? 그런데 우리가 하나님께 크게 쓰임 받는 교회라고 생각하는 기준은 주로 교인 수, 규모, 유명세다.

종종 머릿속이 혼미하여 교회에 대해 명확하게 판단하기 어려울 때가 있다. 전 세계에서 분명 놀라운 일이 벌어지고 있는데 말이다. 아시아와 아프리카의 교회 성장은 참으로 놀랍다. 감사가 절로 나올 정도다. 우간다, 중국, 나이지리아에서는 제자 삼는 교회가 큰 원동력이 돼 주었다. 그러나 미국은 제자도에 대한 나태함 때문에 선교하던 나라에서 선교 대상지로 전락하고 말았다. 미국의 복음주의 교회들이 특히 쇠퇴하고 있다. 앞서 언급했듯이 주원인은 그들이 전하는 복음의 피상성이다. 능력 있는 복음이 전해지지 못했기 때문에 제자로서 예수님을 따르는 일을 하나의 선택 사항으로 생각하는 세대가 등장했다. 그들은 제자도가 구원받는 데 반드시 필요하지 않으며 진지하게 그리스도를 따르려는 사람에게만 필요하다고 생각한다. 우리는 탐욕스러운 존재이기에 값싼 복음을 선택할 때가 많다. 그리스도의 몸 안에서 일어나는 성품과 공동체의 문제를 직면하기 싫어서 손쉬운 방법을 택한다. 그 결과 삶이나 행동 면에서 그리스도인과 비그리스도인의 차이가 없어졌다.

변화할 수 있을까?

그리스도가 명령하신 모든 것을 가르쳐 지키게 하라는 명령을 감히 부정할 사람이 있을까? 대부분이 그 명령을 지켜야 한다고는 생각하나 실제로는 명령을 지킬 수 없다고 믿는다. 그들은 명령을 지킬 준비가 안 되었다고 말한다. 예수님의 명령을 지키려면 도제교육과 순종이 필요하다. 또 오늘의 교회 구조에서는 신앙고백을 해야 하는데 고백 자체를 믿지 않을 때가 많다. 우리가 세운 교회 구조에서는 신앙 고백하는 사람들을 제자도와 무관하게 만든다. 예수님을 따르는 데 필요한 요건을 지키지 않아도 교회의 일원이 될 수 있다고 말한다. 우리가 외치는 복음은 그것을 수용하는 사람에게 아무것도 요구하지 않는다. 미국에서 가장 자주 선포되는 복음은 그리스도를 적극적으로 따르는 태도가 아니라 소극적인 태도를 조장한다.

예배를 얼마나 즐겼는가로 자신의 신앙생활을 평가하도록 훈련받은 지난 세대의 그리스도인들을 어떻게 해야 할까? 제자도를 상실하면 그리스도가 명령하신 일을 사람들에게 깊이 가르치고 지키게 할 기회가 없다. 그 증거가 바로 미국의 교회다.

그래서 어떻게 하라는 말인가? 철학자 달라스 윌라드(Dallas Willard)가 말하는 단순한 계획을 추천한다.

무언가를 바꾸겠다고 공표하지 않기를 추천한다. 사람들에게 예수님의 말씀을 가르치는 등 지금까지와 다른 방식으로 일하는 것으로 시작하자. 먼저 제자도가 무엇인지 가르치고 성경에 기초하여 제자도 신학을 제시한다. 제자도를 교회 활동에 포함시킬 방법을 고민하자. 신약성경에서 핵심이 되는 주제들을 깊이 가르친다. 그 주제란 하나님(존재, 본질), 하나님 나라, 그 맥락 속의 예수님, 삶의 방식인 제자도, 자원하는 심령을 가진 사람이 되는 방법, 생각, 뜻, 몸, 혼, 인간관계의 진정한 변화, 예수님의 말씀을 행하는 것이다. 이것이 역사에 걸쳐 검증된 진정한 교회 성장 방법이다. 그리스도인의 확장, 이것이 예수님이 우리에게 맡기신 일이다.[2]

제자 삼기는
모두의 의무인가?

강사로 참석한 세미나에서 셋째 줄에 앉은 목사님 한 분이 손을 들었다. "제자 삼기를 강조하셨는데 제가 보기에 제자 삼기는 모두가 지켜야 할 명령이 아닙니다. 예수님이 제자도의 원리를 몸소 보이셨다는 말씀에는 동의합니다만 사도행전과 서신서에는 제자도가 나오지 않습니다. 제자라는 단어는 사도행전 21장 이후에 사용된 적이 없습니다. 교회는 전혀 다른 문제라는 것을 사도들도 알고 있었던 게 분명합니다. 제자 삼는 일을 모든 교회에 적용하는 것은 무리가 있습니다. 모든 사람이 제자 삼는 일에 관심이 있지도 않고요."

그의 말에 동의하지는 않지만 그런 생각을 하게 된 이유는 알 듯하다. 일부러 악의를 품고 한 말은 아니라고 믿고 싶다. 나는 그의 말을 제자도를 교회의 핵심 사역으로 삼는 과정에서 겪은 좌절과 고민의 표현이라고 본다. 회중의 반대와 사역자들의 거부 등 어려움이 많았을 것이다. 그는 신학적 설명이나 문화적 해명으로 어떻게든 빠져나갈 방법을 찾고자 했다.

과연 그의 말이 맞을까? 제자 삼기는 일부 열성적인 사람들에게만 국한된 일인가? 복음전도 기관이나 교회의 전도위원회만이 세상에 복음을 전하는 임무를 맡아야 하는가? 오늘의 교회에서 제자도는 어디쯤에 있는가?

교회와 제자 삼기

다소 역설적이지만 오늘의 교회가 지상명령으로 돌아가기 위해서는 제자 삼으라는 그리스도의 명령에 전력으로 헌신하는 급진적 변화가 필요하다. 지금까지 시도를 안 해본 것은 아니다. 다양한 운동을 펼쳤지만 두드러진 리더나 기억에 남는 표현이나 이름은 없다. 선교 단체나 교회 조직에서도 제자 삼기와 관련하여 여러 활동을 벌였다. 그러나 여성운동이나 시민운동, 기타 사회정치 단체들과 달리 제자 삼기에 필요한 전략을 조율하고 마련하는 범국가적인 기관이 부족하다. 1970년대에 등장했다가 사라진 목양 프로그램처럼 사람들을 제대로 통제하지도 못했다.

교회는 '예루살렘'에서 즉 '지역'에서 제자 삼는 일은 무시한 채 '먼바다'로 나가서 선교하는 데만 열중했다. 그 결과 국외 선교지뿐만 아니라 국내에서도 심각한 고통을 겪었다. 하지만 '지역'에서 제자 삼는 일이 곧 세계 선교의 열쇠다. 작은 지역에서조차 건강하지 않은 교회라면 그 교회가 하는 선교도 약할 수밖에 없기 때문이다. 그러나 교회가 지역에서 제자 삼는 일을 열심히 하면 두 가지 결과가 일어난다. 그리스도인들이 건강해지고 재생산한다. 배가가 일어나며, 하나님의 방법으로 세상에 복음이 전파된다.

내 생각에 제자 삼기에 반기를 들었던 목사는 그것이 교회 사역의 핵심인 이유를 알려 주는 성경적 토대를 몰라서 그런 게 아닐까싶다. 제자 삼기를 실천하지 않는 교회에서 성장하고 제자 삼기를 가르치지 않는 신학교에 다녔을지도 모른다. 그래서 제자 삼는 일에 대한 두려움과 오해가 가득한 것이다. 그는 믿음을 실행에 옮길 수 있다는 사실을 의심하고 제자 삼는 일은 사역단체나 유관기관에서만 할 수 있다고 생각했을 것이다.

사실 거의 모든 교회가 어떤 식으로든 제자 삼기를 실시한다. 목회자가 설교 중에 성경을 사용하거나 교사가 주일학교에서 성경을 펼칠 때 그 교회는 가장 기초적인 제자도를 실시하는 것이다. 그러나 이제 겨우 시작일 뿐 갈 길은 멀다.

『제자 삼는 자 예수 그리스도』,『목회자가 제자 삼아야 교회가 산다』(이상 요단출판사 역간) 같은 내 책을 읽은 독자들의 반응을 보면 많은 목회자가 제자 삼는 일 때문에 좌절하고 실망한다. 그들은 그리스도와 그분의 교회에 대해 불타는 심장을 가진 헌신된 리더로서, 성경에 순종하고 그리스도를 위해 삶을 바치기를 열망한다. 제자 삼기가 그리스도가 교회에 주신 핵심 명령이라는 믿음도 있다. 그러나 교회 사역이 하찮아지는 현상을 뛰어넘으려면 교인들에게 제자 삼기의 중요성을 인식시키는 동시에 제자 삼기 전략을 실행해야 한다.

제자 삼기가 교회생활의 일부라는 내 주장에 반박하는 사람들에게 대답하는 차원에서 이 책을 썼다. 제자 삼기가 아닌 다른 것을 교회의 핵심으로 삼는 사람이나 제자 삼기를 교회의 핵심으로 삼는 방법이 궁금한 사람이 읽으면 도움이 될 것이다.

제자 삼는 정상적인 교회

나는 제자 삼는 교회가 정상적인 교회라는 논지에서 설명할 것이다. 제자 삼기는 모든 그리스도인과 교회가 해야 하는 일이다. 내가 말하는 제자 삼기란 특정 행사나 프로그램이 아니라 폭넓은 원칙과 과정을 포함한 사역이다.

나는 제자 삼는 교회가 정상적인 교회라고 믿는다. 제자 삼기가 모든 사람과 교회가 해야 하는 일인 이유는 다음과 같다.

1. 그리스도가 세상을 제자 삼는 일에 동참하라고 교회에 지시하셨다.
2. 그리스도가 모범을 보이셨다.
3. 신약의 제자들이 실천에 옮겼다.

이제부터 교회에서 제자 삼기를 실천하는 방법을 자세히 알아볼 것이다. 그런데 우리는 왜 제자 삼기를 고민할까?

제자 삼기는 왜 중요한가?

오늘날 복음주의 교회는 성장하고 자유주의 교회는 쇠퇴한다는 시각이 지배적이다. 자유주의 교회가 내림세를 보인 것이 사실이지만 최근 몇 년 사이에 회복세로 돌아섰다. 복음주의가 꾸준한 성장세를 보인다는 시각에 대해서도 실상을 보면 일부 복음주의 교회는 분명 성장하고 있으나 교회 전체적으로는 내림세다. 인구통계를 봐도 1940년대 이후 인구 증가 대비 감소세를 보인다.

1970-1975년에 복음주의 그리스도인의 수가 증가했으나 그 이후에는 감소했다. 1970년대에 있었던 부흥은 복음주의 그리스도인의 수에 별다른 영향을 끼치지 못했다.[1] 자유주의자들은 교리 때문에 죽어 가고 복음주의자들은 전통의 제단에 세계복음화를 제물로 올려놓았다.

교회가 제자 삼기를 핵심 목표로 여기지 않는다면 세계전도는 환상일 뿐이다. 제자 삼는 일에 먼저 열중하지 않고서는 사람들을 재생산하고 배가하며 파송하고 복음을 전파하는 일이 불가능하다. 우리가 그동안 해온 방식으로는 그리스도의 명령을 이행할 능력이 충분한 사람을 배출하기가 어렵다.

역사적으로 교회는 불순종의 결과 산발적인 성장과 쇠퇴를 지속해 왔다. 복음주의 교회는 대부분이 지상명령에 불순종해 왔다. 제자 삼기를 거부함에 따라 교회는 어느 때보다 쇠퇴했으며 세상은 전혀 복음화되지 않았다.

그러나 건강한 신호가 조금씩 보이고 있다. 의지를 가지고 끝까지 해낼 용기와 인내가 있는지는 의문이지만, 목회자들과 교회 리더들이 제자화 운동에 관심을 보이고 있다. 임무를 완수하려면 중대한 구조적·의식적 변화가 필요하다. 기존 방식을 바꾸고 비생산적인 전통을 제거하는 교단은 하나님의 권능을 경험하고 성장하지만 현재 상태를 고집하는 교단은 원하지 않는 죽음을 맞이할 것이다.

나는 제자 삼기만이 교회의 유일한 미래라는 믿음에서 세 가지 목표를 세웠다.

1. 제자 삼기를 기존 교회가 받아들이기 쉽게 제시한다.
2. 목회자와 교회 리더들에게 성경의 의무를 수용하도록 격려한다.
3. 리더들을 세운다.

제자 삼기를 기존 교회가 받아들이기 쉽게 제시

내 목표는 문을 활짝 열어서 기존 교회가 제자 삼기를 시도하는 데 방해가 되는 모든 장벽을 허무는 것이다. 그러자면 '그리스도 중심' 모델에서 '교회 중심' 모델로 전환이 필요하다. 내가 만든 모델이지만 내 머리에서 나온 결과물은 아니다.

이 책 뒷부분에서 그리스도의 리더십을 전적으로 의지하는 그리스도 중심 모델에서 교회 내에 리더십을 세우는 교회 중심 모델로 제자도의 방향을 바꾸는 성경적인 방법을 설명하려고 한다. 이를 위해 내가 초대교회, 선교교회, 제자교회라고 이름 붙인 사례를 소개할 것이다. 성경을 통한 변증으로 제자도 모델의 여러 측면을 살펴볼 예정이다. 내가 제시한 모델을 이해하고 제자 삼기를 고려하는 교회가 늘어난다면 내 목표는 일단 성공이다.

목회자들과 교회 리더들에게 성경의 의무를 수용하도록 격려

기존 교회를 제자도의 중심지로 탈바꿈시키는 열쇠는 목회자에게 있기 때문에 지상명령에 순종하는 쪽으로 사람들을 이끄는 데 필요한 수단을 리더들에게 제공하고 싶다.

평범한 교회를 제자도 교회로 바꾸려고 할 때 목회자들이 가장 먼저 부딪히는 문제가 있다. 교회의 변화를 위해서는 세 가지 면에서 바뀔 필요가 있다.

설교 목회자는 누구보다 빨리 큰 변화를 일으킬 수 있다. '호통의 강단'은 사람들에게 행동을 촉구하고 하나님 말씀을 통해 하나님의 방법을 교인들에게 제시하는 수단이다. 목회자들은 강단에서 회중에게 지상명령에 대한 순종을 강조하는 설교를 해야 한다.

소그룹 가장 많은 사람에게 가장 의미 있게 접근할 수 있는 최고의 방법은 소그룹이다. 소그룹은 영적 성장에 필요한 모든 요소를 제공한다. 제대로 운영된다면 소그룹을 통해 제자가 만들어지고 리더가 세워지며 사람들이 관계와 신뢰를 얻는다.

리더십 개발 소그룹을 통해 리더들이 세워지고 리더십 공동체에서 도제교육을 받는다.

계속해서 제자도에 대한 관심이 유지되려면 목회자와 평신도 모두를 지원하는 네트워크가 필요하다. 제자 삼는 목회자는 교회를 떠나더라도 남은 평신도에게 자신의 비전과 리더십을 전수해야 한다. 그러나 새로 오는 목회자도 자기 생각을 제시하며 평신도에게 따르라고 요구할 것이다. 일반적으로 목회자 교체는 신학이나 사역철학 때문이 아니라 교인 수, 재정, 더 좋은 자리, 도덕적 문제 등 생활과 직결된 문제 때문에 일어나는데, 목회자 교체로 가장 먼저 사라지는 것은 기존 목회자의 철학이다. 이전 목회자가 제자 삼기에 주

안점을 두었다 해도 목회자가 교체되면 그 철학이 유지되기가 어렵다. 그러므로 신학생과 젊은 교인에게 제자 삼는 일의 가치를 가르쳐야 한다. 그렇게만 하면 아직 희망은 있다.

리더를 세우는 일

예수님은 잃어버린 영혼을 찾아서 구원하기 위해 오셨으며, 또한 천국에 들어갈 영혼들을 얻기 위해 우리에게 명령을 남기셨다. 하나님은 사람을 만드셨고, 힘겨운 상황에서 사람을 구원하셨으며, 사람을 사용하여 다른 사람들을 구하기로 선택하셨다.

제자 삼는 일은 사람들을 구하고 세우며 추수할 땅으로 배치하는 과정이다. 자신이 속한 지역에서 사람들을 계속 늘리는 건강한 그리스도인이 되는 유일한 방법은 제자 삼기다. 이런 그리스도인 가운데 리더들은 유대와 사마리아와 세상 끝으로 파송된다.

제자 삼기는 재생산으로 이어지며 우리의 통제나 예측이 불가능한 배가가 일어난다. 이것이 세상에 복음을 전하는 하나님의 계획과 방법이다. 이 중요한 과정을 교회가 무시한 탓에 그리스도의 대의가 큰 지장을 받았다. 사실 고의적으로 그리스도의 대의를 무시한 것은 아니지만 제자 삼기의 중요성을 강조하면서도 제자 삼기에 역행하는 복음을 가르친 결과, 역설적으로 그리스도의 대의를 무시하는 모양새가 되었다. 예루살렘의 초대교회가 오늘날 교회가 하는 방식으로 복음을 가르쳤다면 기독교는 절대 뿌리내리지 못하고 1세기만에 자취를 감추었을 것이다.

1부

제자 삼기란 무엇인가

제자 삼기의 필요성에 대해 의구심이 있는 사람 그리고 어떻게든 제자 삼기를 교회 사역의 일부로 포함하려는 사람에게 제자 삼기는 모든 교회가 집중해야 할 사역이라는 성경적 근거를 제시하고자 한다. 제자 삼기를 무조건 거부하거나 무턱대고 실행하기 전에 제자 삼기가 무엇인지 명확히 알 필요가 있다. 이제부터 성경에서 말하는 제자와 제자 삼기의 모범을 보이신 예수 그리스도와 초대교회에서 제자 삼기를 실천한 방법을 알아볼 것이다. 그럼으로써 제자 삼는 교회와 제자의 토대를 마련할 것이다. 복음을 들고 세상에 나가려면 분명한 목표와 그것을 달성하기 위한 계획이 필요하다. 사도행전이라는 훌륭한 지침서에서 그 내용을 알아보자.

성경의
제자도

제자도를 이해하는 데 핵심이 되는 구절은 예수님이 하늘 아버지께 오르시기 전에 제자들에게 남긴 지상명령이다.

> "하늘과 땅의 모든 권세를 내게 주셨으니 그러므로 너희는 가서 모든 민족을 제자로 삼아 아버지와 아들과 성령의 이름으로 세례를 베풀고 내가 너희에게 분부한 모든 것을 가르쳐 지키게 하라 볼지어다 내가 세상 끝날까지 너희와 항상 함께 있으리라 하시니라." 마 28:18-20

"제자로 삼으라"고 예수님이 분명히 명령하셨는데도 제자 삼기는 모두가 따라야 하는 의무가 아니라고 말했던 사람처럼 많은 사람이 '제자'로 번역되는 헬라어 마테테스(*mathetes*)가 사도행전 21장 이후 성경에 나오지 않는다는 이유로 명령의 무효화를 주장하고 교회가 제자 삼기에 집중할 필요가 없다고 외친다.

제자 삼기란 무엇인가?

나는 언어학자는 아니지만 그들이 주장하는 예수님 명령의 무효성
을 믿지 않는다. 몇 가지 이유를 들겠다.

1. 신약성경에 마지막으로 '제자'라는 단어가 등장하는 사도행전
   21장 16절은 바울이 회심하고 거의 27년 뒤에 있었던 일이다.
   누가는 열두 제자를 지칭할 때만 제자라는 단어를 사용하지
   않고 그리스도인들을 지칭할 때 '형제, 제자, 사람들'을 혼용했
   다. 다시 말해 제자는 예수 그리스도를 따르는 사람을 가리키
   는 말 가운데 하나였다. 그리스도가 승천하신 지 30년이 넘은
   뒤에도 제자는 평범한 그리스도인을 지칭하는 말로 사용되었
   다. 누가는 같은 사람들을 지칭하면서 형제, 그리스도인, 제자,
   믿는 사람이라고 했다.[1]

2. 1번의 내용은 제자가 교회에서 거룩한 존재며 열두 제자를 지
   칭할 때만 배타적으로 사용되었다는 주장과 대치된다. 그런데
   제자라는 말은 스승-제자, 일대일 관계가 특징인 그리스도 중
   심 제자도 모델과 관련된 특별한 단어라는 의견은 간과할 수
   없다. 렝스토르프(Rengstorf)의 설명을 보자. "마테테스라는 말
   에는 마테테스로 불리는 사람의 삶을 형성하는 개인적 애착이

존재하고 그 형성의 능력을 발휘하는 누군가가 있다는 사실을 내포한다."[2]

교회 중심 제자도 모델로 전환하려면 공동체 관계, 사람들을 제자 삼는 일이 필요하다. 제자는 그리스도의 짐을 짊어지는 사람이라는 점에서 바울은 제자도 과정을 다르게 설명하고자 했다. 바울은 마테테스라는 단어는 사용하지 않았지만 만타노(*manthano*)라는 단어를 18번 사용했다.[3] 만타노란 마테테스의 동사형으로 '배우다'를 뜻한다. 바울은 사람들을 제자라고 부르지는 않았지만 사람들을 계발하는 과정을 제자도(discipling)라고 했다.

3. 서신서에서 제자라는 단어가 사라진 이유는 단지 어휘의 문제가 아니다. 여러 타당한 설명이 존재한다. 사복음서와 사도행전이 이야기로 구성된 역사 내러티브라면 서신서는 교육적이다. 교리적으로 원리와 개념을 전달한다.[4] 다음 고려 요소는 저자의 배경과 교육의 차이다. 히브리 사람으로, 헬라 문화에서 성장한 바울은 가말리엘의 문하생이었으며 헬라의 학교에서 수학했다. 국제적인 인물로 성장할 수 있는 토대가 된 배경과 교육 덕에 바울은 여러 문화에서 사역하고, 설교로 영향력을 발휘할 수 있었다.

바울 자신은 역사에 기록된 제자들을 존경하지만 제자라는 말이 여러 문화에 속한 사람들에게 혼란을 줄 수 있다고 생각했을 것이다. 렝스토르프는 소크라테스-플라톤-아리스토텔레스로 이어지는 철학자들과 관련하여 제자라는 말에 대한 인식이 나빠진 것이 헬라어로 제자라는 단어를 사용하는 데 치명적인 영향을 주었다고 주장한다.[5] 교회가 먼 지역으로 퍼져 나갈수록 유대의 개념과 역사를 바탕으로 메시지를 전달하는 데 한계가 있었을 것이다. 바울이 효과적인 소통을 위해 사용하는 단어를 바꿨을 가능성이 크다.

4. 서신서 저자들은 제자라는 단어를 대신할 단어나 문장을 개발했다. 예를 들면 신자, 형제, 그리스도인, 신도, 본받는 자, 성도, 부름 받은 자 등이다. 모범, 행실, 훈련, 성숙, 본 등 기능을 설명하는 용어도 사용되었다. 세상과의 관계를 설명하기 위해 사신, 외인, 순례자 같은 말도 사용했다.[6]

5. 지금까지 서신서에서 제자라는 용어가 사라진 이유에 대해 학문적으로 추정해 보았으나 근본 이유는 어휘의 문제가 아니다. 교회가 그리스도 중심에서 교회 중심으로 방식을 전환한 것이 중요한 원인이다. 예수님이 열두 명으로 구성된 하나의 집단을 이끄는 데 사용하신 원리를 30년 동안 수천 명의 다차원적인 대중에게 전달하려면 반드시 적용 모델을 바꿔야 했다. 용어는 달라졌으나 제자도의 원리는 절대 수정되지 않았다.

제자는 누구인가?

제자와 제자도를 이해하기 위해 복음을 들고 세상에 나가는 구체적인 방법과 세부 사항이 담긴 예수님의 지상명령을 자세히 살펴보자. 우선 마태복음 28장 18-20절에서 네 가지 질문을 도출할 수 있다.

1. 누구를 제자로 삼아야 하는가?
2. 누가 제자 삼아야 하는가?
3. 이 일을 언제까지 해야 하는가?
4. 제자도에 무엇이 포함되는가?

누구를 제자로 삼아야 하는가?

엄밀히 말해 모든 그리스도인은 영적으로 태어난 순간부터 제자다. 요한복음 15장 7-17절에서 보듯이 제자는 성령 안에서 태어나 성장하여 또 다른 제자를 낳는다. 제자는 모든 나라에서 만들어진다. 교회에 속한 모든 사람이 제자며, 제자에게는 그리스도의 명령에 부응해야 할 의무와 거룩한 능력이 있다.

성숙한 사람만 제자이고 그 외 모든 그리스도인은 미성숙한 회심자라는 개념은 신약성경 어디에도 나오지 않는다. 하나님은 모든 믿는 사람이 성숙하여 또 다른 제자를 낳기를 바라신다. 어떤 리더든 교회 앞에 당당히 서서 모든 신자를 제자도로 이끌 수 있다. 이 수준에 미치지 못하는 일로는 하나님을 기쁘시게 할 수 없다. 매일의 삶에서 그리스도의 제자로 사는 것이야말로 제자도의 가장 훌륭한 증거다. 그리스도를 따르는 것은 회심한 제자의 새로운 삶에 나타나는 자연스러운 표현이다.

모든 신자는 말씀과 기도로 그리스도 안에 거하고 전도를 통해 열매를 맺으며 순종 가운데 걸어가야 한다. 그럴 때 그는 하나님께 영광이 되고 기쁨을 누리며 사람들을 사랑할 수 있다. 모든 그리스도인이 제자가 되어야 한다.

누가 제자 삼아야 하는가?

모든 제자는 다른 사람들을 제자 삼는 일로 부름 받았다. 예수님이
온갖 종류의 사람들이 모여 인류의 축소판이라 불러도 무방한 사도
의 무리에게 그렇게 명령하셨다. 우리도 초대 제자들과 같은 능력과
책무를 받았으므로 이 시대의 제자인 우리 역시 열두 제자 못지않
은 능력을 갖고 있다.

제자 삼는 일에는 사람들에게 그리스도를 소개하고 그들을 신앙
안에서 훈련하며 추수의 들판으로 보내는 일을 포함한다. 이 과정
을 요약하면 제자 삼기의 3D다. 사람을 구원하고(Deliver) 훈련하며
(Develop) 파송한다(Deploy).

우리는 그리스도의 능력으로 죄에서 구원받고 제자도의 과정을
통해 성숙한 신자로 성장하며 결국에는 하나님의 인도를 따라 복음
을 들고 추수의 땅으로 간다. 리더십의 은사를 받은 일부 제자는 제
자 삼는 활동을 주도하는 역할로 하나님께 부름 받는다. 공동체 안
에서 리더로 부름 받는 사람은 소수지만 모든 제자가 제자 삼는 과
정에 어떤 식으로든 동참해야 한다.

이 일을 언제까지 해야 하는가?

예수님은 할 수 있는 한 최대한 많은 곳에서 최대한 많은 사람을 제

자 삼으라고 제자들에게 말씀하면서 "세상 끝날까지" 그들과 함께 하리라 약속하셨다. 예수님은 이 사명이 당시 제자들의 삶을 넘어 오래 지속될 것을 아셨다. 우리는 아직 세상 끝까지 도달하지 못했다. 그러므로 예수님의 명령은 제자들에게 처음 명령하신 때나 지금이나 같은 효력을 지닌다. 제자 삼는 일은 그리스도가 다시 오실 때까지 계속된다. 예수 그리스도의 교회는 우리에게 호흡이 붙어 있는 한 제자 삼는 일을 지속하라는 명령 아래 있다. 이 명령은 모든 교회의 존재와 활동의 토대이자 원동력이다.

제자도에 무엇이 포함되는가?

예수님이 말씀하신 제자 삼는 과정을 두 단어로 요약하면 세례와 가르침이다. 새로운 제자에게 베푸는 세례는 그들을 신앙인으로 공식 인정하는 행위다. 이 한 번의 의식으로 제자들은 그리스도에 대한 헌신을 공개적으로 선포했다. 1세기 당시 세례는 큰 대가가 요구되는 용감한 행동이었으나 오늘날에는 공개적 힘을 상실했다. 현재는 새 옷을 장만하거나 사람들을 불러서 파티하고 집에서 다 같이 영화를 보는 문화 행사 정도로 취급받는다. 복음은 그리스도를 따르는 초청이며 그리스도를 따르려면 삶의 주도권을 내려놓아야 한다고 가르치기란 결코 쉽지 않다. 순종에 기초한 믿음이 아니라 말로 하는 신앙고백 위에 세워진 교회에서는 세례를 받는다고 큰 변화가 일어나지 않는다.

가르침은 평생 있을 과정이다. "내가 너희에게 분부한 모든 것을 가르쳐 지키게 하라"(마 28:20)는 말씀을 기억하라.

제자 삼는 활동과 제자 삼지 않는 활동은 어떻게 구분할까? 제자 삼는 활동에 포함되는 활동은 무엇일까? 예수님의 기준은 "내가 너희에게 분부한 모든 것"이다. 그리스도의 명령과 지침에 해당하는 모든 것이 제자 삼는 훈련에 해당한다. 산상수훈, 다락방 설교, 서로 기도하고 사랑하라는 명령 모두 제자 삼는 과정에 속한다.

제자도를 사역훈련과 성경 지식 축적으로 제한하는 잘못된 인식이 많다. 예수님이 다양한 영역을 가르치셨듯이 제자도는 매우 광범위하다. 예수님이 가르치신 모든 것을 포함하면 제자도에 대한 우리의 이해도 넓어질 것이다.

우리의 이해의 폭이 넓어진다고 해서 의지의 중요성이 상쇄되는 것이 아니다. "내가 너희에게 분부한 모든 것을 가르쳐 지키게 하라"는 명령을 기억하고 한결같이 순종해야 한다. 순종을 가르치고 책임감을 느끼며 순종하도록 격려하지 않는다면 제자 삼는 것이 아니다.

제자 삼기의 본이 되신 예수

예수님이 가서 모든 민족을 제자로 삼으라고 하셨을 때 몸소 본을 보이셨기 때문에 제자들은 그 말씀의 의미를 알았다. 지금껏 예수님이 어떻게 하셨는지 보았기에 원칙과 우선순위를 잘 이해할 수 있었다. 그들은 사람들을 신앙으로 잘 이끌었고, 받은 것을 잘 지켜야 했다.[7]

예수님은 전략과 생활 방식 모두에서 본을 보이셨으며, 제대로 배운 제자는 선생과 같아질 수 있다고 하셨다(눅 6:40). "제자들이 다른 제자를 세웠는가?"라고 질문한다면 이렇게 대답할 수 있다. "그들은 당연히 제자들을 세웠다. 예수님이 가르치신 것 외에 그들이 무엇을 하겠는가? 그들은 배우고 아는 대로 했다."

예수님이 의도적으로 실천한 제자도 전략이 없다고 주장하는 사람들이 있는데 내가 읽은 성경과 다른 성경을 읽은 게 아닌지 반문하고 싶다. 사복음서에 분명히 나오듯이 예수님은 계획, 우선순위, 목표가 분명한 분이었다.

예수님의 훈련 계획은 4단계로 구성된다. 각 문장은 새로운 훈련 단계의 시작이다(표1 참고).

와서 보라

형성 단계에 해당하는 이 첫 단계에서 예수님은 자신과 자신의 사역을 소개하기 위해 사람들을 초청하신다.

와서 나를 따르라

이 발달 단계에서 예수님은 사람들을 성숙한 신자로 훈련하신다. 그들에게 어떻게 하는지를 몸소 보이시고 그들과 함께 실천하신다.

와서 나와 함께 있으라

앞의 발달 단계에 약간의 수정을 가미하여 리더십 능력이 있는 사람들에게 자신과 함께 있자고 도전하신다. 여기서 특별한 지위와 권위를 가진 열두 제자가 세워졌다.

내 안에 거하라

마지막 단계로 예수님은 제자들에게 재생산을 기대하신다. 그들

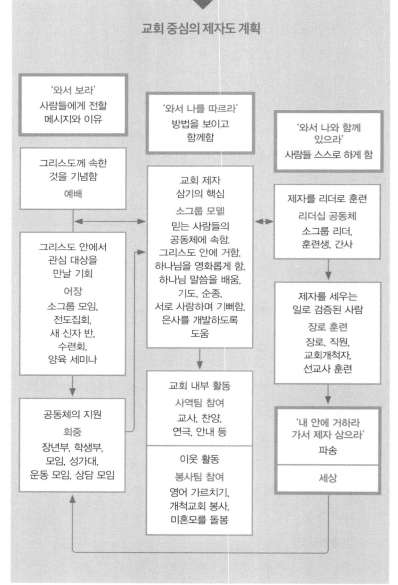

표1

교회 중심의 제자도 계획

'와서 보라'
사람들에게 전할
메시지와 이유

'와서 나를 따르라'
방법을 보이고
함께함

'와서 나와 함께
있으라'
사람들 스스로 하게 함

그리스도께 속한
것을 기념함
예배

교회 제자
삼기의 핵심
소그룹 모델
믿는 사람들의
공동체에 속함.
그리스도 안에 거함.
하나님을 영화롭게 함.
하나님 말씀을 배움.
기도, 순종.
서로 사랑하며 기뻐함.
은사를 개발하도록
도움

제자를 리더로 훈련
리더십 공동체
소그룹 리더,
훈련생, 간사

그리스도 안에서
관심 대상을
만날 기회
어장
소그룹 모임,
전도집회,
새 신자 반,
수련회,
양육 세미나

제자를 세우는
일로 검증된 사람
장로 훈련
장로, 직원,
교회개척자,
선교사 훈련

교회 내부 활동
사역팀 참여
교사, 찬양,
연극, 안내 등

공동체의 지원
회중
장년부, 학생부,
모임, 성가대,
운동 모임, 상담 모임

'내 안에 거하라
가서 제자 삼으라'
파송
세상

이웃 활동
봉사팀 참여
영어 가르치기,
개척교회 봉사,
미혼모를 돌봄

을 세상에 보내어 명령에 순종하고 제자 삼게 하신다.

광야에서 예수님이 마귀를 상대할 때 의도적으로 사용하신 전략을 한번 보자(마 4:1-11). 예수님은 더 크고 위대한 목표를 위해 지금의 필요를 거부하고(막 1:38) 성부 하나님이 행하실 때만 행동하셨다(요 5:19). 예수님은 하늘에서 내려온 지시를 따랐으며 하늘 아버지의 계획을 결코 외면하지 않으셨다.

예수님은 언제나 자신의 목표에 집중하셨다. 5번 이상 제자들에게 지상명령을 말씀하셨다(마 28:18-20; 막 16:15-18; 눅 24:44-49; 요 20:21; 행 1:8). 우물가에서 여인을 만났을 때도 예수님의 머릿속은 복음전도뿐이었다(요 4장). 예수님은 추수할 땅으로 제자들의 관심을 환기시키셨다.

예수님은 추수의 필요를 기억하면서 "추수할 것은 많되 일꾼이 적으니 그러므로 추수하는 주인에게 청하여 추수할 일꾼들을 보내 주소서 하라"(마 9:37-38)고 탄식하셨다. 예수님의 즉각적인 대책은 인력 확충이었다. "또 산에 오르사 자기가 원하는 자들을 부르시니 나아온지라 이에 열둘을 세우셨으니 이는 자기와 함께 있게 하시고 또 보내사 전도도 하며"(막 3:13-14). 사람들을 훈련하고 책임을 지게 함으로써 예수님은 영향력을 넓히셨다. 예수님은 열두 제자를 부르시고 5개월 뒤에 둘씩 짝을 지어 보내셨다(마 10장). 이후 제자 70명을 사역지로 보내셨다. 그들은 사역 후에 돌아와서 예수님께 평가와 조언을 들었다. 예수님은 지속적인 학습을 통해 관계에 기초한 책임을 강조하셨다.

70명은 규모가 너무 커서 제대로 관리하기가 어려우므로 예수님은 열두 제자와 친밀한 관계를 맺는 데 주력하셨다. 다양한 성격과 은사와 개성을 가진 열두 제자에게 사람들 차이와 상관없이 협력하는 방법을 가르치셨다. 사실 숫자는 큰 문제가 아니지만 가장 좋은 제자훈련 단위는 소그룹이다.

예수님은 제자들에게 자신의 사역을 조금씩 넘겨주는 순서를 밟으셨다. 한 단계에서 다음 단계로 제자들이 이동할수록 더 많은 책임을 부여하셨다. 예수님은 그들을 품성과 은사로 선택하셨다. 제자들은 그들 자신이나 재물, 심지어 가족보다도 예수님을 우선시하고 (눅 14:25-33) 사역을 위해 기꺼이 자신을 희생하고 섬겨야 했다 (눅 9:23-25). 예수님은 헌신된 소수를 데리고 누구도 할 수 없는 방식으로 사역을 확장하셨다. 예수님이 하늘에 오르시고 성령님이 내려오시면서 예수님의 분산 전략은 더욱 큰 의미를 갖게 되었다.

초기 제자들의 방식

사도들이 세운 교회의 종류에 따라 그들이 제자 삼는 방식을 알 수 있다. 사도행전과 서신서에서 세 가지 특징을 정리해 보자. 예루살렘의 초대교회, 바울이 두 번의 선교여행 기간에 세운 회중으로 구성된 선교교회, 에베소에 세워진 제자교회다(표2 참고). 사도들이 교회를 세운 원리는 이러하다. 그들이 세운 초대교회가 선교교회로 확대되었고 마침내 제자교회로 성숙해졌다.

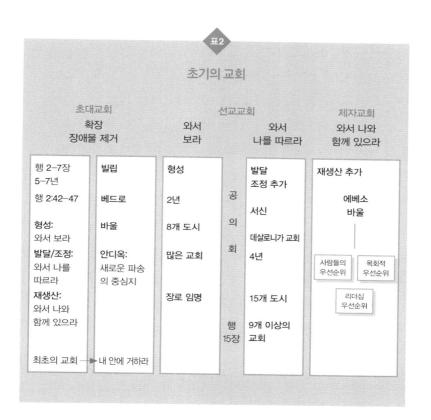

표2

초기의 교회

초대교회 확장 장애물 제거		선교교회 와서 보라	와서 나를 따르라	제자교회 와서 나와 함께 있으라

행 2-7장
5-7년
행 2:42-47

형성:
와서 보라
발달/조정:
와서 나를
따르라
재생산:
와서 나와
함께 있으라

최초의 교회 → 내 안에 거하라

빌립

베드로

바울

안디옥:
새로운 파송
의 중심지

형성

2년

8개 도시

많은 교회

장로 임명

공의회

행
15장

발달
조정 추가

서신

데살로니가 교회
4년

15개 도시
9개 이상의
교회

재생산 추가

에베소
바울

사람들의
우선순위   목회적
우선순위

리더십
우선순위

초대교회

사도행전 2-7장에는 초대교회에서 제자를 세우는 5-7년의 과정이 기록되어 있다. 사도행전 2장 42-47절을 보면 사도들의 리더십과 열두 제자를 이끄신 예수님의 리더십 사이에 극명한 차이가 있다.

"그들이 사도의 가르침을 받아 서로 교제하고 떡을 떼며 오로지 기도하기를 힘쓰니라 사람마다 두려워하는데 사도들로 말미암아 기사와 표적이 많이 나타나니 믿는 사람이 다 함께 있어 모든 물건을 서로 통용하고 또 재산과 소유를 팔아 각 사람의 필요를 따라 나눠 주며 날마다 마음을 같이하여 성전에 모이기를 힘쓰고 집에서 떡을 떼며 기쁨과 순전한 마음으로 음식을 먹고 하나님을 찬미하며 또 온 백성에게 칭송을 받으니 주께서 구원받는 사람을 날마다 더하게 하시니라."

제자들은 그리스도 중심 모델을 따르지 않고 교회 중심 방식을 회중에게 적용했다. 제자도의 확장을 통해 열두 제자는 그리스도를 위해 세상에 나가는 목표를 달성할 수 있었다.

선교교회

안디옥을 중심으로 복음전도에 열중하는 기독교의 움직임이 처음 등장한다. 그리스도의 지상 사역 당시 그리스도를 따르지 않았던 두 사람이 전도에 앞장선다. 그들은 예수님이 본을 보이시고 사도들이 초대교회에 적용했던 것과 같은 우선순위와 방식을 실천했다.

같은 원칙과 우선순위를 따랐지만 이 선교교회는 초대교회와 달랐다. 그들은 모교회에 알려지지 않은 장로들이 이끄는 작은 교회들로 구성된 하나의 가족이었다. 선교교회는 교회가 어떻게 성장하고 배가하는지를 보여 주는 모범 사례다. 교회가 경험하는 성숙의 단계와 교회의 성장에 무엇이 필요한지를 잘 보여 준다. 교회는 사도들이 그리스도의 리더십 아래에서 경험한 각 단계로 성장해야 한다. 주저하는 교회는 자취를 감출 가능성이 크다. 생명이 서서히 빠져나가 결국 종적을 감춘 무수히 많은 미국 교회가 바로 그 증거다.

제자교회

바울은 에베소에 3년 동안 있었다. 여기서 우리는 성숙한 제자교회의 모습을 확인할 수 있다. 신약성경에는 그 어떤 교회보다 에베소 교회에 대한 정보가 많이 담겨 있다. 에베소 교회는 복음을 들고 아시아 전역으로 진출하는 공격적인 사역을 펼쳤다.

에베소 교인들에게 보내는 바울 서신에는 사람들이 지켜야 할 우선순위가 기록되어 있고, 에베소 교회에서 목회하던 디모데에게 보낸 서신에는 목회의 우선순위가 나온다. 사도행전에서 누가는 바울의 사역에 대한 새로운 시각을 제시한다. 제자 삼는 교회의 방향을 이해하는 중요한 자료다.

제자 삼는
교회의 초점

다락방에서 나눈 대화에서 예수님은 제자들에게 자신과의 관계가 더는 예전 같지 않을 것이라는 설명과 경고를 동시에 전하신다. 이제 제자들은 물리적으로 계신 예수님이 아니라 성령님을 통해 관계를 유지하게 된다.

제자들은 "내가 떠나가는 것이 너희에게 유익이라"(요 16:7)는 말씀을 믿기가 어려웠다. 정말 유익할까? 주 예수 그리스도라는 물리적 존재와 성령님의 임재 중에 선택해야 한다면 당연히 그리스도를 선택할 것이다. 성령님과 함께 있는 것이 낫다는 말씀은 이해가 되지 않았다.

그리스도가 하늘에 오르신 뒤 제자들은 '와서 나와 함께 있으라'에서 '내 안에 거하라'로 이동했다(요 15:7). 그들은 예수님이 가르쳐 주신 훈련의 4단계를 그대로 사용했지만 사실은 4단계가 무엇인지 몰랐다. 그저 예수님의 가르침을 따를 뿐이었다. 제자들은 새로운 상황에 처하자 누가 리더로 이끌지, 몇 명을 리더로 세울지, 하나님의 뜻을 어떻게 분별할지, 사람들을 어떻게 훈련하고 파송할지, 사람들의 필요를 어떻게 해결할지 등을 고민하게 되었다. 제자들은 예수님이 떠난 사실이 반갑지 않았지만 달라진 상황에 맞게 그분의 가르침을 조정했다.

교회에 변화가 필요한가?

예수님이 하신 일에만 집중하느라 사도들이 시도한 여러 변화를 간과하는 교회가 많다. 원수는 교회들을 제자도 과정에 가둠으로써 유리한 고지를 유지해 왔다.

그리스도 중심 모델에서 교사는 예수님이고 학생은 제자들이다. 열두 제자는 하나님이신 예수님 한 분으로 충분했다. 예수님은 제자들을 이끌고 필요를 채워 주며 각 제자를 훈련하셨다. 제자들은 예수님께 직접 여쭈어 보면 되므로 하나님의 뜻을 추측하거나 어디로 선교를 갈지 고민하지 않아도 되었다. 교회 울타리 밖에서 사역하는 기관이나 사역단체라면 이런 모델이 효과적이다. 같은 뜻을 품고 사역을 중시하는 능력 있는 사람들이 모여서 지식을 쌓고 사역 개발에 집중할 수 있다.

또 이 모델은 선교단체처럼 목표가 명확하고 좁은 조직에 효과적이다. 사명과 공동의 비전을 중시하는 조직에서 성공적으로 활용할수 있다. 아웃리치를 할 때도 교회처럼 복잡하게 신경 써야 하는 문제 없이 분명한 목표를 설정하여 지상명령을 수행할 수 있다. 모든 구성원이 같은 기술을 습득하고 같은 사고를 하며 분명한 목표를 품는 곳에서 효과적이다.

복음주의 교회의 황폐함 때문에 하나님은 선교단체들을 세우셔서 사명을 달성하고자 하셨다. 선교단체의 철학을 교회에 적용하라는 말이 아니다. 그것은 둥근 구멍에 네모난 못을 끼우는 것과 같다.

사역단체에 끌리는 사람들은 말씀을 중시하고 전도에 열심이며 사명에 헌신된 사람이 많다. 일반 교회에서 교인 20-30퍼센트가 여기에 속한다. 그러나 이처럼 좁은 그리스도 중심 모델은 다양성이 필요한 교회에 적용하기 어렵다. 교회 회중은 다양한 분야에 재능이 있으며, 세상을 보는 시각이 다양하고, 교회의 우선순위에 대한 생각도 각양각색이다. 그리스도 중심 모델로는 교회의 핵심이 될 충분한 인원을 전도하거나 그들의 마음을 얻기가 어렵다.

새로운 모델의 필요성

그리스도 중심 모델로는 교회의 필요를 충족시키지 못하므로 교인들을 제자훈련에 참여시킬 필요가 없다고 결론 내리는 것은 맞지 않다. 오늘날처럼 연약하고 불순종하는 교회가 등장한 이유는 제자훈련을 사회와 시대에 맞게 정착시키지 못했기 때문이다. 제자 삼는 일이 교회의 중심에 있어야 한다. 다만 한 가지 방식이 아니라 폭넓은 적용이 가능한 다차원적인 방식이 필요하다.

우리는 실패했으나 사도들은 성공적으로 해냈다. 그들은 그리스도 중심의 제자도 모델을 교회에 적합하게 바꾸었다. 초대교회, 선교교회, 제자교회를 거치는 과정에서 그 사실을 확인할 수 있다. 바울은 에베소를 떠나면서 교회 중심 모델을 완성하여 제자 삼는 교회를 현실화했다.

교회 중심 모델이란?

교회 중심 모델에서 중요한 것은 그리스도 몸 안의 팀워크다. 일부 교인에게 있는 은사가 아니라 교회에 있는 다양한 은사로 전도할 수 있다. 말을 잘하는 사람이 있는가 하면 돕는 역할이 맞는 사람이 있다. 다양한 은사를 지닌 여러 사람이 같은 목적을 위해 협력한다. 사람들을 교회로 인도하여 그리스도 안에서 잘 자라도록 도우려면 목양이 중요하다. 갓난아기나 다름없는 초신자를 도와주고 상처 입은 사람들을 치유하는 사랑과 관심의 공동체가 없다면, 사람들은 예수님께 나오지 않는다. 나온다 해도 충분한 훈련을 받을 때까지 교회에 머무르지 않는다. 그리스도의 공동체 안에 있는 사랑이야말로 교회의 모든 전도 수단 중 가장 강력한 도구다.

교회 중심 모델은 그리스도의 몸 안에 있는 풍성한 다양성과 은사를 비롯하여 함께 협력하여 제자로 삼는 환경을 중시한다. 그리스도 중심 모델이라는 좁은 복도를 없애고 교회 중심 모델이라는 넓은 방을 만들면 제자 삼기를 교회의 우선순위로 삼지 않던 사람들도 제자 삼기를 새로운 눈으로 바라볼 것이다.

제자 삼기와 교회 중심 모델

제자 삼기를 정의하면서 제자 삼기의 특성을 유지하되 모든 벽을 허물고 문을 넓히는 개념으로 정리하고자 했다. 내가 생각한 정의를 소개한다.

> **제자 삼기** 사랑의 관계에 기초하여 각자가 책임을 다하는 제자를
> 훈련하는 의도적 활동.

세부 정의는 다음과 같다.

의도적 예수님은 전략을 계획하셨다. 자신이 훈련하는 사람들이 누구며 그들을 향한 목적이 무엇인지 아셨다. 제자 삼는 교회의 리더십은 명확한 목적을 세우고 제자 삼는 방법을 충분히 고민해야 한다. 리더는 먼저 제자가 누구인지 정의하고 제자 삼는 방법을 개발하며 회중에게 제자가 누구이고 어떻게 제자 삼는지를 몸소 선보인다. 비전과 노하우를 전수하는 것이 중요하다.

훈련 제자 삼기는 기술 습득의 문제가 아니다. 물론 기술도 필요하지만 분명한 목적을 달성하기 위한 공부 과정이다. 소그룹을 비롯한 여러 도구가 사람들에게 성장할 수 있는 환경을 제공한다. 회중 모두에게 말씀을 배우고 은사를 확인하며 그리스도를 위해 은사를 사용하라고 초청해야 한다.

책임 사람들이 하나님께 계속 헌신하도록 하려면 그들이 책임을 다하도록 교회가 다양한 수단을 제공해야 한다. 제자 삼는 일은 교

회의 도움 없이 일어나기 어렵다. 교회에서 다양한 제자훈련 프로그램을 운영하는 것도 좋다. 일대일 훈련, 헌신된 관계 등 공식·비공식 수단으로 책임을 다하도록 격려한다.

사랑의 관계에 기초함 모든 성공적인 사역은 관계에 기초한다. 제자 삼는 교회는 공동체 세우는 일을 최우선으로 삼는다. 교인들에게 서로가 필요를 채워 주도록 격려하는 것이 중요하다. 사역이 혼란스럽고 어려울 때 사랑과 관심의 환경이 든든한 심리적 버팀목이 된다. 교회의 관계 기초가 튼튼하려면 정신적 지주가 필수다.

효과적인 제자 삼기를 위해 다음을 기억하라. 제자 삼기는 일회성 행사가 아니라 과정이다. 시스템이 제자를 만들지 않는다. 제자도에는 성령이 살아 역사하셔야 한다. 교회는 그리스도인을 성숙한 제자로 만들기 위한 명확한 비전과 수단을 제공할 책임이 있다. 모든 그리스도인의 삶에는 성장과 책임이 반드시 요구된다. 하늘나라에 가는 그날까지 필요하다.

교회 중심 모델의 열쇠는 사랑의 환경에 기초한 팀워크다. 선교의 목적, 사역기술 훈련, 책임 유지도 중요하다. 이 모든 노력의 성공 여부는 지속적인 제자와 리더의 재생산과 배가로 확인된다.

교회 중심 모델의 효과적 적용

카를 바르트(Karl Barth)는 본회퍼의 박사학위 논문 〈거룩한 공동체〉(Holy Community)를 신학적 기적이라고 했다. 본회퍼의 중심 사상은 그리스도가 그분의 교회를 통해 세상에 현존한다는 것이었다. 교인들을 통해 공동체로 존재하는 그리스도라는 개념은 가히 혁명적이다. 하나님이 우리를 매우 귀히 여기셔서 자신의 백성에게 이토록 중대한 임무를 주셨다는 사실을 생각하면 사실 아찔하다. 능력과 과정의 분산화를 요구하는 교회 중심 모델에 본회퍼의 개념이 담겨 있다.[1]

그리스도 중심 모델에서 교회 중심 모델로 이동하기를 원하는 교회에는 5가지 변화가 필요하다. 리더들은 변화를 염두에 두고 효과적인 제자훈련 그룹을 만드는 일을 시작하면 된다.

1. 리더십

그리스도의 인도에 기반한 사도들의 리더십에서
임명된 리더들이 회중을 인도하는 리더십으로

예수님이 오순절에 수천 명이 성령을 받는 일에 직면하셨다면 어떻게 대처하셨을까? 예루살렘을 넘어 사역을 확장시켜야 할 때 예수님은 어떻게 선교를 이끄셨을까? 새로운 임무를 위해 예수님은 그동안 해온 방식에 변화를 주셨을 것이다. 예수님 앞에 세례 받은 제자 3천 명이 있다면 예수님도 사도들과 거의 똑같이 하셨을 것이다. 즉 바울이 그랬듯이 이방인들에게로 사역의 범위를 확대하셨을 것이다. 그런데 예수님이 세상에 계시면 제자들이 능력을 충분히 발휘하기가 어렵다. 예수님만 찾아가면 되기 때문에 사람들이 제자들의 권위에 도전했을 것이다.

예수님이 세상을 떠나시면서 새로운 질문이 떠올랐다. 누가 책임자인가? 예수님이 세상에 계신 동안에도 제자들은 하늘에서 누가 가장 좋은 자리에 앉을까, 누가 가장 큰 자인가를 두고 다툼을 벌였다. 사복음서 어디에도 누가 책임자인가를 묻는 질문은 없었다. 예수님이 하늘에 오르신 후 110명이 모인 답답한 방에서 결정을 내려야 하는 순간이 되자 사도들은 서로를 보며 입을 열었다. 1인 권위에서 공동 권위로 상황이 돌변했다.

그리스도는 몸의 머리이시다. 이제 어떻게 해야 할까? 바울은 그리스도가 몸의 머리이시라고 했다. 분명 맞는 말이다. 그러나 결정을 내려야 할 때 예수님은 우리 귀에 들리는 소리로 말씀하지 않는다. 예수님이 세상에 계실 때는 한 사람에게 권위가 주어졌으나 승천하신 뒤에는 리더들이 권위를 공유했다. 그리스도 중심 모델이 교사-학생 구조라면 교회 중심 모델은 리더들-회중 구조다. 그리스도 중심 모델이 헌신된 소수의 엘리트 일꾼을 세운다면 교회 중심 모델은 다양한 수준의 무수한 제자를 세운다. 여기에는 헌신된 일꾼도 있지만 무식한 사람, 무관심한 사람, 반항적인 사람, 복음을 알고자 하는 사람 등 다양한 부류가 존재한다. 이들을 대상으로 사역하려면 다차원적인 제자 삼기가 필요하다.

교회 권위를 분산하는 모습을 나무로 비유하면 그리스도는 나무의 몸통이고 사도들은 큰 가지, 지역 리더들은 작은 가지, 회중은 잔가지에 해당한다. 현재 그리스도는 하늘에 계시고 사도들도 그분과 함께 있다. 교회를 이끌 권위가 리더십에게 주어졌다. 성령으로 충만하지만 아직 불완전한 리더들이 일련의 제자들을 인도하는 일은 그리스도가 열두 제자를 이끄시던 것과 많이 다르다. 교회를 운영하는 방식에 당연히 변화가 필요하다.

일대일은 적절하지 않다. 어느 한 개인이 다른 사람을 온전히 제자로 만들기는 어렵다. 누군가를 그리스도 안에서 성숙으로 인도하는 데 필요한 영적 은사와 지혜를 모두 갖춘 사람은 없다. 그렇다고 일대일 제자양육이 무조건 안 된다는 말이 아니다. 다만 교사-학생 방식으로는 충분하지 않다. 일대일 방식만 추구해서는 하나님이 뜻하신 바를 이루기 어렵다.

그리스도 안에서 온전히 성장하려면 사역기술에 탁월한 멘토, 성품을 올바로 세워 주는 멘토, 여러 문제를 해결하도록 도와주는 멘토 등 다양한 멘토가 필요하다. 오직 그리스도의 몸만이 우리에게 필요한 광범위한 경험과 도전을 제기하는 환경을 제공한다. 일대일 양육은 우리의 신앙 여정에서 개인 문제를 세밀히 수정하기에는 유익하지만 넓이가 부족하다.

교회가 사역기술과 일대일 양육에만 집중하면 대다수 사람이 제자가 아닌 상태로 남는다. 교회에 필요한 각종 사역이 정체되고 아직 제자가 아닌 사람들이 소외된다. 목사나 리더들에게 관심을 받지 못한다고 느끼는 사람이 있으면, 편이 갈리고 적대감이 증가한다. 그리스도 중심 모델로는 소수에게만 접근할 수 있으므로 교회에 적용하기에는 폭이 좁고 부족하다. 하나님이 의도하신 크기보다 한참 작다. 하나님의 목표는 그리스도의 몸 전체가 제자 삼는 교회로 온전히 성장하여 세상으로 나가는 것이다.

제자들에게 그리스도가 있었다면 회중에게는 리더십 팀이 있다.

사도들은 다락방에서 기도를 인도했다. 그들은 다락방에 있던 120명을 거리로 보내어 복음을 전파하고 초대교회의 의제를 결정했다. 사도들은 식량 분배 논쟁이나 부정직한 헌금, 회심한 이방인들에게 요구된 불편한 문제에 해답을 제시했다. 그들은 팀 리더십으로 초대교회와 바울을 이끌고 선교의 확장을 유도했다.

그들이 조화롭게 사역할 수 있었던 이유는 교회의 선교에 대한 의견이 같았기 때문이다. 그들은 같은 사람에게 훈련받고 같은 비전을 품었으며 하나의 기본 방식을 신뢰했다. 철학적 순수함 덕분에 리더십을 효과적으로 발휘했다. 오늘의 교회에는 훌륭한 팀 리더십이 드물다. 리더십에 필요한 좋은 훈련이 없기 때문이다.

예수님은 자신의 제자들이 일정한 방식으로 생각하고 유사한 방식으로 일하는 특정한 집단이 되도록 훈련하셨다. 물론 의견이 다르고 갈등이 벌어졌지만 앞에 놓인 사명에 대해 마음을 합하고 교회의 하나 됨을 추구했다.

제자들은 예수님보다 훨씬 다양한 사람들을 감독하고 사람들의 다양한 관심, 성격, 은사, 문제, 의견을 포용해야 했다. 교회의 급격한 성장으로 열두 제자는 만 명 이상에게 권위를 행사하고 그들을 관리해야 했다.

제자 삼기란 교육, 훈련, 전도, 목양이 일어나는 시스템을 관리하는 것이다. 다양한 수단과 방법으로 회중을 이끄는 리더십 팀에는 다차원적인 역할이 요구된다. 도움이 필요한 사람들에게 식사를 제공하거나 교회에 오는 교통편을 제공하는 것도 제자 삼는 일이다. 그리스도 안에서 성장하도록 돕는 일이기 때문이다. 누군가가 예수님 안에서 자라도록 돕는 일이면 무엇이든 제자 삼는 일에 속한다.

성경공부, 신앙간증, 성경구절 암송, 사역기술 전수만이 제자훈련이라는 생각은 금물이다. 많은 교회가 사역기술 교육을 무시하는 경향이 있는데 교육은 당연히 필요하다. 다만 그것만 해서는 제자를 양육하기에 부족하다.

그리스도 중심에서 교회 중심으로 전환하면서 일어나는 첫 번째 변화는 '리더 한 사람'이 소수의 엘리트로 이루어진 헌신된 십자가 군사들을 리드하는 것에서 '리더십 팀'이 다차원적인 회중을 그리스도 안에서 성숙하도록 가르치는 것이다.

2. 인도

| 그리스도의 물리적 임재에서 성령의 인도, 말씀과 기도의 사역으로

예수님이 배를 타고 건너편으로 가자고 하셨을 때 어느 제자도 그 명령을 의심하지 않았다. 예수님이 계시므로 예수님의 뜻을 분별할 필요가 없었다. 그러나 예수님이 계시지 않은 상황에서 그분의 분명한 뜻을 발견하는 것은 공동체의 몫이 되었다. 사도들에게는 최종 결론이자 절대 진리이신 예수님이 더는 안 계셨다. 그 대신 그분의 말씀과 뜻을 분별하기에 충분한 진리가 있었다. 우리에게도 마찬가지다.

예수님은 다락방에서 제자들에게 "내 안에 거하라"(요 13-16장)고 말씀하셨다. 또 자신과 같은 성령이라는 보혜사가 와서 진리 가운데로 인도해 주실 거라고 하셨다(요 14:26; 16:13). 제자들은 모든 진리를 알 수는 없었지만 진리를 어디서 찾아야 하는지, 진리를 얻는 수단이 무엇인지 알았다. 성령님의 도움을 받아서 예수님의 이름으로 하나님께 기도하면 되었다(요 14:10-17).

최초의 제자들과 달리 우리 곁에는 직접 질문할 예수님이 계시지 않는다. 예수님 대신에 성령님이 항상 함께 계신다. 예수님의 말씀을 듣지는 못하지만 글로 된 말씀이 있다. 예수님과 눈을 맞추며 대화할 수는 없지만 기도 가운데 대화할 수 있다. 오늘날의 우리와 하나님의 진리 사이에는 수 세기의 시간, 문화, 언어, 관습이라는 장벽이 존재한다. 이런 차이점과 더불어 다양한 해석과 사람들의 의견이 추가되어 하나님의 뜻을 알기가 더욱 어려워졌다.

우리는 어떻게 인도를 받아야 하는가?

말씀으로 하나님께 동의한다. 우리에게는 본질에 대한 예수님의 분명한 말씀이 있다. 우리의 목적은 순종하는 삶으로 하나님을 섬기는 것이다. 삶은 우리가 되어야 할 모습과 우리가 맡은 임무로 구분된다. 예수님은 우리가 어떤 사람이 되어야 할지를 명확히 정의하셨다. 예수님 안에 거하는 사람이다(요 15:7-17). 예수님이 우리에게 맡긴 임무는 제자 삼기다(마 28:18-20). 순종하는 삶에 대한 궁금증도 성경으로 해소할 수 있다. 제자가 되고 제자 삼는 삶이다.

하나님이 사람들에게 주신 것을 사용한다. 교회 리더십 팀이 제자가 되고 제자 삼는 일을 회중사역의 으뜸으로 여긴다면 제자를 양육하는 방법만 알면 된다. 많은 사람이 전자가 쉽고 후자가 어렵다고 생각하는데 사실은 그 반대다. 리더십 팀이 먼저 본질에 동의하고 사람들을 이끌기란 생각처럼 쉽지 않다. 방법도 중요하지만 믿음이 무엇보다 우선한다.

일반 교회에서는 적절한 방법을 채택하기가 어렵다. 사람들은 전략이 아니라 교리를 중심으로 모이는 경향이 있어서 교회 안에 다양한 가치관이 난무할 수밖에 없다. 각자가 중요하게 보는 우선순위와 방식이 있기 때문에 하나의 정책을 마련하기 위해 리더들은 오랫동안 논의를 한다. 일반적으로 리더들은 누구나 공감할 수 있는 결정을 내린다. 모두에게 동의를 얻기 어려운 방향을 선택하는 경우 사람들의 맹렬한 반대 때문에 결국 결정을 포기하게 되기 때문이다. 이사회는 사소한 문제에 대해서도 격렬한 논쟁을 벌인다. 절충을 해야 하는 일반 교회의 현실이다.

교회가 교리와 전략을 모두 중시할 때 이 같은 논쟁을 피할 수 있다. 그러면 방법을 택하기도 별로 어렵지 않다. 리더들이 좋은 역할 모델로서 모범을 보이고, 사람들에게 그 모습을 따르게 하면 재생산이 뒤따른다. 리더들이 교회의 비전과 가치 면에서 본이 되면 회중이 순종한다.

리더는 하나님과 긴밀히 교제하는 제자다. 그들은 하나님의 인도를 받는 도구인 성경을 통해 하나님과 소통하며 그리스도의 말씀을 실천한다. 즉 하나님의 말씀에서 전략을 찾고 기도로 인도를 구하며 같은 마음을 품은 사람들끼리 대화하고 의견을 공유한다. 특정 사역에 대한 하나님의 방향을 함께 찾으며 공동의 경험을 한다. 영적으로 성숙한 사람들이 하나님의 분명한 명령을 따르고 함께 하나님께 순종하는 것은 정말 아름다운 일이다.

그리스도 중심 모델에서는 비전과 가치관을 가진 한 사람이 같은 생각을 하는 다른 리더나 간사와 소통하여 자신의 생각을 실천에 옮긴다. 이것은 그리스도가 자신의 교회에 의도하신 방법이 아니다. 이런 방법으로는 결코 오래가지 못한다.

그리스도가 비전과 전략을 제시하셨듯이 사역단체의 리더도 똑같이 할 수 있다. 그러나 목사가 이 방법을 시도하면 공동체가 무너질 수 있다. 예를 들어 목회자가 오랜 기간 이렇게 말한다고 하자. "하나님이 나를 이곳에 부르셨으며 나에게 이런 비전을 주셨습니다. 의문도 생기고 내 말에 동의하지 않을 수도 있지만 주님이 기름 부은 자에게 감히 대적하지 말라고 하신 것을 명심하십시오." 그는 목회자를 사울로, 성도를 다윗으로 생각해 성도가 목회자에게 대적해서는 안 된다고 가르친다.

그러나 교회의 목사는 이스라엘의 사울 왕이 아니며 예수님이나 사도들과 같은 권위를 가진 권위자도 아니다. 교회 안의 리더십은 공동으로 경험해야 하는 것이다. 이것이 잘 표현되는 곳이 교회 중심 모델이다.

일부 제자운동은 사람들의 삶을 지나치게 관리하려 하고 제자도의 원리를 남용한다. 훈련생은 교회에 절대 빠질 수 없고 집안의 중요한 결정이나 데이트, 결혼, 휴가도 미루어야 한다는 식의 규정을 세운다. 물론 책임과 의무가 제자훈련에 중요하기는 하지만 구체적 행동까지 규제하는 독단적 방식은 그리스도 중심 모델을 잘못 적용한 것이다. 그리스도의 공동체 안에서 의도된 방식이 결코 아니다.

제자 삼는 교회는 하나님을 알고 그분의 뜻을 행하기 원하는 제자들과 리더들의 공동체다. 모두가 공동의 가치를 중시하고 '내 안에 거하라'로 귀결되는 하나님의 인도 방식을 따르는 공동체라야 효과적으로 제자를 양육할 수 있다.

3. 훈련

| 그리스도께 훈련받은 리더에서 다층적 훈련에 참여하는 리더십 공동체로

제자 삼는 교회의 훈련은 교인이 누군가와 처음 관계를 맺을 때부터
시작된다. 제자 삼는 일은 사람들을 그리스도께 인도함으로써 시작
된다. 기존의 제자훈련 개념과 완전히 배치되는 말이다. 이 장 시작
부분에 내렸던 제자 삼기의 정의를 기억하는가? 나는 제자 삼기를
'사랑의 관계에 기초하여 각자가 책임을 다하는 제자를 훈련하는 의
도적 활동'으로 정의했다. 이는 소그룹이나 일대일 훈련보다 훨씬 광
범위한 개념이다. 제자도는 교회나 가정 안에서 일어나는 활동이라
고 말하는 사람이 대부분이다. 그러나 제자도의 대상은 교회가 아
니라 세상이다. 제자도의 최종 결과는 사람들이 사는 지역이 어디고
그들이 어떤 상태이든, 교회에 현재 다니지 않고 앞으로도 절대 가
지 않을지라도, 사람들을 변화시키는 것이다.

제자도 모델의 확장은 새로운 아이디어가 아니다. 많은 교회에서
이미 시행되고 있지만 여전히 폭이 너무 좁다. 정상적인 방법 말고 같
은 DNA를 반복해서 재생산하는 방법으로 클론을 양성해 내는 유전
학자처럼 많은 교회가 영적 클론을 재생산시키려고 노력해 왔다.

전통적인 제자도 운동에 적합한 사람도 있긴 하다. 말을 잘하고
소통에 능하며 비전을 보고 그것을 위해 돌진하는 사람이다. 원칙과
가치를 중시하는 이런 사람은 변화를 좋아하고 도전을 원한다. 이런

태도를 추구하는 것이 잘못은 아니다. 다만 신앙을 운운하면서 자신의 은사와 성품을 사람들에게 강요할 때 문제가 생긴다. 나도 그렇지만, 이런 사람은 비슷한 사람들끼리 모이는 경향이 있고 다른 사람들을 영적이지 않거나 무관심한 사람으로 치부한다.

제자 삼는 공동체의 확대에 대한 내 의견은 사실 에베소서 4장 11-16절에 이미 나와 있다.

> "그가 어떤 사람은 사도로, 어떤 사람은 선지자로, 어떤 사람은 복음 전하는 자로, 어떤 사람은 목사와 교사로 삼으셨으니 이는 성도를 온전하게 하여 봉사의 일을 하게 하며 그리스도의 몸을 세우려 하심이라 우리가 다 하나님의 아들을 믿는 것과 아는 일에 하나가 되어 온전한 사람을 이루어 그리스도의 장성한 분량이 충만한 데까지 이르리니 이는 우리가 이제부터 어린아이가 되지 아니하여 사람의 속임수와 간사한 유혹에 빠져 온갖 교훈의 풍조에 밀려 요동하지 않게 하려 함이라 오직 사랑 안에서 참된 것을 하여 범사에 그에게까지 자랄지라 그는 머리니 곧 그리스도라 그에게서 온몸이 각 마디를 통하여 도움을 받음으로 연결되고 결합되어 각 지체의 분량대로 역사하여 그 몸을 자라게 하며 사랑 안에서 스스로 세우느니라."[2]

말씀에 따르면 교회 리더들은 교인들을 예수 그리스도의 효과적인 사역자로 훈련시켜야 한다. 사람들의 영적 성숙을 돕고 그 결과로 하나님의 은사가 백성들 가운데 온전히 발휘되게 하는 것이 목표다. 모든 교인이 자신의 역할을 감당할 때 교회는 사랑 안에서 세워질 것이다.

그러자면 다차원적인 훈련과 개발이 필요하다. 에베소서 4장 12절에서 '온전함'으로 번역된 헬라어의 의미는 '선수를 훈련시키다, 부러진 뼈를 맞추다, 손상된 것을 복구하다'이다. 즉 신앙 좋은 사람들에게 사역기술을 가르치는 것만 의미하지 않는다. 교회에는 하나님과 걸어가는 여정에 있어 다양한 단계의 사람들이 있다. 일부는 위기 상황에 처했고, 일부는 패배했으며, 일부는 훈련받을 준비가 되었거나 리더가 될 준비가 되었다. 제자교회의 역할을 세 가지로 정리하면 영적으로 병든 사람들을 위한 병원, 새로운 신자들이 성장하는 온실, 열심과 능력 있는 사람들을 위한 훈련소다.

목회자의 임무 자체가 다차원적이고 다층적이기 때문에 제자 삼는 목회자는 다양한 단계에 있는 사람들을 담당해야 한다. 교회 리더십이 추구해야 하는 세 가지 제자양육 분야는 다음과 같다.

설교 훈련 과정

설교는 교회의 제자 삼기에서 가장 중요한 단계다. 설교가 수반되지 않으면, 목회자는 가장 중요한 도구 없이 제자 삼기에 나서는 것과 같다. 강단사역은 교회의 의제를 정하고 사람들에게 영감을 불어넣으며 동기를 고취시키고 행동의 발판을 마련하는 수단이다. 제자양육을 좋은 설교의 적으로 여기는 사람들이 의외로 많다. 설교 잘하는 목사인 동시에 제자 삼기도 잘하는 목사는 없다는 오해 때문이다.

'와서 보라', '와서 나를 따르라', '와서 나와 함께 있으라', '내 안에 거하라' 이것이 모두 제자양육이다. 교회 문을 열고 들어와서 설교를 듣는 사람은 적극적으로 제자도에 참여하는 것이다. 교회에 참석하거나 소프트볼 경기에 참여할 때도 제자양육이 일어난다. 이 사람이 속한 단계는 '와서 보라'이다. 그를 다음 단계로 인도하여 소그룹 모임에 참여시키는 것이 우리의 목표다. 모임에 참여하게 되면 이제 그는 '와서 나를 따르라' 단계로 이동한다. 리더십 훈련이나 특별 교육을 받는다면 '와서 나와 함께 있으라' 단계에 속하게 된다.

리더십 과정

새로운 리더를 배출하지 못할 때 대부분의 교회가 힘을 잃고 사라진다. 제자교회에서 훈련이 탄력을 받으려면 열심당원이라고 할 만한 충성된 일꾼들이 필요하다. 제자양육의 철학과 활동을 기꺼이 배우려고 하는 능력 있는 핵심 그룹이 반드시 필요하다. 그들은 리더십 공동체에 참여하고 매년 또 다른 제자를 세우면서 계속 재생산한다.

계속 증가하는 리더십 공동체를 만드느냐에 교회의 미래가 달려 있다. 목회자가 설교로 제자양육을 역설해도 리더십 그룹을 만들지 못하면 제자양육을 실천하기 어렵다. 교인들에게 제자양육을 알리고 실행에 옮기려면 반드시 리더를 세워야 한다. 그렇지 않으면 재생산이 어렵고 배가도 불가능하다.

제자교회에서 목회자와 리더십 팀은 회중 중에서 리더십에 은사가 있는 사람들을 모으고 도제환경을 제공하여 그들을 재생산과 배가의 일꾼으로 세워야 한다.

소그룹 과정

교회 중심 모델을 통해 다층적인 제자훈련을 할 때는 소그룹 사역으로 제자도를 교회 전체에 적용해야 한다. 예수님은 초청을 통해 사람들을 모아서 그들에게 진리를 제시하고 자신에게 반응하는 사람들과 사역하셨다. 소그룹은 사람을 세우는 최적의 도구다.

설교를 통해 사람들에게 그리스도와 함께 걷도록 동기를 고취시켰다면 이제 사람들이 열정을 실천할 장소가 필요하다. 교회는 '와서 보라'와 '와서 나를 따르라' 같은 초청을 듣고 응답한 사람들을 소그룹에 참여하게 한다. 처음에는 도움과 지원이 강조되지만 소그룹은 점차 말씀과 사명을 강조하는 방향으로 이동한다(표3 참고).

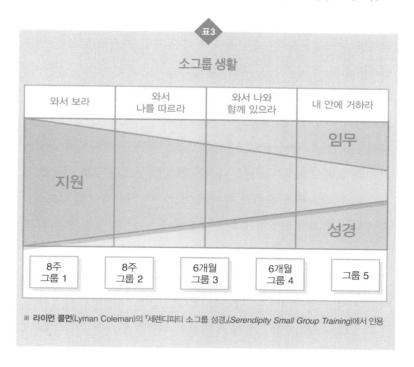

표3

소그룹 생활

와서 보라	와서 나를 따르라	와서 나와 함께 있으라	내 안에 거하라

지원 / 임무 / 성경

| 8주 그룹 1 | 8주 그룹 2 | 6개월 그룹 3 | 6개월 그룹 4 | 그룹 5 |

※ **라이먼 콜먼**(Lyman Coleman)의 『세렌디피티 소그룹 성경』(Serendipity Small Group Training)에서 인용

소그룹 리더의 인도를 따라 소그룹은 계속 앞으로 나간다. 리더와 제자 또는 부리더 모두가 리더십 공동체의 일원이 되어 목사나 다른 리더들과 교제한다. 소그룹 네트워크는 교인들의 필요를 돌보고 리더십 공동체에 포함될 리더들을 세우며 그리스도인에게 절실히 필요한 훈련과 사역기술을 제공한다.

4. 아웃리치

| 개인 전도에서 팀 전도로

예수님이 하셨던 전도를 생각하면 니고데모, 우물가 여인, 젊은 부자와의 만남이 떠오른다. 그리스도 중심의 전도 방식을 따르는 사역단체들은 사람들을 잘 훈련해서 최대한 자주 자신의 믿음을 말로 전하게 한다.

모든 그리스도인에게는 복음을 전해야 할 의무가 있다(고후 5:18-20). 따라서 모든 그리스도인은 복음 전하는 방법을 훈련받아야 한다(벧전 3:15). 그러나 훈련받은 그리스도인은 모든 상황에서 자신의 믿음을 말로 표현하지는 않는다. 왜 그런가? 무조건 말로 신앙을 표현할 경우 각자에게 주어진 은사에 어긋나며 사람들에게 그리스도를 전하는 능력을 타협하게 되기 때문이다.

이 말이 다소 이상하게 들릴 것이다. 자신의 믿음을 말로 표현할 경우 그리스도를 전하는 능력이 침해를 받는다니 무슨 말인가? 하나님은 각 사람이 하나님 나라를 섬기는 일에 사용할 은사라는 도구를 주셨다(벧전 4:10). 은사는 믿음의 공동체 안에서 돕는 역할로 사용되거나 앞장서서 사람들과 소통하고 믿음을 전하는 일에 사용된다. 어려운 시기를 겪는 사람이 있을 때 그를 도와주고 관계를 통해 전도하는 은사가 있는 사람이 무턱대고 말로 복음을 전하려고 하면 오히려 역효과가 일어난다.

물론 말을 해야 할 때가 있다. 언제인가? 그리스도 중심 모델은 공격적이고 개인적이며 말을 중시한다. 이런 은사를 가진 사람들이 교회 중심 모델에도 필요하다. 복음을 듣지 않고서는 그리스도께 나올 사람이 없기 때문이다. 그러나 예수님은 복음전도의 더욱 강력한 수단을 교회에 제시하셨다.

> "새 계명을 너희에게 주노니 서로 사랑하라 내가 너희를 사랑한 것 같이 너희도 서로 사랑하라 너희가 서로 사랑하면 이로써 모든 사람이 너희가 내 제자인 줄 알리라." 요 13:34-35

> "날마다 마음을 같이하여 성전에 모이기를 힘쓰고 집에서 떡을 떼며 기쁨과 순전한 마음으로 음식을 먹고 하나님을 찬미하며 또 온 백성에게 칭송을 받으니 주께서 구원받는 사람을 날마다 더하게 하시니라." 행 2:46-47

교회 중심 모델에서 핵심은 '공유'다. 리더십, 권위, 하나님의 인도, 훈련 모두 공유된다. 전도도 함께한다. 교회에서 모든 사람이 서로 사랑을 실천할 때 나오는 힘은 사람들을 불러 모으며, 자연스럽게 성도들은 말로 전도하게 된다. 우리가 서로 사랑할 때 모든 사람이 우리가 그분의 제자임을 알게 된다는 예수님의 약속에는 놀라운 힘이 있다. 초대교회를 보면 알 수 있지 않은가? 모든 사람이 사랑으로 헌신한 결과 날마다 구원받는 사람이 더해졌다. 이처럼 놀라운 추수를 경험하는 교회에 다니고 싶지 않은가?

그렇다면 제자교회의 아웃리치는 어떤 모습이어야 할까?

세상에 자연스럽게 스며든다. 우리 중에 말을 잘하는 사람들은 언제나 앞에 나선다. 교회에 반드시 필요한 사람들이다. 성실히 훈련시키면 말에 능한 사람이 교회에 더 많아질 것이다. 그러나 아무리 말에 능한 사람이 많아도 그렇지 않은 사람이 훨씬 많다.

일반적으로 말을 잘하는 사람들은 교사인 경우가 많다. 그들은 자신이 믿는 바를 가르치려는 경향이 있다. 그래서 말에 능한 사람들은 공격적인 태도로 교회를 장악하기가 쉽다. 하지만 모든 그리스도인이 자기 신앙을 말로 표현하기보다는 각자가 교회 안에서 맡은 역할을 하는 게 훨씬 효과적이다. 무조건 복음 선포만 하는 교회는 한 팔로 싸우는 권투선수와 같다. 레프트훅이 아무리 뛰어나도 적절한 라이트 크로스를 때리지 못하면 시합에서 이기기가 어렵다. 사랑이라는 토대와 전략적인 말의 전도가 조화를 이룰 때 더욱 효과적이다.

하나님은 추수할 세상의 밭에 지체들을 전략적으로 배치하신다. 교회가 직면한 도전 과제는 그들을 추수할 밭의 거주자에서 노동자로 바꾸는 일이다. 그러자면 더욱 총체적인 전도 방식이 필요하다. 사람들에게 돕는 은사를 발휘하여 어려운 사람들을 섬기고 회중 가운데 말에 능한 사람들과 연합하도록 도전할 필요가 있다. 예를 들어 진화론과 창조과학에 관심이 많은 직장 동료에게 복음을 전하려고 한다. 내가 영상을 더 좋아하여 책이라고는 10년에 한 번 읽을까 말까 한 사람이라면 동료에게 좋은 대화 상대가 되기 어렵다. 한두 번 야구장에 같이 가거나 그가 휴가 갔을 때 잔디밭에 물을 주어 신뢰를 얻을 수는 있지만 그와 관심사를 공유하여 활발히 대화를 이어 나갈 수는 없다. 이때 그의 필요를 채워 줄 나와 다른 은사를 가진 사람을 소개해 주면 된다. 여기서 교회가 큰 도움이 된다.

인위적인 훈련은 정상적인 네트워크로 발전하지 못한다. 복음을 전하는 훈련을 할 때 영적 은사나 자연스러운 네트워크보다 인위적인 수단에 집중하는 경우를 많이 본다. 인위적인 수단이란 쇼핑몰로 전도팀이 나가서 낯선 사람들에게 전도하거나 모르는 사람 집에 가서 일일이 문을 두드리며 전도하는 것을 말한다. 이것은 사람들을 만나는 자연스러운 방법이 아니다.

인위적인 네트워크 안에서는 아무리 훈련을 잘 받았어도 정상적인 관계로 이어지기 어렵다. 낯선 사람에게 무턱대고 말을 걸거나 정해진 시나리오대로 설명하는 방식은 성공하기가 쉽지 않다. 우리가 함께 살고 일하며 노는 사람들에게 접근하기에 적절한 전략이 아니다.

교회는 팀으로 세상에 나가야 한다. 세상에 나가는 데 필요한 은사와 자원을 잘 동원한 팀이라야 한다. 훈련된 제자들 사이의 연합, 부드러운 사랑의 은사, 명확한 언어의 은사, 결단력 있는 리더십의 은사에 성령의 창의성이 조화를 이루어야 한다. 열쇠는 함께하는 협력이다.

5. 목회적 돌봄

> 그리스도가 모든 필요를 채워 주는 데서
> 그리스도의 몸의 은사들을 통해 필요를 채워 주는 것으로

목회적 돌봄(목양)과 제자도는 무슨 관계일까? 목양과 훈련은? 좋은 목양이 없다면 제자 삼는 교회가 될 수 없다. 선한 목자이신 예수님은 목자 중 우두머리로서 모든 필요를 채워 주신다. 예수님이 세상에 계시는 동안 제자들은 자신들의 필요를 채워 줄 다른 누군가를 찾을 필요가 없었다. 그리스도 중심 모델은 누군가를 위해 삶을 헌신하는 한 사람에게 크게 의존한다.

그러나 교회 중심 모델에서는 예수님이 제자들에게 했던 역할을 그리스도의 몸에 속한 사람들이 나눠 맡는다. 몸에 속한 사람들이 초자연적인 능력자라는 말이 아니다. 그리스도는 각 지체를 통해 몸의 필요가 채워지는 방법을 택하셨다. 예를 들어 내가 주님께 격려가 필요하다고 기도하면 친구가 전화를 걸어서 함께 기도해 준다. 내가 병이 들어 아프면 성경공부 친구 두 명이 따뜻한 음식을 들고 찾아온다. 하나님은 성령을 통해 지체들이 서로를 돌보게 하신다.

목회의 분산

역사적으로 목양은 사역자에게 위임되며 교회 전체를 대상으로 한다. 사역의 분산이라는 요구에는 목회의 분산도 포함된다. 교회에서 정신적 지주 역할을 하는 사람들, 긍휼, 도움, 나눔, 조언, 격려를 표현하는 데 은사가 있는 사람들을 효과적인 사역자로 훈련시켜야 한다.

에베소서 4장 16절은 각 성도가 자기 역할을 다할 때 교회가 정점에 도달할 수 있다고 강조한다. 제자교회가 목양사역을 분산해서 성도들에게 사역을 허가할 때 목회자 한 명이 할 때보다 더 큰 결과를 얻을 수 있다.

> "믿는 무리가 한마음과 한 뜻이 되어 모든 물건을 서로 통용하고 자기 재물을 조금이라도 자기 것이라 하는 이가 하나도 없더라 사도들이 큰 권능으로 주 예수의 부활을 증언하니 무리가 큰 은혜를 받아 그중에 가난한 사람이 없으니." 행 4:32-34

초대교회에 있었던 분산의 유익을 보여 주는 말씀이다. 사람들의 필요가 채워지자 강력한 사역을 할 수 있었다.

목양은 제자양육

목양은 제자양육이라는 말이 너무 단도직입적으로 들릴 수 있다. 그렇다고 목회의 목적이 제자양육에만 있다는 말은 아니다. 사역훈련이나 복음전도 훈련도 분명 필요하다. 목양과 함께 추진하는 리더십 훈련, 교육, 아웃리치 모두 제자양육에 속한다.

목양은 그리스도의 공동체 안에서 훈련과 아웃리치를 가능하게 하는 생명의 토대를 제공한다(살전 2:7-12). 보살핌을 받지 못한 사람들은 적대적이며 자기 상처를 리더십 탓으로 돌리는 경향이 있다. 그러다 보면 리더들과 회중이 적대 관계가 된다. 리더들이 사랑하고 용납하는 환경을 조성할 때 사람들은 크고 작은 차이를 기꺼이 내려놓고 함께 협력한다.

목양은 사람들을 그리스도 안에서 성숙하도록 돕는 일이므로 제자양육의 일부로 볼 수 있다. 사람들이 평소보다 하나님께 더욱 열려 있을 때 그들의 삶에 특별한 기회의 문이 열린다. 이런 전환기나 위기 때 그리스도의 공동체가 함께해 주면 사람들이 그리스도께 마음을 열 것이다. 사람들은 사랑받는다고 느낄 때 모든 방어벽을 허물고 하나님의 말씀과 사람들을 자신의 삶에 받아들인다.

목회적 훈련

교회 안에 목회적 돌봄을 분산시키고 싶더라도 적절한 훈련이 있어야만 가능하다. 훈련에는 여러 단계가 필요하다.

1. 각 사람은 자신이 사역자며 어떤 식으로든 기여할 수 있다고 인식해야 한다. 이 확신이 있어야만 행동할 수 있다.
2. 각 사람은 자기만의 특별한 은사를 발견하고 개발한다.
3. 관심 있는 분야에서 은사를 시험할 기회를 제공한다.
4. 은사를 시도할 기회를 거듭 제공한다. 실패하더라도 다시 시도할 수 있어야 한다. 잘못된 점을 찾아서 수정하여 새롭게 도전하도록 도와준다. 성공한 경우에는 새로운 일을 시도하도록 격려한다.
5. 목양에 은사가 있는 교인들은 사람들을 모집하고 훈련해서 더욱 배가시키는 일에 매진한다.

이 다섯 단계를 통해 교회는 회중에게만이 아니라 세상에 복음을 들고 나가기 위한 제자양육을 실천할 수 있다. 그 결과 사람들이 더욱 잘 보살핌을 받고 그리스도 지체들이 온전히 은사를 발휘한다.

우리가 제시하는 제자 삼기 과정은 초대교회의 경험에 기초한다. 그들은 이렇게 다각적인 제자 프로그램을 어떻게 개발했을까? 예루살렘의 초대교회에서 제자도가 어떻게 시작되었는지 알아보자.

다시 제자 삼기를 생각하다

제자 삼기란 무엇일까? 먼저 이 질문에 대한 명확한 답부터 찾을 필요가 있다. 1990년에서 2010년까지 미국 교회의 본질은 별로 달라지지 않았다. 사실 전체 역사에서 20년은 순간에 불과하다. 1990년대에 교회 출석률은 전체 인구의 43퍼센트에 달했다. 당시만 해도 많은 사람이 교회에 출석했다. 이런 수치에 대해 데이비드 올슨(David T. Olson)은 『위기의 미국 교회』(*The American Church in Crisis*)라는 저서에서 의문을 제기한다. 올슨은 책에서 더 상세하고 정확한 수치를 제시했다. 그의 연구에 따르면 2005년 기준으로 교회에 출석하는 미국인이 전체 인구의 17.5퍼센트이고 세부적으로 보면 복음주의 9.1퍼센트, 주류 교단 3퍼센트, 가톨릭 5.3퍼센트다.[3] 교회 출석률의 감소는 부인할 수 없는 사실이다. 이런 추세가 계속되면 미국은 유럽과 비슷한 모양이 될 가능성이 크다. 교회 출석률이 증가하는 아프리카나 아시아와 다른 상황이다.

문제는 교회 출석률의 감소가 아닐지 모른다. 교회 출석률은 증가하는데 사람과 사회를 변화시키는 교회의 능력이 감소하는 것이 문제일 수 있다. 이런 상황에서 제자양육이 교회 성장을 보장하지는 않지만 성장하는 교회는 언제나 제자양육에 열심이다. 교회의 성장과 하락의 또 다른 요인으로 안 좋은 경제 상황을 간과할 수 없다. 많은 사람이 교외로 이주하고 있다. 교회는 여전히 바른 일에 집중하고 제대로 행동하고 있는지도 모른다. 그러나 목회자가 아무리 바른 생각으로 바른 신학과 행동을 제시해도 안 좋은 경제 상황 앞에는 속수무책일 수밖에 없다.

성공적인 홍보, 커뮤니티의 성장, 매력적인 리더로 인한 교회의 수적 성장이 과대평가된 측면도 주목해야 한다. 중요한 것은 교인들의 신앙생활의 질과 그들의 일상생활에 교회의 가르침이 미치는 영향이다.

전통적인 종교 생활을 유지하기는 쉽다. 대부분 예배나 성경공부 모임에서는 점잖게 행동한다. 이런 짧은 시간에는 신앙이 있는 것처럼 포장하기 쉽다. 그러나 진짜 시험대는 가족, 직장, 이웃이 내리는 그들에 대한 평판이다. 그리스도인의 신뢰도를 판단하는 가장 냉정한 재판관은 직장 동료와 이웃이다. 가족의 나쁜 행동을 자주 사과하는 그리스도인이 있다면 반드시 주의하라. 이중생활을 감추고 있을 가능성이 크다.

오랜 세월이 지났지만 지금도 쉽게 대답하기 어려운 질문이 있다. '우리는 어떤 사람들을 세우는가?' 누군가는 조직이 세운 우선순위에 따라 결과가 도출된다고 주장한다. 그렇다면 복음을 받아들이고 신앙을 유지하기 위해 많은 노력이 필요하지 않다는 말인가? 바로 그런 생각 때문에 우리가 피상적인 그리스도인에 머무르는 것이다. 피상적인 요건은 피상적인 결과를 낳는다. 그 결과 현대 문화에서 교회의 침투력은 벽에 부딪히면 철퍼덕하고 퍼져서 녹아 버리는 젤리만도 못하게 되었다. 또한 피상성은 종교 소비자를 양산한다. 종교는 우리가 생명을 유지하고 죄책감을 덜며 위기의 시기에 의지할 대상으로 전락해 버렸다. 사람들이 더는 교회에 나오지 않는 이유가 거기에 있다. 별로 도전을 주지 않고 사는 데 필수적이지 않으며 아무 의미도 보이지 않는다. 다행히도 예외가 있기는 하지만 상황이 갈수록 나빠지고 있다.

제자가 되고 제자 삼는 데 집중한다면 이런 추세를 역전시킬 수 있을까? 시류를 되돌리기에는 문화의 힘이 너무 강하지 않을까? 전통 논리와 절대 진리의 섬인 교회는 진리를 사회의 구성 요소로 간주하는 상대성의 바다에 둘러싸여 있다. 이전 세기와 달리 진리는 일개 범주로 전락하여 대중의 지지를 받지 못하는 상황이 되었다. 과거와 같은 점이라면 도시나 지방에 여러 종교가 혼재한다는 것이다. 세계화 덕분에 그리스도인 못지않게 힌두교인, 이슬람교인, 불교인도 쉽게 만날 수 있다. 다른 종교를 믿으면 지옥에 간다고 말하기가 전보다 훨씬 어려워졌다.

도쿄에서 전철을 탔던 기억이 난다. 객차마다 허용된 인원을 뛰어넘어 승객이 꽉꽉 들이차 있었다. 키가 2미터가 넘어서 보통 사람보다 머리가 하나는 더 있는 나는 전철 통로의 창문으로 다른 객차를 보았다. 문득 이 많은 사람 가운데 몇 명이나 그리스도를 알고 있을까 하는 의문이 생겼다. 실제 그리스도인은 매우 적으며 대부분이 그리스도를 기독교의 리더 정도로 알고 있을 게 분명했다. 1-3퍼센트는 어쩌면 설득력 있는 복음을 들어 보았을 수도 있다. 전철에 탄 사람 10명 중 9명은 앞으로 어떻게 될까 하는 생각이 들었다. 내가 믿는 기독교 신학에서는 그리스도를 믿지 않으면 지옥에 간다고 말한다. 내 믿음은 흔들리지 않았으나 열차에서 내리는 내 마음은 혼란스러웠다.

소위 지구촌 세상에 살고 있는 우리가 정통 교리를 고수하기가 갈수록 어려워지고 있다. 사람들이 더는 교회에 나가지 않는 또 다른 이유다. 지구촌에서 그들이 배우는 내용은 기독교의 가르침과 상충된다. 이 시대에는 은혜보다 관용이 절대적 도덕 가치며, 상대주의가 팽배해 있기에 대문자로 시작하는 진리(Truth)는 논리와 인간의 이성에 어긋난다고 가르친다. 그러나 하나님의 계시는 다르다. 기독교의 관점에서는 우리가 세상의 모든 크고 작은 진리들(truths)을 망라하는 참 진리(Truth)를 알 수 있다고 믿지만, 세속적 관점에서는 진리(Truth)를 알 수 없으며, 만약 진리가 알려질 수 있는 것이면 논리나 이성을 뛰어넘는다고 주장한다. 정의하기 어려운 존재인 신(God)의 머릿속에나 존재한다는 것이다. 결국 진리(Truth)는 우리 인간이 진화함에 따라 드러난다. 인간은 지식의 계단을 오를수록 하나의 종교만 참되다는 생각을 시대착오적이라며 버린다.

진리와 정통의 파괴 때문에 젊은이들의 관심을 얻기가 갈수록 어려워지고 있다. 어느 똑똑한 기독 청년에게 이런 말을 들었다. "정통 기독교가 제시하는 빤한 대답으로는 인류가 직면한 복잡 미묘한 의문에 충분한 해답을 제시하기 어렵습니다." 젊은 그리스도인과 구도자들은 삶을 더욱 의미 있게 만들고 싶은 그들의 지적 욕구를 자극해 줄 강력한 무언가를 원한다. 30년 전만 해도 그리스도인은 불신자들의 의문에 대답하기에 충분한 변증법적 지식이 부족하여 전도에 소극적이었다. 오늘의 그리스도인은 아는 체하는 교만한 사람으로 보일까 봐 두려워서 전도를 피한다. 이 시대의 제자 삼기는 어떤 의미인가? 다원론적 세상에 사는 사람들에게 어떻게 가르쳐야 할까?

나는 지금도 20년 전 생각에 동의한다. 여전히 제자 삼기가 교회 사역의 중심이 되어야 한다고 생각한다. 성숙한 제자만이 다른 많은 제자을 세우고 세계복음화 운동을 일으킬 수 있기 때문이다. 모든 인류에게 복음을 전하는 일은 예수님의 심장이자 우리의 사명이다. 예수님은 그 명령을 남기고 떠나셨다. 따라서 모든 제자와 교회가 마땅히 해야 할 일이다. 그 외 모든 일은 시간낭비다.

우리의 성품이 곧 우리의 영향력이다. 그것이 1세기 제자 삼기의 핵심이었듯이 오늘날에도 같다. 교회는 제자 삼지 않고 세상에 나가려고 애쓰지만 제자 삼기가 빠짐으로써 우리의 명성과 사람들에게 그리스도를 전하는 능력이 심각한 해를 입었다. "내가 너희에게 명한 모든 것을 가르쳐 지키게 하라"는 명령을 무시한 행동이다. 서방의 많은 교회 리더가 사회적 적절성에 넘어가고 수적 성장에 열중하면서 모범적인 삶에 대한 헌신과 그리스도를 닮은 성품의 변화는 갈수록 줄어들었다.

1980년대 말에 달라스 윌라드가 남긴 말은 지금 들어도 급진적이다. "사역자들은 예배에 오지 않는 사람들에게 지나치게 많은 관심을 쏟는다. 그들은 자신이 그리스도에게 보인 것과 같은 무시를 목회자에게서 받아야 마땅하다. 기독교 리더는 신을 믿지 않는 사람들이 돌이키도록 갖은 애를 쓰는 것보다 훨씬 중요한 일을 해야 한다. 바로 성도들이 그리스도를 닮을 때까지 그들을 양육하는 일이다(엡 4:12). 인간의 역사와 역사의 하나님은 바로 그 일을 할 사람을 기다린다."[4]

전 세계 교회를 대상으로 한 설문에 따르면 현대의 선교지는 미국 교회다. 아프리카와 아시아(중국 포함)의 교회는 제자 삼는 일에 매진하고 있다. 교회 리더들은 젊은 청년들을 그리스도의 제자로 훈련하는 일에 온 힘을 다해야 한다. 물론 기존 리더들이 양 떼에게 삶으로 좋은 모범을 보이는 것이 필수적이다.

교회 리더들의 우선순위는 집단적 성공 지표에서 개인적 성공 지표로 전환되어야 한다. 진정한 영적 능력은 공공의 삶이 아닌 평범한 개인의 삶에 있다. 제자 삼는 계획을 세우기보다 먼저 제자가 되는 것이 훨씬 중요하다. 제자가 된 사람은 또 다른 제자를 세울 방법을 찾는다. 누가 시켜서 그런 게 아니라 그렇지 않고는 스스로 견디지 못하기 때문이다.

2부

초대교회:
예루살렘 교회

제자 삼기의 필요성에 대해 의구심이 있는 사람 그리고 어떻게든 제
자 삼기를 교회 사역의 일부로 포함하려는 사람에게 제자 삼기는 모
든 교회가 집중해야 할 사역이라는 성경적 근거를 제시하고자 한다.
제자 삼기를 무조건 거부하거나 무턱대고 실행하기 전에 제자 삼기
가 무엇인지 명확히 알 필요가 있다. 이제부터 성경에서 말하는 제자
와 제자 삼기의 모범을 보이신 예수 그리스도와 초대교회에서 제자
삼기를 실천한 방법을 알아볼 것이다. 그럼으로써 제자 삼는 교회와
제자의 토대를 마련할 것이다. 복음을 들고 세상에 나가려면 분명한
목표와 그것을 달성하기 위한 계획이 필요하다. 사도행전이라는 훌
륭한 지침서에서 그 내용을 알아보자.

초대교회의
설립

예수님이 하늘에 오르신 뒤 예루살렘의 초대교회에 변화가 일어났다. 사도행전 2-7장에 6년여간 교회가 세워지는 과정이 나온다. 기초가 놓이자 빌립, 스데반, 베드로의 지도로 전도가 시작되었다. 사도행전 8-11장에는 2년 동안의 성장 과정이 나온다.

첫 5-7년 동안 초대교회의 모습에서 교회의 본질과 특성을 확인할 수 있다. 본질적으로 예루살렘 교회는 오늘의 교회와 같은 역할을 담당하고, 그리스도가 명하신 같은 우선순위를 세웠으며, 오늘날 우리와 비슷한 내부 갈등을 겪었다. 이번 장에서는 제자들이 그리스도의 가르침을 회중에게 어떻게 전달하고 적용했는지를 집중 조명한다.

교회의 발달 단계

교회는 성장하면서 변한다. 신약성경에 초대교회의 변화와 발전 양상이 기록되어 있다. 그 형태를 잘 관찰하면 오늘의 교회에 적용할 수 있다.

신약성경에 나오는 초대교회, 선교교회, 제자교회 이렇게 세 교회는 크게 네 단계를 거친다. 바울의 방법, 사람들, 여행, 서신을 보면 40년의 사도 사역을 이렇게 나눌 수 있다.

형성 단계

형성이란 무언가의 토대가 되는 구조나 형태를 세우는 것이다. 교회가 형성되는 단계에서 사도들은 새롭게 성장하는 조직을 만들고 구조를 마련했다. 설교를 통해 회심자가 나왔으며 새로운 신자들은 관리에 쉬운 단위로 나뉘었다.

발달 단계

일단 기초가 만들어지자 사도들은 교회생활에 필요한 원칙을 세웠다. 조직의 구조, 표준화된 규칙, 새로운 생활 방식을 만들었다. 과정이 성경에 자세히 나온다.

조정 단계

교회가 발전하면서 리더들은 불균형을 조정하고, 우선순위와 방식에 대한 저항과 악용의 문제를 처리해야 했다. 이 단계에서 그대로 눌러앉는 교회도 있다. 이 단계에서 긍정적인 조정 조치를 시행하는 것도 한 방법이다. 조정 조치에는 순종이 요구된다. 성숙의 과정에서 내외부의 저항은 나름의 역할을 한다.

재생산 단계

예루살렘 교회와 달리 이 단계에 도달하지 못하는 교회가 많다. 개인적으로든 공동체로든 재생산 단계에 도달하지 못하는 교회는 불완전한 상태에 머무른다. 교회는 추수할 밭에서 효과적으로 전도하고 교회개척을 통해 계속 재생산해야 한다.

이 네 단계를 소통의 도구로 활용하여 각 내용을 명심하고 적용하면 도움이 될 것이다. 교회 안에서는 네 단계가 동시다발적으로 일어난다. 네 단계로 보듯이 교회의 성숙은 원래 점진적이다. 당신의 현재 사역을 보라. 어떤 단계에 멈춰 있는가? 그곳에서 벗어날 수 있다.

예루살렘의 초대교회에서 에베소의 제자교회로 가기까지 20년이 걸렸다. 그동안 바울의 마음과 교회의 행동에 엄청난 변화가 있었다. 논쟁과 경험이라는 모루 위에서 끊임없는 망치질로 다듬은 끝에 얻은 결과다. 그렇게 하는 동안 교회의 우선순위는 변하지 않았으나 행동 방식은 진화했다. 초대교회, 선교교회, 제자교회에는 예수님이 가르치고 행하신 원칙이 고스란히 담겨 있다. 성경말씀으로만 파악해야 한다는 제약이 있으나 베드로의 말처럼 말씀에는 우리에게 필요한 모든 것이 있다(벧후 1:3).

예루살렘 교회의 형성 단계

총격에 대응하는 군인이나 아기의 울음소리에 반응하는 엄마처럼 제자들의 최초 반응은 많은 것을 시사한다. 다락방에서 사람들과 함께 있던 열두 제자에게는 차분히 앉아서 전략을 세울 시간이 없었다. 방금 겪은 일을 분석할 여유도 없이 곧장 거리로 나가서 자신도 모르는 방언으로 복음을 전해야 했다. 제자들의 머릿속에는 예수님이 약속하신 보혜사가 떠올려 주시는 해야 할 일들이 시시각각 떠올랐다. "보혜사 곧 아버지께서 내 이름으로 보내실 성령 그가 너희에게 모든 것을 가르치고 내가 너희에게 말한 모든 것을 생각나게 하리라"(요 14:26).

표4

초대교회

초대교회 확장 장애물 제거		선교교회 와서 보라	와서 나를 따르라	제자교회 와서 나와 함께 있으라
행 2-7장 5-7년 행 2:42-47 형성: 와서 보라 발달/조정: 와서 나를 따르라 재생산: 와서 나와 함께 있으라 최초의 교회	빌립 베드로 바울 안디옥: 새로운 파송 의 중심지 내 안에 거하라	형성 2년 8개 도시 많은 교회 장로 임명	발달 조정 추가 서신 데살로니가 교회 4년 15개 도시 9개 이상의 교회	재생산 추가 에베소 바울 사람들의 우선순위 / 목회적 우선순위 리더십 우선순위

공의회

행 15장

사도들은 복음을 들고 나가야 한다는 것을 알았지만 예루살렘을 떠나 유대, 사마리아, 마지막으로 땅끝까지 어떻게 가야 하는지를 몰랐다. 초자연적인 사건이나 자연적인 사건에 대한 그들의 본능적인 반응은 예수님과의 경험에 대한 기억에서 나왔다. 내면에 깊이 뿌리내린 믿음에서 나온 반응이다.

예루살렘 교회의 시작

목표 지점이 분명한 탄도미사일처럼 예루살렘 교회는 도시 안에서 특별한 능력을 발휘하며 폭발했다. 갑작스러운 상황에 당황한 120명의 남녀가 알 수 없는 말을 지껄이는 모습은 절정에 이른 시끌벅적한 술판과 비슷해 보였을 것이다. 그러나 3년간 훈련을 마치고, 열흘간 기도로 성령 충만했던 베드로는 이 성령의 역사에 적절히 대처할 수 있었다.

깜짝 놀란 군중은 이상한 말을 하는 사람들을 미쳤다고 생각했다. 그러나 베드로가 앞에 서서 말하자 아무도 의아해하지 않았다. 베드로는 군중 앞에서 해야 할 일을 알았다. 성령의 오심에 대한 하나님의 약속의 상징으로 제사장이 제단에 물을 붓듯이 예수님은 수많은 군중 앞에서 말씀했다. "누구든지 목마르거든 내게로 와서 마시라…그 배에서 생수의 강이 흘러나오리라"(요 7:37-38). 유월절에 베드로의 교사이신 예수님은 자신을 생명의 떡이라고 하셨다. 예수님이 모든 상황을 적절히 이용하셨듯이 베드로는 예수님께 배운 교훈을 실행에 옮겼다.

예수님이 약속하신 성령이 베드로의 마음을 가득 채우셨고, 요엘 선지자의 말씀을 상기시켰다(욜 2:28-32). 베드로는 오순절에 대해 설명하고 그리스도를 높이면서 청중에게 헌신을 촉구했다. 그는 구약성경을 믿는 유대 청중에게 적절한 메시지를 선포했다.

이 이야기에서 교회를 시작하는 원리를 확인할 수 있다. 성령의 영감을 받은 사람들이 하나님의 권능을 보고 압도된 사람들에게 메시지를 전한다. 존경받고 권위 있는 사람이 전하는 메시지를 들은 사람들에게는 결정과 행동이 요구된다.

> "그들이 이 말을 듣고 마음에 찔려 베드로와 다른 사도들에게 물어 이르되 형제들아 우리가 어찌할꼬 하거늘 베드로가 이르되 너희가 회개하여 각각 예수 그리스도의 이름으로 세례를 받고 죄 사함을 받으라 그리하면 성령의 선물을 받으리니 이 약속은 너희와 너희 자녀와 모든 먼 데 사람 곧 주 우리 하나님이 얼마든지 부르시는 자들에게 하신 것이라 하고." 행 2:37-39

복음에 반응한 사람들에게 그들이 납득할 수 있는 행동을 제시해야 한다. 유대인들은 그들의 역사와 세례 요한의 사역을 통해 회개가 무엇인지 알았다. 문화적으로 볼 때 회개는 그들의 진정성을 확인하는 구분선이었다.

베드로는 예수님을 통해 상황에 맞게 영생을 설명하는 법을 배웠다. 우물가에서 만난 여인에게 예수님은 생명수가 되셨다. 니고데모에게 거듭남을 말씀했다. 젊은 부자에게 가진 것을 모두 팔라고 하셨다. 예수님의 영향으로 삭개오는 부당하게 취득한 돈을 모두 갚았다. 각 사람에게 그들이 갈등하고 헌신해야 하는 바로 그 부분에 대한 행동이 요구되었다. 베드로는 수천 명 앞에 서서 적절하면서도 일반적인 방법으로 그리스도에 대한 헌신을 요구했다.

현대 교회의 형성 단계

오늘날의 개척교회에는 예루살렘 교회의 특징이 반드시 필요하다. 성령에 감동된 사람들이 모인 사람들에게 창조적이고 강력한 방법으로 상황에 맞는 메시지를 전해야 한다. 예루살렘의 표적과 기사든 지역 봉사활동이든 이목을 끄는 활동이 필수다.

교회개척자들이 배우고 훈련해야 하는 예수님의 6단계 방법이 있다.

1. 핵심을 말한다.
2. 이유를 말한다.
3. 방법을 보인다.
4. 함께 행한다.
5. 스스로 하게 한다.
6. 파송한다.[1]

현장 실습과 인지 훈련이 결합되면 보기 드물게 확신을 가진 리더들이 탄생한다. 잘 훈련된 리더들은 경험에 근거하여 모든 상황을 훈련의 기회로 삼는 '영적 기지'를 발휘한다. 그들은 원칙에 입각한 확신으로 필요에 대처한다.

20년 전 나는 제자양육은 누군가가 교회 문으로 들어오는 순간 시작한다고 가르쳤다. 지금은 '언제 어디서든 사람을 만나는 모든 순간'으로 바꿔 말하고 싶다. 물론 누군가가 교회 문으로 들어올 때 그 사람을 예수 그리스도께 인도하는 과정이 시작된다. 제자 삼기의 첫 단계인 '와서 보라'는 교회가 사람들에게 동기를 불어넣고 영감을 주며 그리스도에 대한 더욱 진지한 헌신으로 권고하는 단계다. 복음전도를 통해 이야기를 전하고, 듣는 사람에게 직접 결정하게 한다. 초대교회에서 베드로가 제자 삼는 과정을 시작하자 3천 명이 회심하고 제자가 되었다.

제자 삼기는 기술 훈련이나 지식 축적이 있어야 한다거나 교회 선교부가 해야 할 일이라는 허위 주장을 듣지 말라. 제자 삼기에는 전도 준비 단계에서 리더십 개발 단계에 있는 모든 사람이 필요하다. 교회 중심 모델이 가장 효과적인 이유가 여기에 있다. 교회 중심 구조에서는 교회의 환경과 은사가 네트워크로 연결되어 균형 잡히고 잘 훈련된 그리스도인을 배출하기가 수월하다.

형성 단계에서 교회는 설득력 있는 사람들이 전한 희망의 메시지를 들은 사람들을 불러 모은다. 잘 준비된 사람들이 새로 회심한 제자들을 성장으로 이끈다. 교회 발달의 4단계는 각각 특징이 있으나 중첩되면서 동시에 일어난다. 초대교회에는 형성과 발달이 함께 일어났다.

회심한 3천 명은 잘 훈련되고 깊은 확신을 지닌 사도들이 고안한 공동체 문화 속에 유입되었다. 사도행전 2장 42-47절만 보면 이 모든 일이 동시에 일어난 듯하지만 사도들이 교회를 조직하여 신자들을 훈련시킬 때까지 상당한 시간이 걸렸을 것이다. 사도행전 2장 42절로 시작해서 47절까지 이르려면 상당한 기간이 필요하다.

초대교회의
방식과 우선순위

많은 그리스도인이 실제 현실을 무시한 채 초대교회에 환상을 갖고 있다. 교회의 행정에 실망한 사람들은 종종 이렇게 탄식한다. "초대교회 교인이 되면 얼마나 좋을까? 지겨운 회의에 앉아 있지 않아도 되고 골치 아픈 사람들과 씨름하거나 끝없는 행정 처리로 고심할 필요도 없을 텐데." 그야말로 근거 없는 생각이다. 초대교회에도 오늘의 교회와 같은, 어쩌면 더 많은 어려움과 문제가 있었다.

사도들은 처음에 회의를 소집했다. 이후 3천 명이 회심하는 대추수를 경험했다. 그들은 다락방에 모여 유다의 후임자를 뽑았다(행 1장). 식량 분배에 대한 내부 문제가 발생하자 회의로 문제를 처리했다(행 6장). 이방인을 교회에 용납하는 문제(행 11장), 이방인에게 요구되는 행동(행 15장), 자신의 사도권에 대한 바울의 변호(갈 1장) 같은 상황에서 사도들은 탁상공론하지 않고 신중하게 논의했다.

회심자의 대다수가 예루살렘에 머물렀다. 상당수가 외지에서 온

순례자였지만 초자연적인 사건을 경험하자 계속 남아 있게 되었다. 회심자의 3분의 1이 예루살렘이 아닌 타지 사람인 상황에서 기독교 가정이 1천 명을 수용하려면 그야말로 악몽이 따로 없었다. 사람들의 거처를 대충 배정할 수가 없었다. 방법을 잘 고안하여 대처해야 하는데 과연 누가 주도해야 할까? 사도들은 사람들의 필요를 채워 주기 전에 집집이 찾아다니면서 체계적인 대책을 마련해야 했다.

사도 중 일부는 행정에 은사가 있었을 것이다. 예루살렘 교회에 대한 내용에서 세부적인 행정 절차가 나오지 않는다고 해서 그들이 길고, 때로는 지루한 회의를 하지 않았을 거라 판단하면 오산이다. 초대교회의 형성과 발달 과정에서 발견되는 특징은 하나님이 주신 열매를 잘 관리하는 청지기 정신이다.

초대교회의 행동과 우선순위

6-7년에 걸친 사도행전 2-7장의 기록에는 특정 사건에 대한 구절도 있으나 교회에서 정한 우선순위와 조치에 대한 공동체 문화를 설명한 구절도 있다. 예를 들어 베드로의 설교(행 2:14-40)는 불과 10분에 지나지 않는다. 반면 2장 42-47절의 우선순위와 행동들은 수년 간에 걸쳐 일어난 교회생활의 원리를 설명한다. 이 원리는 예루살렘 교회에 계속 적용되었을 것이다.

이 모든 우선순위와 행동의 토대는 예수님의 제자도 원칙이다. 예수님께 잘 배운 초기의 제자들은 제자 삼는 일을 최우선순위로 두었다. 제자 삼기는 그들의 모든 행동에 빠지지 않는 토대가 되었다.

사도행전 2장 42절은 이렇게 시작한다. "그들이 사도의 가르침을 받아." 사도들이 무엇을 가르쳤을까? 바울이 자신을 따르는 사람들에게 순종하도록 권고했던 내용도 별반 다르지 않다. "내게 들은바 바른 말을 본받아 지키고"(딤후 1:13). 갈라디아서 2장 6-10절로 볼 때 사도들도 바울의 메시지를 들었다. 사도들의 가르침과 바울의 복음은 서로 다르지 않았다. 복음은 구원에 대한 사실 나열이 아니다. 모든 계시 즉 로마서, 갈라디아서, 에베소서의 기록을 비롯하여 고린도서와 골로새서의 구체적인 행동 지침, 빌립보서와 데살로니가 서신의 조언이 모두 포함된다. 하나님의 모든 권면이 복음이다. 바울은 가르침과 교훈이 자신에게 맡겨진 일이라고 세 번이나 강조했다 (딤후 1:14; 2:2; 4:2-4). 복음은 하나님이 신실한 일꾼에게 맡기신 거룩한 책임이다.

바울은 고린도 교인들에게 디모데를 소개하면서 복음의 표준화에 대해 설명한다. "그가 너희로 하여금 그리스도 예수 안에서 나의 행사 곧 내가 각처 각 교회에서 가르치는 것을 생각나게 하리라"(고전 4:17). 디모데는 바울에게 배운 내용을 그대로 전수했다.

제자 삼기를 교회의 중심으로

사도들의 가르침은 그리스도의 인성, 인간에게 그리스도가 필요한 이유, 복음을 온 세상에 알리는 일의 중요성으로 시작한다. 그들은 교리를 포함한 체계적인 교육을 제공하고 사람들은 그들의 가르침에 헌신했다. 사도행전 2장 42-47절의 구문을 분석하면 공동체의 형성과 발달에 무엇이 필요한지 알 수 있다. 해당 구절에는 미완료시제가 많이 사용되었다.

> "그들이 힘쓰니라"(devoted themselves, 42절).
> "사람마다 두려워하는데"(was filled, 43절).
> "다 함께 있어"(were together, 44절).
> "팔아"(selling, 45절).
> "모이기를 힘쓰고"(continued, 46절).
> "하나님을 찬미하며 칭송을 받으니"[(kept) praising God and enjoying the favor, 47절].

여섯 구절에서 미완료시제가 총 8번 사용되었다. 이 시제는 지속적인 행위를 의미한다. 영화가 상영 중인 극장을 생각하면 된다. 누군가가 극장에 들어가서 나갈 때까지 영화는 계속 상영된다. 그가 언제 들어왔다가 나가서 다시 들어오든지 들락날락한 횟수와 상관없이 영화는 계속 상영 중이다.

예루살렘 교회에서 헌신된 그리스도인이었던 사도들이 추구한 우선순위와 행동은 삶의 방식이 되었다. 참된 신앙의 형성에는 지속적인 행동에 대한 헌신이 필요하다. 초대교회의 행위들을 보면 언제나 중심에는 제자 삼기가 있다. 이 말씀의 교훈에 따라 교회를 제자 양육 센터로 만들어야 한다.

예루살렘 교회가 실천하여 회중의 성숙과 재생산을 경험한 5가지 우선순위를 소개한다.

1. 말씀에 대한 헌신(행 2:42)
2. 서로에 대한 헌신(행 2:42, 44, 46)
3. 기도에 대한 헌신(행 2:42)
4. 찬양과 경배에 대한 헌신(행 2:43, 47)
5. 전도에 대한 헌신(행 2:45-47)

말씀에 대한 헌신

사도들은 구약성경의 선지자들이 제시했던 메시아를 바탕으로 유대 회중에게 예수 그리스도에 대한 위대한 진리를 가르쳤다. 그들은 생명, 죽음, 영생에 대한 예수님의 가르침을 전했다.

기독교 '이단'에 적대적인 문화 속에서 사도들은 실제 적용으로 가르침을 실천했다. 그리스도가 몸소 보이신 가르침은 단지 말뿐이 아니었다. 예수님은 그들에게 무엇을 왜 해야 하는지 알려 주셨고 그들이 직접 실천하게 하셨다. 제자들이 충분히 이해했다는 생각이 들면 배운 내용을 행동에 옮기도록 보내셨다.

예수님은 말씀이 믿음의 기본임을 역설하셨다. 사도들은 우선순위를 그대로 따랐다. 사도들의 가르침에도 중심은 언제나 기록된 말씀이었다. 그들은 초자연적인 사건의 근거로 하나님의 말씀을 제시했다(살전 2:13; 딤후 3:16-17; 히 4:12). 건강한 신앙의 발달과 형성을 위해서는 모든 믿는 사람에게 말씀의 공급과 훈련이 필요하다.

성경은 그리스도인의 생각을 바꾼다(롬 12:2). 사람들의 사고방식과 반응이 달라지는 데는 여러 이유가 있다. 외적 사건이나 심리적 경험, 인지적 원리가 모두 영향을 준다. 그 모든 변화는 생각에서 일어난다. 그리스도인에게 성경말씀에 대한 생생한 지식이 중요한 이유가 거기에 있다. 말씀을 암송하고 묵상해야 말씀을 통해 믿음을 지키고 설명할 수 있다.

오늘의 복음주의 교회는 성경의 진리에 대한 무지 때문에 빈혈 상태에 있다. 말씀을 모르는 그리스도인은 좋은 선택을 내릴 근거가 될 토대가 없다. 온통 나쁜 정보가 가득한 그들의 데이터베이스에는 정보를 처리하고 저장할 만한 정비된 공간이 부족하다.

해결책은 성경의 진리에 대한 강렬한 헌신과 교회를 통한 말씀의 적용이다. 성경의 진리만으로는 힘이 없다. 사람과 성령님이 힘을 합쳐 노력할 때 성경의 진리가 강력한 무기가 된다.

서로에 대한 헌신

"그들이 서로 교제하고"(행 2:42). 교제 즉 코이노니아(*koinonia*)는 '함께 공유하다'는 의미다. 무슨 말인가? "믿는 사람이 다 함께 있어"(44절)라는 말씀으로 설명할 수 있다. 물리적으로 함께 있어야 한다는 말이다. 수천 명이 한꺼번에 정착하려면 회심자들끼리 옹기종기 모여 살아야 했을 것이다.

20세기 후반에도 믿는 사람들이 함께하는 것은 여전히 중요하다.

다만 이유가 다르다. 믿는 사람들끼리 정기적으로 모이지 않으면 삶을 함께 나누기가 어렵다. '꽃꽂이 꽃'처럼 뿌리 없이 떠도는 현대 사회에서 그리스도인의 함께함은 더욱 중요하다.

"마음을 같이하여"(46절)라는 말은 예루살렘의 그리스도인들이 단지 물리적 교제만이 아니라 그들의 목적을 알았다는 말이다. 물론 함께 있으면 안전하다. 그러나 성전에 드나들면서 차츰 전도에 대한 헌신과 자신의 문화적 뿌리를 곧바로 끊고 싶지 않은 욕구 사이에서 갈등이 생긴다. 교회라는 새로운 조직에 속한 사람들은 영적 연합을 포함한 모든 것을 공유했다. 학교에 처음 입학한 날의 아이처럼 흥분과 두려움, 무엇이든 알고 싶은 열정을 함께 경험했다. 핍박을 당하면서도 공동 목표가 있었기에 그들은 하나의 교회로 뭉쳤다.

오늘날 제자를 양육하는 교사들은 신앙의 모든 발달 단계에 공동체가 필요하다는 사실을 간과하고 있다. 공동체가 부족하면 교회 안에 있는 풍성한 다양성이 발휘되기 어렵다. 많은 리더가 그 사실에 동의하면서도 공동체는 건강한 교회에서나 가능하다고 반박한다. 나도 동의한다. 교회의 역설이라고 하면 건강한 교회는 지구 상 가장 강력하고 역동적인 선한 원동력이지만 반대로 아픈 교회는 가장 추한 모습을 보인다는 것이다.

초대교회는 놀라울 정도로 단순한 우선순위와 행동을 고수했다. 사도행전 2장에서 두 번이나 떡을 떼는 행동이 등장한다. 그리스도인들은 함께 먹고 찬양하며 놀고 기도했다. 종종 함께 성만찬을 하기도 했다. 피상적인 친교가 아니라 매우 강력한 코이노니아, 즉 돈, 물질, 소유를 뛰어넘는 깊은 교제를 나누었다. "믿는 사람이 다 함께 있어 모든 물건을 서로 통용하고 또 재산과 소유를 팔아 각 사람의 필요를 따라 나눠 주며"(행 2:44-45).

이런 친교 방식은 완전히 새로운 것이다. 오순절 전까지 제자들의 태도는 이타주의와 거리가 멀었다. 그들은 '누가 큰 자인가?' '누가 하늘에서 주님 옆자리를 차지할 것인가?'를 두고 다투었다. 그러나 성령님이 시작하신 하나님의 새 발명품은 급격한 변화를 일으켰다. 서로에 대한 그리스도인의 헌신은 원래 예루살렘에 내재되어 있었다. 새로운 공동체가 탄생하면서 사도들과 그들을 따르는 사람들이 사람들과 세상을 대하는 방식이 완전히 달라졌다.

이 모든 일은 초대교회가 아직 구체적인 생명체를 갖추기 전인 형성 단계에 일어났다. 사도들은 훈련받은 대로 결정하고 새로운 길을 개척했다. 제자는 교사를 본받아야 한다는 예수님 말씀에 따라 사도들은 예수님이 하신 일을 본받았다. 달리 무슨 일을 하겠는가? 하나님이 다른 것을 바라실 리가 없었다.

예수님께 전략이 있었다거나 복음서 기자들이 기록한 예수님의 사역 가운데 전략이 있었다는 사실에 의문을 제기하는 사람들이 있다. 그리스도의 전략을 설명하는 최고의 변증은 제자들의 행동이다. 그들의 행동에는 예수님의 전략이 고스란히 담겨 있다.

그리스도가 하늘에 오르시고 교회를 세우시면서 제자 삼기의 중요성이 사라지거나 다른 우선순위에 밀리는 일은 없었다. 제자 삼기는 변함없이 사도들의 머릿속에 남아 있었다. 그들은 전도를 시작했으며 어느 날 3천 명의 회심자를 맞이하게 되었다. 그리스도가 준비시킨 덕분에 일어난 결과였으나 제자들로서는 미처 예상하지 못한 일이었다. 예수님이 더 큰 일을 하리라고 말씀하셨을 때 제자들이 과연 그 말을 진짜로 믿었을지 의심스럽다.

공동체에 대한 헌신은 서로에 대한 헌신이다. 물리적 재앙이 자명한 상황이라 관계의 기적이 절실했다. 모든 것, 특히 물질을 나누기 시작하면서 사람들은 예수님이 행하신 기적임을 깨달았다.

사도행전 2장 42-47절에 나온 5-7년 동안, 예루살렘 교회는 형성 단계에서 발달 단계로 이동했다. 그리스도 중심 모델에서 교회 중심 모델로 자연스럽게 전환되었다. 그리스도의 승천, 성령의 오심, 영적 은사의 표출 때문에 변화가 불가피했다.

따뜻한 환경이 조성되자 공동체에서 제자가 세워졌다. 사람들은 용납받고 안전하다고 느낄 때 갑옷을 내려놓고 변명을 뒤로한 채 영적으로 움직였다. 예루살렘의 그리스도인들은 피상적인 수준을 넘어섰다. 회심은 세상, 기후, 직업, 관심, 갈등, 근심의 모든 간극을 이어 주었다. 오랜 시간 함께 먹고 일하며 놀고 시간을 보냈기 때문에 가능한 일이었다.

그리스도의 몸에 책임과 순종의 토대가 놓이려면 함께 보내는 즐거운 시간이 필요하다. 부모는 아이와 재미있게 노는 시간을 통해 관계의 기반을 마련한다. 그러면 이후에 갈등이 생겨도 아이는 부모에게 순종한다. 부모와 유대감이 형성되었기 때문이다. "비록 동의하지는 않지만 엄마(아빠)를 위해 해볼게요."

그리스도의 몸 안에서 함께 교제하고 어울리는 시간은 교회에 반드시 찾아오는 힘겨운 시기를 훨씬 수월하게 지나게 하는 원동력이 된다. 초대교회 공동체가 시급한 어려움 앞에서 생존할 수 있었던 힘도 바로 유대감에서 나왔다. 역동적이고 *끈끈한* 예루살렘 교회는 좋은 일과 고통의 시간을 함께 경험했다. 오늘의 교회는 모든 것을 다 갖추었다고 생각하지만 실상을 보면 모든 면에서 부실하기 짝이 없다. 예루살렘 공동체가 누린 풍성함을 누리지 못하는 경우가 많다.

기도에 대한 헌신

'현재 상태'라는 뜻의 라틴어 스테이터스 쿼오(*status quo*)를 '우리가 처한 엉망진창인 상황'이라고 정의하는 사람을 본 적이 있다. 기도는 문제의 뿌리를 흔들고 하나님의 손을 움직여서 천사들을 행동하게 하여 엉망인 현재 상태에 굳게 맞서게 해준다. 이 말을 믿는 사람은 반드시 기도한다.

초대교회는 기도에 헌신했다. 내가 자신 있게 말하는 이유는 성경에서 기도를 설명할 때 미완료 시제를 사용했기 때문이다. 초대교회는 10일 기도하고 10분 설교하자 3천 명이 회심했다. 오늘의 교회는 10분 기도하고 10일 설교하여 약간의 회심자를 얻는다.

초기의 교회와 비교할 때 기도는 더는 공동체의 우선순위가 아니다. 초대교회는 다락방에서 성전에서 가정에서 기도했다. 그들은 기대하고 감사하며 위기 속에 기도했다. 그들은 필요를 구했다.

초대교회의 기도를 보여 주는 사례를 보자. 가장 인상적인 일은 다락방에서 열흘간 기도한 것이다. 제자들은 무언가가 일어나기를 기다렸다. 사도행전 2장 42-47절은 이후의 발전 과정이다. 기도는 당시 교회생활에 자연스럽게 녹아 있었다.

사도행전 4장에 나오는 위기 속의 기도는 사도들의 가르침과 공동체의 힘을 보여 준다. 베드로와 요한이 산헤드린에서 풀려나는 상황에서 그들의 기도는 고난과 공격을 바라보는 교회의 세계관이 어떠한지를 보여 준다. 오늘날 교회 안에 형성된 세계관과 정반대 모습이다. 그들의 기도에는 하나님이 자신들에게 고통을 허락하신 것에 대한 감사와 심지어 경이가 가득하다. 고통의 코이노니아는 글로 기록된 것보다 훨씬 강력한 확신과 유대감을 불러일으켰다.

사도행전 2장 42-47절에서 볼 수 있는 교회의 성장 과정은 자발적으로 일어나는 필수적인 일이지만 그것만으로는 시간이 오래 걸리고 불완전하다. 고통에 대한 교회의 반응에서 해당 교회의 특성이 드러난다. 교회의 균형을 위해 하나님은 이전 대처와 대응을 결합하신다. 고통을 모르는 교회는 아직 시험받기 전의 상태다. 시험을 통해 검증받기 전까지는 아직 공동체로서 불완전하다.

믿는 사람들은 먼저 목소리 높여 하나님을 찬미하고 모든 일을 주관하시는 분께 감사했다. 그들은 시편 2편을 인용하며 인간의 생사를 주관하시는 하나님을 높였다. 헤롯과 본디오 빌라도 같은 당대의 권력자들, 종교 지도자들의 이름을 대면서 하나님 앞에서는 그들도 아무 힘이 없음을 선포했다. 그들은 하나님이 손을 내밀어 행동하시기를 간구했다. 보호를 위한 기도가 아니라 더 많은 표적과 기사와 기적으로 더 많은 사람이 그리스도를 알게 되기를 기도했다.

하나님은 그들의 기도에 기뻐하시고 그곳을 흔드셨다. 그리스도인들은 성령으로 새롭게 되고 그곳을 떠나 하나님의 말씀을 더욱 담대히 선포했다. 예루살렘의 신자들은 고난을 바른 일을 하라는 신호로 보고 스스로 더욱 단련했다. 그들은 반대를 전진의 표시로 보았다. 그런 마음가짐이 그들의 기도에 배어 나왔다. 이 독특한 생각은 그들이 원래부터 가진 것이 아니라 그들의 교사인 사도들에게 배워서 터득한 것이었다.

잘 배운 신자들은 도전이 닥치자 함양한 성품으로 대처하면서 성장했다. 사역이 성장하고 복음이 더 멀리, 더 강력하게 전파되었다. 저항에 대한 긍정적 대처는 장애물을 통과할 힘을 주었다. 웨이트트레이닝의 원리처럼 신자들은 영적인 저항을 통과하면서 더욱 힘이 강해졌다. 강해졌다는 말은 더 큰 능력으로 더 많은 일을 감당하게 되었다는 뜻이다.

사도들은 기도를 우선으로 하는 모범이 되었다. 회중 모임에서 집집마다 다니면서 성전에서 그들은 사람들에게 기도하는 법을 몸소 보이고 가르쳤다. 과부들에게 식량을 배급하는 일에 대한 논란으로 기도가 방해받는 일을 막기 위해 사도들이 내린 결정은 많은 것을 시사한다(행 6:1-7).

몇 년 뒤에 베드로가 예루살렘 감옥에 갇혔을 때 교회가 보인 반응에서 기도의 결과를 다시 한 번 확인할 수 있다. 교회는 함께 모여 기도했고 베드로가 풀려났다. 예루살렘 교회는 기도에 헌신했다. 사도행전을 통해 기도생활이 어떠해야 하는지를 확인할 수 있다. 예루살렘의 회중처럼 기도하는 교회는 하나님이 살아 계신 것처럼 행동한다. 그래서 기도에 우선순위를 두고 그분과 대화하기 위해 따로 시간을 뗀다.

E. M. 바운즈(Bounds)의 말이다. "그리스도의 성품이 온전히 드러

나고 그리스도를 위해 세상에 가장 강력한 영향력을 발휘한 사람들은 삶에 그리스도의 성품이 나타날 때까지 하나님과 오랜 시간을 보낸 사람들이다."[1] 초대교회는 하나님과 많은 시간을 보냈기 때문에 하나님께 귀히 쓰임을 받았다.

찬양과 경배에 대한 헌신

찬양과 경배에 대한 헌신은 교회가 건강한지 알려 주는 중요한 척도다. 하나님을 찬양하는 일에 대한 열정은 마음의 중심에서 나온다.

예루살렘 교회에서 사도들의 가르침에 대한 헌신, 서로에 대한 헌신, 기도에 대한 헌신이 결합하면서 찬양이 절로 나오는 놀라운 일이 일어났다. "사람마다 두려워하는데"(행 2:43). 두려워한다는 말은 하나님과 그분이 하신 일에 대한 깊은 존경에서 우러나는 '영혼의 두려움'을 의미한다. "기쁨과 순전한 마음으로 음식을 먹고 하나님을 찬미하며 또 온 백성에게 칭송을 받으니"(행 2:46-47). 교회는 적극적이고 지속적인 행동으로 형성 단계에서 발달 단계로 이동했으며 이제 재생산 단계가 시작될 조짐이 보였다. 사람들의 열정 덕분에 내적 경험이 외부 사역으로 자연스럽게 표출되었다. 사람들이 느끼는 두려움(경외감)은 예수님이 하늘에 오르신 뒤의 환경 변화를 설명한다.

예수님은 교회를 떠나시면서 성령님이라는 보혜사를 보내셨다. 성령님이 모든 믿는 사람 가운데 내주하시게 되었고 신자들은 교회라는 생명체 안에서 초자연적으로 연합한다. 그래서 전에는 그리스도가 채워 주신 필요를 이제는 교회가 채울 수 있다. 머리이신 예수님의 리더십 아래 몸인 교회가 서로를 돌본다. 믿는 사람들은 온전히 훈련된 제자에게 요구되는 모든 능력과 돌봄과 관계를 공동체 안에서 받는다. 바울은 봉사하는 일을 위해 하나님의 사람들을 준비시킨다고 했다(엡 4:12).

최근 교회개척에 대한 관심이 급증하면서 환경 조성에 대한 관심이 커졌다. 그러나 이 시대 교회의 가장 큰 문제라면 전문 기술의 부족이 아니라 찬양하는 환경의 부족이다. 첨단을 달리는 아방가르드 교회개척자들은 새로운 환경을 경작하기 시작했으나 안타깝게도 방향을 잘못 잡았다. 그들은 심리 통계를 중시하고 필요에 따라 메시지를 구성한다. 인구통계로 예배를 계획하고 회중의 취향에 따라 음악과 활동을 정한다. 연극과 특수 효과 등 회중의 관심을 얻을 수 있는 것이라면 무엇이든 사용한다. 이들은 교회는 재미있고 흥미로워야 한다고 조언한다.

리더들이 좋은 의도로 상식적인 행동을 한다면 그들의 활동을 굳이 반대할 생각은 없다. 그러나 찬양과 경배의 환경은 그들이 추구하는 것처럼 첨단 기술로 이루어지지 않는다. 그들이 사람의 능력과 재능에 의존하여 인공적으로 조성한 환경은 성령이 만드시는 진짜 환경의 모방품에 불과하다. 사람의 재주로 만들어 낸 영적 분위기에는 끊임없는 자극이 필요하다. 사람들은 자극에 둔감해져서 결국은 모든 것에 흥미를 잃는다.

사도행전은 초대교회 교인들이 "두려워했다"고 말한다. 이 지속적인 두려움은 성령이 만드신 환경에서 생겨났으며 일련의 사건을 거치는 동안 사람들의 흥분은 7년간 이어졌다. 예루살렘의 두려움 효과가 얼마나 컸던지 모든 신자가 똑같이 느낄 정도였다.

기사, 표적, 기적이 교육, 기도, 공동체와 결합되면 임계점에 도달하여 덜컹거리는 뚜껑을 막기가 어렵다. 무언가가 분출되어야 하는데 일반적으로는 찬양이 터져 나온다. 초대교회를 최초의 전염성 있는 회중이라고 불러도 무방하다.

이런 환경에서는 사역이 일어날 뿐만 아니라 갈수록 풍성해진다. 사도들이 많은 기적을 일으킨 이유가 거기에 있다. 경이와 놀라움을 경험한 사람들은 자연스럽게 열정적으로 찬양했다.

누가는 당시 분위기를 한 단어 '기쁨'으로 표현한다. 사람들은 억지로 행동하지 않고 본인이 원해서 집을 개방했다. 순수한 마음만 있을 뿐 숨은 동기는 없었다. 그들은 함께 시간을 보냈고 특히 예배에 전념했다. 진정한 예배는 건강한 교회의 산물이다. 속임수로는 결코 나올 수 없다. 기본을 지키는 지속적인 헌신의 행위가 기쁨을 만들어 냈다.

'예배는 교회의 목적이다.' 이 말은 교회의 최고 우선순위는 '하나님을 찬양하는 것'이라는 생각에 바탕을 둔다. 이 말을 하는 사람들은 예배란 음악을 비롯한 여러 표현 수단으로 마음에서 우러나 입으로 표현되어야 한다고 생각한다.

하나님을 향한 순복과 사랑의 궁극적 표현은 그분 앞에 엎드려서 "감사합니다"라고 표현하는 것이라는 생각에 동의한다. 요한계시록에 그 강렬한 이미지가 기록되어 있다. 나도 하나님을 찬미하고 하나님이 받으셔야 마땅한 존경을 드리기를 갈망한다. 그러나 예배를 교회의 최우선순위로 두는 사고에 대해 할 말이 있다.

어떤 사람이 하나님을 진정으로 찬양하는 사람인가? 하나님은 그분의 백성에게서 순종과 제사 중 무엇을 기대하실까?(삼상 15:22) 하나님의 선택은 순종이라고 성경에 분명히 나온다. 예배의 최고 형태가 바로 순종이기 때문이다(롬 12:1-2). 기독교 리더들과 성숙한 그리스도인이 주를 이루는 환경에서는 하나님께 드리는 찬양과 경배가 더 좋아 보일 수 있다. 그동안의 헌신과 경험의 깊이를 바탕으로 하나님을 찬양하기 때문이다.

교회의 목적은 건강하고 재생산하는 제자들을 세워서 하나님을 영화롭게 하는 것이다. 교회는 이 사명을 달성하기 위해 세상으로 나가야 한다. 신자들이 순종하는 마음으로 자신의 의무에 충실할 때 누구보다 열심히 하나님을 경배한다고 말할 수 있다.

이런 분위기는 인공적으로 만들 수 없고 하나님의 마음에 합한, 성령의 도움으로 드리는 찬양으로 가능하다. 사람들은 예배로 훈련되고 사역 능력을 개발하는 것이 아니다. 예배는 제자로 훈련되고 세워진 사람들의 진심에서 우러난 경외감의 표현이다. 예배는 하나님이 우리 안에서 역사하신 결과지 원인이 아니다.

전도에 대한 헌신

찬양과 전도는 하나님의 성령이 조성하신 환경에서 일어난다. 하나님의 백성이 말씀을 깊이 연구하고 함께 기도하며 공동체 안에서 삶을 공유할 때 예배가 폭발적으로 일어난다. 전도를 중단하라고 말려야 할 정도의 상황이 벌어진다. 전도는 두 방향으로 일어난다. 몸 안에서 이루어지는 전도와 몸 밖에서 이루지는 전도다.

몸 안에서 이루어지는 전도

"또 재산과 소유를 팔아 각 사람의 필요를 따라 나눠 주며"(행 2:45). 예루살렘 교회의 헌신은 더욱 깊어졌다. 오늘날 신자 중에 재산을 팔아서 어려운 사람들에게 나누어 줄 사람이 얼마나 될까? 하물며 스포츠카, 보트, 골프채를 팔아서 사람들을 돕는 사람이 있을까? 그런 행동을 하면 세상의 이목이 집중될 것이다. '남보다 빨리 남보다 많이'를 외치는 세상에서 값비싼 재산을 팔아서 사람들에게 기부하는 일은 저녁 뉴스에 보도될 정도로 드문 사건이다.

물질을 나누는 데 유일한 기준은 바로 필요다. 예수님은 초대교회를 세운 제자들에게 이렇게 말씀하셨다. "새 계명을 너희에게 주노니 서로 사랑하라 내가 너희를 사랑한 것같이 너희도 서로 사랑하라 너희가 서로 사랑하면 이로써 모든 사람이 너희가 내 제자인 줄 알리라"(요 13:34-35).

몸 밖에서 이루어지는 전도

전도는 세상이 바라보는 교회의 모습을 확인하는 수단이다. 사람들은 사랑과 관심을 받고 소속감을 느끼고 싶어 한다. 사랑과 관심의 공동체를 볼 때 자연스럽게 끌린다. 진심에서 우러난 돌봄은 버터를 자르는 칼처럼 문화의 저항을 관통한다. "온 백성에게 칭송을 받는"(행 2:47) 그리스도를 닮은 성숙한 공동체의 능력을 절대 과소

평가하지 말라. 그 저항할 수 없는 이끄는 힘 앞에서 회의론자들은
힘을 잃는다.

테레사 수녀와 디트리히 본회퍼(Dietrich Bonhoeffer) 같은 사람들의
삶은 그리스도의 사랑에 있는 소통의 힘을 몸소 실천했다. 그들은
아무런 보상을 바라지 않고 연약하고 힘없는 사람들을 위해 희생하
고 관심을 쏟았다.

많은 사람이 복음을 노래에 비유한다. 복음을 전달하는 외적 수
단이 음악이고 복음의 메시지는 노래의 가사에 해당한다. 효과적인
전도에는 말과 노래가 모두 필요하다. 사랑과 관심으로 맺어진 교회
공동체 없이 하는 복음전도는 한 손을 등 뒤로 묶은 채 하는 전도와
다름없다. 선교를 중시하는 리더들과 교회가 함께하지 않으면 결국
둘 다 힘이 약해진다.

초대교회는 우선순위에 따라 먼저 할 일을 처리했다. 하나님은 그
들에게 보상하고 더 많은 책임을 맡기셨다. 그들을 훌륭한 청지기라
여기시고 그들의 수를 더하셨다.

바울은 "나는 심었고 아볼로는 물을 주었으되 오직 하나님께서
자라나게 하셨나니"(고전 3:6)라고 했다. 효과적인 전도를 가늠하는
성경적 척도를 원한다면 하나님이 날마다 구원받는 사람을 더하게
하시는지를 확인하라(행 2:47).

너무 높은 기준이지만 전쟁은 주님께 속했다. 순종하는 교회에서
는 정기적으로 몇 명을 회심하게 할지를 계획한다. 초대교회는 다양
하면서도 단순한 전도 방법을 사용했다. 성전에서 대중을 만나고 집
집마다 다니며 전도하는 것이었다. 평범한 신자들은 주변 사람들에

게 자신이 어떻게 믿음을 갖게 되었는지를 자연스럽게 말했다. 제아무리 거창한 전도 전략이 있더라도 매일 성도들이 하는 간증을 대신할 수는 없었다.

병든 교회는 결코 긍정적인 환경이 아니다. 그들이 하는 전도는 요란한 소리만 내고 기름만 먹는 골칫거리 프로그램일 뿐이다. 허울뿐인 전도 프로그램으로는 많은 에너지와 노력만 소비된다. 사실 성도들의 삶이 타오르면 전도하지 말라고 해도, 특별한 행사나 프로그램이 없어도 전도가 된다. 공동체나 개인이 영적 열매를 맺지 못하는 데는 아무런 유익이 없다.

초대교회가 성장한 이유는 하나님께 신뢰할 만한 사람들이라는 평가를 받았기 때문이다. 전도하기 위해 세상에 나갈 사람이 많았다. 사람들이 사도들에게 배운 대로 하나님의 우선순위를 행하면서 공동체가 더욱 확장했다.

사도들은 예수님께 배운 5가지 헌신을 초대교회에 전수했다. 이 시대의 교회가 그중 3가지만 효과적으로 실천해도 엄청난 능력을 발휘할 것이다. 4가지를 실천하면 훌륭한 교회가 될 것이다. 훌륭한 교회를 세우는 방법을 알고 싶은 목회자는 첫 번째 항목(말씀에 대한 헌신)에서 필요한 모든 것을 얻을 수 있다.

교회의

성장에 따른 도전

어린 시절 나는 자전거와 분리된 타이어를 도로에 굴려서 타이어가 무언가에 부딪혀 멈출 때까지 얼마나 멀리 가는지를 재미 삼아 시험해 보았다. 한 블록을 간 적도 있지만 보통 어느 순간이 되면 흔들리다가 방향을 틀어서 자동차나 다른 물체에 부딪혀 쓰러진다. 운이 좋아서 넘어질락 말락 하다가 갑자기 튕겨 오르기라도 하면 어린 마음에 그렇게 신이 날 수가 없었다.

자전거 타이어는 스스로 움직일 수 없게 만들어졌다. 뼈대에 연결되어 있어서 누군가가 페달을 밟지 않으면 앞으로 나가지 못한다. 마찬가지로 교회 역시 꾸준히 한 방향으로 끝까지 갈 수 없다. 중간에 조정이 필요하다.

교회의 조정 단계

교회에서 모든 일이 순조로울 때 성공을 지속하려면 중간에 조정이 필요하다. 교회가 성숙하는 과정에서 인간의 연약함 때문에 생기는 문제를 해결하려면 미세하게 조정하는 과정을 거쳐야 한다. 교회에서 부단히 노력했음에도 부정적인 결과를 낳았을 때도 즉시 수정조치가 필요하다.

지금까지는 초대교회의 형성과 발달 단계를 보았다. 두 단계가 진행되는 가운데 교인들은 조정 단계를 경험하게 되었다. 초대교회는 바른 성숙을 위해 새로운 경험과 방향 조정이 필요했다.

조정을 위한 핍박

사도행전 4장에서 누가는 베드로와 요한이 설교 때문에 유대의 최고 법정에 섰던 사건을 말한다. 3천 명은 5천 명으로 늘어났다. 전례 없는 회심의 결과로 제자들은 곤란해졌다. (일부 어려움은 그리스도가 교회에 원하시는 일이었다.) 회심자의 폭발적 성장만 보면 교회는 최고의 성공을 거두고 있었다.

회심한 그리스도인들은 사도의 가르침을 받으며 성장했다. 그들은 리더가 곤경에 처하자 한마음으로 모여 기도에 전념했다(행 4:24-30). 모든 교회가 부러워하고 목표로 삼을 정도로 놀라운 기도에 대한 열심이었다. 베드로와 요한이 핍박받자 초대교회 교인들은 더 빨리 성장했다. 고난이 그들을 기도의 자리로 이끈 것이다.

유대 지도자들은 앞에 선 사도들을 보고 교회의 위상이 달라졌음을 확인했다. "그들이 베드로와 요한이 담대하게 말함을 보고 그들을 본래 학문 없는 범인으로 알았다가 이상히 여기며 또 전에 예수와 함께 있던 줄도 알고"(행 4:13).

"우리는 멈출 수 없다. 당신들이 우리를 죽여도 우리는 멈추지 않는다." 사도들의 대답은 교회 공동체에 불을 붙였다. 당대의 종교 지도자들 앞에 진짜가 나타났다. 외부의 공격 때문에 교회는 평상시라면 하지 않았을 움직임을 보였다. 회중은 기도하기 위해 모이고, 리더를 잃는 일을 자신의 삶과 모든 안전과 안정을 잃는 것으로 여겼다. 위기 상황에서 사도들의 세계관에 생각을 집중했다. 그 결과 성령으로 새로워지고 더욱 큰 담대함을 얻었다(행 4:31).

새로워진 사람이라도 인간의 본성 때문에 갈등을 피하고 저항이 적은 길을 택하며 안정을 원한다. 반대가 거센 환경에 처한 그리스도인은 순종의 바위에 모든 욕구를 내던지고 순종을 택한다. 새로운 그리스도인이 늘어나면서 저항이 거셌다.

초대교회는 기존의 종교 제도라는 강력한 적과 또다시 맞닥뜨렸다. 일부 신자가 투옥되고 스데반과 야고보는 목숨을 잃었다. 교회에 대한 핍박 속에서 초대교회는 복음을 전하기 위해 예루살렘 밖으로 흩어졌다.

지혜가 풍성하신 하나님은 우리가 하나님만 의지하고 믿음의 행동으로 더욱 성숙하도록 순종이라는 도구를 사용하신다. 하나님이 개입하시지 않으면 우리 삶은 그냥 그 자리에 멈추고 만다. 초대교회도 마찬가지였다.

교회 안에서 이루어진 조정

교회는 끊임없는 수정과 조정을 통해 발전한다. 숫자가 늘면서 제자들은 더욱 결단하고 주님의 목적을 추구했다. 하나님의 권능과 가르침은 놀라운 결과를 낳았다. 핍박과 기도에 뒤이은 초대교회의 모습을 살펴보도록 하자.

> "믿는 무리가 다 한마음과 한뜻이 되어 모든 물건을 서로 통용하고 자기 재물을 조금이라도 자기 것이라 하는 이가 하나도 없더라…무리가 큰 은혜를 받아 그중에 가난한 사람이 없으니 이는 밭과 집 있는 자는 팔아 그 판 것의 값을 가져다가 사도들의 발 앞에 두매 그들이 각 사람의 필요를 따라 나누어 줌이라." 행 4:32-35

타락한 인간은 아무리 믿음으로 새로워졌다 해도 영적 번영을 한결같이 유지하지는 못한다. 육신은 선한 것을 타락시키기 때문이다. 무언가를 베풀면 자연스럽게 사람들이 주목한다. 베푼 사람에게 감사하고 그를 존경하며 그에게 특별한 관심을 보인다. 그의 행동을 따라 하는 사람도 나타난다. 그러나 타락할 가능성이 항상 존재한다. 교회의 첫 번째 내부 갈등은 사역이 한창일 때 일어났다.

아나니아와 그의 아내 삽비라는 초대교회의 신실한 성도였다. 그들은 하나님이 행하신 놀라운 일에 동참하고 싶다는 좋은 의도로 자신들의 부동산 일부를 팔았다. 땅을 팔기 전에 기도했는데, 그때 주님이 주신 마음을 저버릴 수가 없었다. 몸의 필요를 본 이상 행동으로 옮겨야 했다. 하지만 시작은 좋았지만 결국 윤리적으로 빗겨간 행동을 하고 만다. (영적 성취를 으스대지 않고 가만히 있을 수 있는 사람이 몇이나 될까?)

아나니아는 판 돈을 전부 내지 않기로 결정했다. 결정 자체는 문제가 되지 않았다. 사실 돈을 전혀 내지 않아도 괜찮았다. 땅을 판 돈을 전부 내놓았다고 리더들에게 거짓말한 것이 화근이었다. 베드로는 아나니아를 책망했다. "아나니아야 어찌하여 사탄이 네 마음에 가득하여 네가 성령을 속이고 땅값 얼마를 감추었느냐?"(행 5:3)

연이어 일어난 아나니아와 삽비라 부부의 가혹한 죽음에 많은 사람이 당황스러워했다. 그러나 이 사건은 초대교회에 매우 중요한 선례를 남겼다. 거짓을 비롯한 모든 형태의 죄는 결코 용인될 수 없다. 하나님은 역동적인 사역의 토대가 된 환경이 계속 유지되기를 바라셨다. 부부에게 내려진 가혹한 형벌의 효과를 누가는 이렇게 말한다.

> "온 교회와 이 일을 듣는 사람들이 다 크게 두려워하니라." 행 5:11

이 사건은 교회에 상당한 충격을 주었다. 어떤 일을 시작할 때 리더들은 문화적 가치관이라는 문제를 신속하고 단호하게 처리해야 한다. 인류의 구원이라는 측면에서 아나니아와 삽비라의 죽음은 작은 희생에 해당했다.

> "사도들의 손을 통하여 민간에 표적과 기사가 많이 일어나매 믿는 사람이 다 마음을 같이하여 솔로몬 행각에 모이고 그 나머지는 감히 그들과

상종하는 사람이 없으나 백성이 칭송하더라 믿고 주께로 나아오는 자가 더 많으니 남녀의 큰 무리더라." 행5:12-14

그릇된 사고에 대한 조정 조치 이후 그리스도인에 대한 인식이 높아지고 더 많은 수가 그리스도께 나왔다. 내부 문제에 대한 엄격한 교정 조치로 사람들은 죄에 대한 건강한 두려움을 품게 되었고, 사역의 놀라운 열매를 낳았다. 오늘의 교회에도 필요한 일이다.

사도들은 예수님께 문제를 즉시 처리하는 방법을 배웠다. 예수님은 마가복음 10장 35-45절에서 우선순위를, 마가복음 4장에서 부족한 믿음을, 마가복음 8장 32-38절에서 십자가에 대한 오해 문제를 다루셨다. 예수님을 따른 사도들은 자연스럽게 부정직의 문제를 엄격히 다루었다.

불순종하는 리더십은 엄격한 조정 조치를 회피한다. 교인들, 특히 힘이 강한 교인들에게 엄격하게 했다가 돈과 관계 심지어 이웃까지 모두 놓칠 수 있기 때문이다. 순종하는 리더들은 비판과 비방 같은 위기 상황에서 옳은 일을 선택할 때 따르는 모든 결과에 정면으로 맞선다. 리더가 대가를 기꺼이 치르느냐는 논의의 문제가 아니다. 대가는 어떻게든 치러야 한다. 다만 이런 질문을 해볼 필요가 있다. 어떤 대가를 치르고 싶은가?

오해와 심리적 압박, 핵심 가족을 잃는 일, 심지어 일자리를 잃는 일에 직면할 것인가? 아니면 '공공연한 죄' 때문에 사역의 효과가 떨어지는 대로 놔두겠는가? 관건은 순종이다. 어떤 결과를 맞이하든 리더로서 성경의 진리에 순종할 각오가 되어 있는가?

투옥과 매질과 협박에도 사도들은 끝까지 신앙을 지켰다. "사도들은 그 이름을 위하여 능욕 받는 일에 합당한 자로 여기심을 기뻐하면서 공회 앞을 떠나니라 그들이 날마다 성전에 있든지 집에 있든지 예수는 그리스도라고 가르치기와 전도하기를 그치지 아니하니라" (행 5:41-42). 안전이 보장되지 않았으나 그들은 스스로 합리화하며 뒤로 물러나지 않았다. 자기 연민에 빠지기는커녕 고난을 주신 하나님을 찬양하며 다시 사역으로 돌아갔다.

오늘날처럼 심리 치료를 중시하는 사회에서는, 조용한 곳에서 2주간 지내면서 안정을 취하고 신경안정제를 처방받으며 철저한 검사를 받은 뒤에야 다시 일상으로 돌아갈 수 것이다. 오늘의 문화에서는 온갖 변명거리를 늘어놓으며 불순종을 합리화한다. 예를 들면 이렇게 핑계 댄다. '나는 문제 가정에서 자랐다', '전부 엄마 때문이다', '전부 아빠 때문이다', '나는 엄마가 없다', '나는 아빠가 없다', '나는 병에 걸렸다', '검사 결과를 보니 성격상 하나님께 순종하기가 불가능하다.'

거짓말은 아니라고 해도 하나님께 불순종하는 것에 대한 타당한 이유가 되지 못한다. 최악의 상황이라도 순종으로 터득한 하나님의 관점이 있다면 신실함을 지킬 수 있다.

하던 일에 충실하라

사도행전 6장에는 또 다른 조정 조치로 시작한다. 사도들은 내부 문제에 직면했다. 하나님의 백성에게서 인간의 옹졸함이 드러날 수 있

는 상황이었다. 말씀은 이렇게 시작한다. "그때에 제자가 더 많아졌
는데"(행 6:1). 이 말씀 때문에 오히려 힘이 빠진다. 사역이 성장하고
있을 때 원수는 식량을 배급하는 순서로 사람들을 이간질한다. (사
람들이 음식을 가져오는 일을 막을 수 없으니까 음식을 분배하는 방법으로 사
람들을 분노하게 했다.) 일부 과부들이 구제를 받지 못하자 유대인 사
이에 분쟁이 벌어졌다.

사도들은 모든 제자를 불러 모았다. 그렇다고 교회 문제로 회의가
있으니 참석을 부탁한다고 5천 명에게 연락하지는 않았다. 두 그룹
에서 핵심 인물만 불렀다. 이 모임에서 두 가지 원칙을 추려 보았다.

부수적인 일 때문에 중요한 일을 멈추지 말라.
사람들을 통해 자신의 일을 확장하라.

부수적인 일 때문에 중요한 일을 멈추지 말라

사도들은 예수님께 이 원칙을 배웠다. 마가복음 1장 35-39절에서 예
수님은 기도하셨다. 제자들은 사람들의 시급한 요청 때문에 예수님
을 찾았다. 예수님은 제자들을 보고 놀라서 말씀하셨다. "우리가 다
른 가까운 마을들로 가자 거기서도 전도하리니 내가 이를 위하여 왔노
라"(막 1:38). 예수님이 묵묵히 자신의 임무를 다한 여러 사례 중 하나
다. 예수님은 덜 중요한 일 때문에 자신의 임무를 등한시하지 않으셨다.

음식을 분배하는 문제 앞에서 사도들은 주요 임무를 강조했다.
"우리가 하나님의 말씀을 제쳐 놓고 접대를 일삼는 것이 마땅하지
아니하니…우리는 오로지 기도하는 일과 말씀 사역에 힘쓰리라"(행

6:2-4). 사도들은 자신들의 사명과 임무가 무엇인지 알았으며 주어진 은사와 시간에 최대한 충실했다.

오늘의 목회자에게 무엇보다 필요한 자질로 아무리 강조해도 지나치지 않다. 일주일에 닷새에서 이레를 집에서 떠나 있어야 한다고 불만을 토로하는 목회자를 종종 본다. 그런 불평을 들을 때마다 해 주는 말이 있다. "당신은 삶의 통제권을 상실했습니다. 사람들이 당신을 조종하고 있습니다. 당신의 소명과 은사, 거절하는 능력을 잃어버린 것입니다." 목회자가 일주일에 80시간을 일한다면 좋은 청지기가 되기 어렵다. 자신은 물론이고 교인들을 돌보기도 어렵다.

사람들을 통해 자신의 일을 확장하라

사도들은 제자들에게 이런 결정을 알렸다. "형제들아 너희 가운데서 성령과 지혜가 충만하여 칭찬받는 사람 일곱을 택하라 우리가 이 일을 그들에게 맡기고"(행 6:3).

그들은 예수님께 위임을 배웠다. 예수님은 제자들이 준비가 되었다는 생각이 들자 열두 제자를 통해 사람들의 다양한 필요를 해결하고 그분의 일을 확장하셨다(마 9:36-38; 10:1-42). 사도들은 예수님과 같이 사람들에게 존경받고 자격을 갖춘 사람을 택하여 그들에게 안수하고 일을 위임했다. 선택된 사람들은 자긍심을 느꼈다.

사도들은 예수님의 두 가지 관리 방식을 탁월하게 교회에 전수했다. 그들은 두 원칙에 따라 문제를 수정했다. 이 원칙을 사용하는 리더는 다음 세 가지 결과를 얻는다.

자신의 소명에 충실하고 일에 시달리지 않는다.

장기적인 관점에서 문제를 해결한다.

두 원칙을 사람들에게 가르치고 전수한다.

이런 자기 관리의 부산물로 회중의 신뢰와 역량이 증가한다. 이로써 하나님의 사랑을 강력히 표현하는 풍성한 사역이 시작된다.

누가는 매우 중요한 사실을 언급했다. "[그래서] 하나님의 말씀이 점점 왕성하여 예루살렘에 있는 제자의 수가 더 심히 많아지고 허다한 제사장의 무리도 이 도에 복종하니라"(행 6:7). '그래서'라는 단어가 중요하다. 문제를 적절히 처리했기 때문에 사도들은 주어진 일에 충실할 수 있었고 하나님이 거기에 축복하셨다. 그 반대의 일도 일어날 수 있다. 그런 경우가 일반적이다. 목사와 제직회가 내부 문제로 다투고 사소한 일에 집중할 때 사역이 큰 지장을 받는다.

이런 폐해를 막으려면 목사가 사도들의 우선순위를 따르고 실천해야 한다. 초대교회의 경우 사도들이 분명한 의지를 품고 적절한 수정 조치를 취한 덕분에 하나님의 일이 더욱 형통할 수 있었다.

재생산 단계

성령으로 충만한 120명이 답답한 다락방에서 나와 복음을 전함으로써 초대교회가 탄생했다. 하루 사이에 120명에서 3천 명이 회심하는 놀라운 결과가 나타났다. 초대교회에서 재생산은 일상이 되었다. 성도들은 날마다 전도하기를 그치지 않았으며 재생산이 이어졌다.

바로 우리가 따라야 하는 원리다.

오늘의 문화에서 엄청난 재정을 쏟아부은 대형 행사 없이도 많은 사람이 회심하는 교회가 있다면 정말 놀랄 일이다. 이 소식이 기독교 일간지에 실리고, 리더들이 토크쇼에 출연하며 집회에 연사로 초청받아 다니느라 바쁠 것이다. 이런 사례를 전하고 글로 남겨서 많은 사람에게 방법을 알려 달라는 요구가 빗발칠 것이다. 물론 그런 교회에서 배워야 하는 것도 맞지만 초대교회라는 재생산의 모범이 있는데도 이런 성장을 경험하는 교회가 매우 드문 것이 현실이다.

교회가 재생산의 단계에 도달하려면 먼저 개인이 부흥해야 한다. 한 사람의 전도로 사람들은 그리스도께 온다. 초대교회는 재생산으로 시작되어 그것이 생활화되었지만 모든 교회가 그 단계에 이르기까지는 시간이 걸린다. 재생산 단계에 있는 교회는 개인 전도와 회중 전도를 적절히 결합해야 한다. 사도행전 2장 42-47절에서 보듯이 몸의 모든 부분이 합심해서 움직여야 한다.

회중이 재생산되는 것이 곧 교회개척은 아니다. 바울은 "각 지체의 분량대로 역사하는 것"(엡 4:16)을 강조했다. 개인 전도와 회중 전도의 차이점은 '목소리'와 '말하는 사람 전체'로 설명할 수 있다. 목소리와 몸이 모두 필요하지만 몸 전체가 일할 때 훨씬 영향력이 크다.

초대교회는 재생산 단계에서 어떻게 앞으로 나갔을까?

사도들의 모범

사도행전 2장에 기록된 기간에 사도들은 날마다 설교하고 전도했다. 매일 죽음의 위협을 받으면서도 헌신했고, 심지어 시장에서도 사역을 이어 갔다(행 4:33; 5:14, 21, 42).

흩어진 뒤에도 열두 제자들은 계속 설교하고 어려움을 겪었다. 교회 안에서 제자들의 어려움을 깊이 공감했다. 회중이 열두 제자가 보인 날마다 전도하는 삶의 본을 따르자 그리스도의 몸은 더욱 커졌다.

교회 리더들이 각종 회의와 문서 검토를 주요 활동으로 여긴다면 교회가 빈혈 상태에 머물 수밖에 없다. 교인들이 전도에 나서기를 바라는 리더라면 먼저 모범을 보여야 한다. 오늘의 교회에 회심자가 부족한 이유는 리더들이 사무실에 갇혀 있기 때문이다. 그들은 더는 거리로 나가지 않는다. 리더들이 전도하지 않는다면 회중이 전도에 나설 가능성이 희박하다.

흩어진 교회의 재생산

교회가 예루살렘에서 흩어지면서 "그 흩어진 사람들이 두루 다니며 복음의 말씀을 전했다"(행 8:4). 그들은 지금까지 보고 배우고 그들이 생각하기에 정상적인 일을 행동에 옮겼다.

사도행전 2-7장에 나오는 교회 성장의 기록에서 초대교회의 재생산 과정을 확인할 수 있다. 그리스도인들이 핍박 때문에 도시에서 쫓겨났을 때 재생산이 실제로 나타났다. 교인들이 가는 곳마다 복음을 전하자 교회는 계속 불어났다. 복음증거만으로 일반 대중 가운데 교회개척이 일어났다.

초대교회의 평범한 교인에게 교회를 시작하는 방법이 무엇이냐고 물어보면 "전도를 시작하라"고 대답할 것이다. 오늘날의 신자에게 같은 질문을 한다면 "준비위원회를 만들라"고 할 것이다.

물론 초대교회는 배가라는 다음 단계를 처음부터 염두에 두지 않았다. 배가는 핍박의 결과로 일어났다. 초기의 신자들도 오늘의 신자들과 마찬가지로 훌륭한 신앙 환경이 주는 안전과 친구들을 떠나고 싶은 마음이 없었다. 안전한 환경을 떠나는 일은 스파르타같이 전투적인 신자들에게도 쉽지 않았다.

빌립은 사마리아에서 설교했으며 베드로는 고심 끝에 고넬료의 집에서 설교했다. 사울은 바울이 되었다. 초대교회는 핍박 때문에 흩어졌다. 주요 인물들은 복음이 닿지 않은 곳으로 선교여행을 떠났다. 결국 초대교회는 그 모든 일을 성취해 냈다. 육신이 있는 인간이 성령님과 한마음을 갖기까지 오랜 시간이 걸렸다. 핍박이라는 즉각적인 개입이 필요할 정도로 선교는 매우 중요한 문제였다.

안디옥에 교회가 세워지고 배가가 일어나는 과정도 매우 놀랍다.

> "그때에 스데반의 일로 일어난 환난으로 말미암아 흩어진 자들이 베니게와 구브로와 안디옥까지 이르러 유대인에게만 말씀을 전하는데 그중에 구브로와 구레네 몇 사람이 안디옥에 이르러 헬라인에게도 말하여 주 예수를 전파하니 주의 손이 그들과 함께하시매 수많은 사람들이 믿고 주께 돌아오더라." 행 11:19-21

초대교회의 공식증명서나 전략적 계획 없이 이방인들은 설교에 뛰어들었다. 재생산의 힘이다. 재생산하는 교회를 만들면 또 다른 재생산하는 교회가 생긴다. 초대교회의 모범을 따르지 않을 때까지 이 일은 계속 일어난다. 초대교회는 모든 교회에 매우 인상적인 모델을 제시한다. 예수님의 가르침과 전략을 제자들이 처음으로 적용한 사례이기 때문이다.

제자 삼기의
장벽 제거

초대교회의 성장으로 교회가 계속 퍼져 나갔지만 영적인 뒷받침이
없으면 몸은 서서히 힘을 잃기 마련이다. 하나님의 인도로 교회는
예루살렘을 뛰어넘어 확대되었다. 30년이 흐른 뒤에 바울이 히브리
교인들에게 보낸 편지를 보면 같은 신자들이 신학적으로나 기능적
으로 퇴보했음을 확인할 수 있다. 한때는 매우 효과적으로 사역하
던 사람들이 하나님이 처음 그들을 흩으셨을 때 배운 기독교 가르침
의 초보로 다시 돌아가야 하는 상황이 되었다.

제도주의: 변화의 적

하나님이 초대교회를 예루살렘 밖으로 내보내실 때 예루살렘에 그
리스도인 5천 명이 있었다. 교회가 하나님이 쓰시기에 어려운 종교

제도로 전락할 위험에 처하자 하나님은 교회를 흩으셨다.

신출내기 교회는 그토록 큰 지리·재정·인종의 장벽을 미처 예상하지 못했다. 신자들은 사람들을 제자 삼고 복음을 전파하기 위해 모든 장벽, 특히 인간의 본성이라는 큰 장벽을 극복해야 했다. 위험천만한 대서양을 용감히 건넌 야심 찬 영국의 청교도인들은 신세계에 도달하기까지 많은 희생을 치렀다. 정착한 뒤에도 질병, 매서운 추위, 호전적 인디언과 싸우고 내부 논쟁을 겪어야 했다. 그러나 개척자 정신으로 결국 새롭게 공동체를 구축했다. 공동체가 정상적으로 세워지자 개척자 중 일부가 새로운 땅을 개척하기 위해 내지로 들어가고 싶어 했다. 그러나 새로운 땅에 정착한 사람들은 거의 모두가 어렵다고 반대했다. 그들은 이미 제도화된 상태였다. 제도주의는 하나의 범주로 굳어지는 것을 말한다.

무언가를 시작하려면 과감한 행동이 필요하다. 주도적인 사상이 등장하고 그 사상을 중심으로 운동이 일어나며 역동적인 환경이 조성된다. 그러나 권위 구조와 규칙이 없으면 빠르게 움직이는 생명체는 자멸한다. 그래서 기준을 마련하는 것이다.

시간이 흐르면서 권위 구조, 기준, 방식이 자리를 잡는다. 기존의 구조에 도전하고 변화를 요구하는 사상가들에 의해 시작된 운동이 이제는 변화에 저항한다. 예를 들어 애플의 스티브 잡스를 생각해 보라. 그는 비전과 이상을 품고 애플을 시작했다. 회사가 하나의 조직으로 자리를 잡자 잡스는 그 환경을 힘들어했다. 급기야 그는 규정 때문에 자신이 세운 조직을 떠나게 되었다. 세월이 흘러 잡스와 애플이 다시 만났을 때 아이팟과 아이폰으로 이전보다 크게 성장했다. 잡스와 애플은 서로 필요하다는 것을 성숙한 뒤에야 알았다.

　무언가를 시작하고 제도화하는 것은 좋은 일이지만 제도주의는 발전의 발목을 잡는다. 변화를 거부하며 혁신적인 생각과 정신을 저해하고 가로막는다. 지극히 정상적이고 예측할 수 있지만 알아차리기 힘든 이 제도화의 과정은 위대한 혁신가들의 눈까지도 가리고 말았다.

　히브리서 5장 11절-6장 4절에서 초대교회는 제도화 때문에 결국 힘들어졌다. 그러나 교회가 흩어질 때부터 이미 문제가 있었다. 사람들은 모든 일이 순조로운 상태에 만족했다. 현실에 안주하고 있었던 것이다.

　어려운 일을 할 준비가 되었다고 스스로 깨닫는 경우는 드물다. 예루살렘의 그리스도인들은 그리스도를 따라가는 매력적인 공동체와 리더들이 주는 안정에 만족했다. 새로운 지역에서 전도하다 보면 사도들이 겪은 핍박과 같은 고통이 따를 것을 예상하고 있었다. 아직은 그런 변화에 준비가 되지 않았다고 느꼈다. 당연한 인간의 본성 때문에 초대교회의 전도는 더 늦춰질 수도 있었다. 그들의 계획표에 확산은 없었을 것이다. 확산을 염두에 두었다면 하나님이 굳이 개입하실 필요가 없다. 하나님은 확산 계획을 조기에 실행하셨다. 전도를 가로막는 장벽을 허물어서 사람들을 다른 선택의 여지가 없는 상황으로 이끄셨다. 그들은 감옥에 가든지 돌에 맞아 죽든지 도시를 떠나든지 결정해야 하는 기로에 놓였다(행 8:1-2).

　이전 핍박 때문에 교회가 연합했으나 이번 핍박으로 교회는 복음 전도를 위해 흩어졌다. 하나님의 계획은 사람이 고안하는 계획보다 훨씬 광범위한 지역을 망라했다. 하나님이 개입하시지 않았으면 열두 제자 외에 얼마나 많은 그리스도인이 자발적으로 복음전도를 위해 길을 나섰을까? 흩어진 사람 중 절반만 복음을 전해도 몇 천 명이 세상에 그리스도를 전하는 셈이었다.

장애물을 부수는 도구: **분산**

신자들이 흩어지자 제도주의의 위협과 무관한 분산 사역이 가능해졌다. 다수의 회중이 예루살렘을 떠날 때 사도들은 곧바로 그들과 동참하지 않고 예루살렘에 남았다. 아나니아와 삽비라 사건 이후 관리들조차도 열두 제자에게 함부로 하기가 두려웠다. 유대 당국은 베드로와 그의 일행을 공격하기에는 그들의 대중적 인기가 매우 크다는 것을 알았다.

사도들은 예루살렘에 머물면서 분산 사역의 토대를 재확인했다.

1. 모든 사람이 사역으로 부르심 받았다

사도들은 하나님이 일반 성도들을 사역에 부르셨다고 확신했다. 사람들에게는 그들이 생각하는 것보다 훨씬 많은 능력이 있다는 것을 예수님이 보여 주셨다. 그리스도인들은 잘 몰랐겠지만 그들은 생각보다 훨씬 큰일을 할 수 있다.

2. 배가하지 않으면 사역의 분산이 어렵다

열두 제자는 신자들과 함께 가서 위험을 무릅쓰고 전도하러 나갈 수도 있었으나 재생산과 배가를 위해 예루살렘에 머무는 편을 택했다. 그들이 주변에 없어야 평범한 그리스도인이 마음 편하게 놀라운 일을 시도할 수 있었다. 그 결과 더 많은 사람에게 복음이 전해졌다.

3. 의미 있는 배가와 분산이 있으려면 그리스도인의 훈련과 제자 삼기가 선행되어야 한다

예루살렘을 떠난 그리스도인들은 잘 훈련받고 배운 대로 잘 따랐다. "그 흩어진 사람들이 두루 다니며 복음의 말씀을 전할새"(행 8:4). 분산에 대한 사도들의 확신이 맞았다는 증거다.

당시 복음을 전하는 일은 일부 열심당원이나 공식 임명된 전도자들만의 전유물이 아니었다. 전도는 모든 교인의 특권이자 의무로 여겨졌다. 사도와 선지자들, 부자와 가난한 사람들, 지식층과 어부들 모두 그리스도가 교회에 맡긴 이 중요한 임무에 열성적으로 참여했다. 교회에 속한 평범한 사람들이 복음전도를 자신의 일로 여겼다. 기독교는 비공식 선교사들에 의해 전파된 평신도 운동이었다.[1]

장벽의 파괴

초대교회에서 제도주의라는 장벽을 부수는 일은 변화에 대한 두려움과 거부감을 극복하고 생명력 넘치는 공동체 안에서 자신들이 만든 안락한 안전지대를 떠나야 한다는 의미였다. 든든한 사도들 없이 핍박에 직면하고 예루살렘과 달리 유대에서는 받아들여지지 않는 과거의 방식을 버려야 한다는 의미였다. 아무런 안전망 없이 사역해야 했다.

하나님은 그리스도인들을 물에 던짐으로써 장벽을 허무셨다. "어서 가서 헤엄쳐라. 괜찮다." 핍박에 직면하여 흩어진 평신도들은 흩어

진 교회의 전도를 담당하며 분산 사역의 중심이 되었다. 초대교회의 원칙을 따른다면 오늘날의 교회도 제도주의의 장벽을 허물 수 있다.

제도주의를 거부하라

현대의 교회는 1세기 교회보다 제도주의가 더 심각하다. 초대교회의 그리스도인들은 역동적이고 보살핌을 받는 환경 때문에 변화를 거부했으나 오늘의 그리스도인들은 자신의 권력을 위협받을까 봐 확장을 거부한다.

차갑고 반항하는 조직이 교회처럼 보이고 교회처럼 들리며 교회라는 생각이 들겠지만, 그런 조직은 교회가 아니다. 사람들은 그런 조직을 닮은 유사품조차 싫어하면서 자신이 증오하는 바로 그 조직을 지키고자 필사적으로 싸운다. 그 조직을 파헤쳐 보면 어딘가에 진짜 교회의 모습이 있을지도 모르지만 고고학자들의 연장을 총동원해야 겨우 찾을 수 있을까 말까 하다.

사람들은 교회에서 안전한 자리를 찾으면 그대로 눌러앉는다. 자신의 두려움이나 연약함을 들킬 일이 없고 강점을 살려 보라는 누군가의 말을 들을 일도 없이 그냥 안주해 버린다. 여기서 키워드는 단조로움이다. 현실에 눌러앉아서 온갖 상상만 하는 공상가, 즉 안주의 아이콘이다. 안주하는 그리스도인도 변화를 꿈꾸지만 싸우기에는 현실이 만만치 않다는 사실에 마음을 접는다. 그들은 굳어진 관례를 조정하여 창의성을 발휘하고 발을 내디뎌 보라는 말을 거부한다. 현재의 리더와 역할, 단조로운 일상이 편안하고 좋다.

제도주의를 무너뜨리는 방법은 사람들에게 비전을 계속 제시하는 것이다. 그들이 두려워하는 일과 직면하고 연약함을 처리하도록 도전하라. 무엇보다도 사람들이 장점을 발견하고 개발하도록 독려하는 것이 중요하다. 사람들에게 강점을 더욱 활용하도록 격려하여 조직을 계속 움직여야 한다.

일반 성도를 통한 교회의 확장

교회가 흩어지고 얼마간 하나님은 사도들을 예루살렘에 머무르게 하셨다. 그들이 현장에 있으면 아직 경험이 부족한 그리스도인들이 위축되어 하나님의 계획을 오히려 방해할 수 있었다. 사람들은 열두 제자에게 일을 미룰 것이다. 평신도가 인도하는 성경공부에 목사가 참석할 때도 마찬가지다. 목사의 존재만으로 리더의 행동과 모임의 분위기가 달라진다. 하나님의 계획에서 핵심은 사도나 목사가 하듯 평신도가 사역하는 것이다.

오늘날의 교회는 사역에 대한 잘못된 생각을 하고 있다. 그리스도인들은 목사만이 중요한 사역을 할 수 있다는 생각을 하고 있다. 이는 하나님이 모든 신자를 똑같이 귀하게 보신다는 생각과 상충한다.

물론 모든 신자가 자신의 은사를 발휘하여 교회 사역에 기여하고, 몸이 효과적으로 움직이려면 모두가 힘을 합쳐야 한다는 사실을 그들도 믿는다. 그러나 그 믿음을 실천하기보다는 사역의 75퍼센트를 전문 사역자에게 맡기고 자신들은 전도와 관련하여 나머지 일을 맡는다. 목사가 사역을 누군가에게 넘기려고 할 때 잘 훈련받지 못한 회중은 사역자의 행동을 명백한 근무 태만이라 비난하고 '귀찮은 일'만 사람들에게 떠넘긴다고 불평한다.

회중은 목회자가 세례, 성찬집례, 대표기도, 병문안, 상담, 임원회 진행, 수요저녁예배 인도 등 소위 '거룩한 일'을 전부 도맡아 하기를 기대한다. 물론 목사가 해야 할 때도 있지만 그 모든 일을 목사 혼자서 해야 하는 것은 아니다. 성경에도 특정 역할을 강조하여 회중보다 사역자에게만 맡긴다는 내용은 없다. 목회자와 평신도가 함께 참여할 때 풍성한 사역이 일어난다.

병문안을 예로 들어 보자. 병든 사람을 방문하는 일은 몸 전체에 부여된 사역이다. 성경은 병문안을 목사의 일로 규정하지 않는다. 사람들은 평신도가 병든 사람을 방문하고 사별한 사람을 위로하며 위기에 빠진 사람을 도왔더라도 목사가 와서 같은 일을 되풀이하기를 기대한다. 평신도 사역자 10명이 입원한 성도를 방문했더라도 목사가 오지 않으면 안 왔다고 불평한다. 무슨 의미인가? 목사의 사역만 가치 있다는 생각이다. 평신도의 사역으로는 부족하고 목사의 방문만이 중요하다는 말이다.

고린도전서 12장에 기록된 바울의 말을 빌리면 손은 발에 "나는 네가 필요하지 않다"라거나 "너는 손이 아니니까 별로 중요하지 않다"라고 말해서는 안 된다. 평신도가 행한 전통적인 목양을 전문 사역자가 다시 해야 한다는 말은 그 평신도에 대한 거절이다. 평신도의 도움에 대해 이렇게 말하는 셈이다. "나는 몸 안의 다른 사람이 행한 사역은 받지 않겠다. 그것은 진짜가 아니라 시늉에 불과하다."

이 심각한 장벽을 허물어야 한다. 교회를 제도주의로 오염시키고 교회의 사역을 방해하기 때문이다. 이런 비합리적인 회중의 요구 때문에 많은 목회자가 상처를 입고 깨져서 사역을 떠난다. 목회자는 에베소서 4장 11-16절처럼 하나님의 백성을 효과적인 사역자로 훈련시켜야 한다. 그리스도인들이 그리스도를 위해 자신의 삶을 탁월하게 사용하는 사랑과 관심이 넘치는 환경을 조성하는 것이 목회자의 소원이다. 그러나 교회가 그것을 허용하지 않는데 목회자가 어떻게 하겠는가? 혼자서 주일오전, 주일저녁, 수요저녁예배 설교를 도맡아 하고 각종 임원회의에 참석하고 주일학교 교사 모임에 가고 교단회의에 참석하고 교회 행정과 상담까지 할 수 있을까? 불가능하다.

용기 있는 소수가 변화의 선봉에 서지 않는 한 과로에 찌든 목회자의 숨통을 트여 줄 변화는 일어나지 않는다. 장담하건대 상황이 나아지기는커녕 갈수록 악화될 것이다. 그러나 고통스럽고 문제가 일어나며 시간이 필요하더라도 변화는 충분히 시도할 만하다. 목회자가 하나님께 순종할 수 있으려면 과도한 기대와 업무에서 해방되어야 한다.

하나님의 일을 확장하려면 평신도가 활동해야 한다. 평신도라는 개념을 버리고 사람들이 상담, 교육, 전도, 병문안, 회심자의 세례, 위임받은 사람들과의 성찬 등 중요한 사역을 하게끔 해야 한다.

목회자들은 태도를 바꿔서 회중에게 이렇게 말해야 한다. "여러분도 사역자요 목회자입니다. 여러분을 위한 자리가 마련되어 있습니다." 아예 자리 따위는 잊어버리자. 사람들을 목회자의 위치로 끌어올리든지 목회자가 사람들의 위치로 내려가든지 변화는 불가피하다. 사역의 우여곡절은 부풀려진 자존심과 성경에 대한 무지가 만든 문화의 저주다.

나는 '모든 문제의 원인은 변화'라는 말이 옳다고 생각한다. 제도주의가 가장 두려워하는 적은 변화다. 장벽을 허물려면 변화가 필요하다. 하나님은 새로운 일꾼을 세움으로써 변화를 일으키셨다. 그들은 새로운 리더가 되어 전도에 앞장섰다.

지리적·인종적 편견: 선교의 적

제도주의의 장벽 외에도 교회의 성장을 저해하는 것이 있다. 편견이다. 웹스터 사전에 나오는 편견의 정의를 보면 "미리 형성된 선호나 편향. 특정 집단, 인종, 종교에 대해 비합리적인 증오를 가지는 것"이라고 나온다.

초대교회에는 두 가지 믿음이 있었다. 그들은 자신들이 세계에서 가장 축복받은 최고의 백성이라고 믿었다. 가장 중요하고 거룩한 도시와 땅은 예루살렘과 이스라엘이라고 믿었다. 그들은 어려서부터 두 가지 사실에 대한 믿음으로 자랐으며 매년 기념하는 성령강림절 잔치에서 그 믿음을 더욱 굳건히 했다.

초대교회 사람들이 받아들이기를 주저하는 두 집단이 있었다. 주저라는 말은 너무 약한 표현이다. 혈통이 같은 단일민족인 유대인은 혼혈이나 이방인을 영적인 지진아로 간주했다. 이방인은 아브라함의 약속에 포함되지 않으며 개나 버러지와 다름없고 유대인을 섬기는 존재로 만들어졌다고 믿었다.

그러나 초대교회가 하나님께 순종하여 유대와 사마리아와 땅끝까지 복음을 전하기 위해서는 편견의 장벽이 무너져야 했다. 하나님은 이번에도 장벽을 허무셨다. 빌립을 사마리아로, 베드로를 고넬료의 집으로, 바울을 이방인에게 보내셨다. 빌립은 편견이 제일 없는 사람이었기 때문에 혼혈 민족에게 보내졌다. 반면 가장 편견이 심했던 베드로는 고넬료에게 갔다. 뛰어난 교육 배경에서 자란 바울은 복잡다단한 이방인들에게 보내졌다.

빌립의 사마리아 전도

헬라파 유대인 빌립은 헬라문화에서 교육과 영향을 받았다. 그래서 '타락한' 유전자라 불리던 사마리아인을 받아들이기가 훨씬 수월했을 것이다. 사마리아인은 이스라엘이 불순종한 결과였다. 북부의 열 지파는 유다 및 베냐민 지파와 분리되었다. 앗수르에 정복되자 그들은 통혼하기 시작했다. 같은 혈통의 유대인들은 이 혼혈 민족을 무시하며 상대하지 않았다. 유대인들은 사마리아 지역을 지나가는 일도 거부했다.

빌립은 편협한 지역주의를 아랑곳하지 않고 사마리아 지역에 가서 복음을 효과적으로 전했다. "무리가 빌립의 말도 듣고 행하는 표적도 보고 한마음으로 그가 하는 말을 따르더라 많은 사람에게 붙었던 더러운 귀신들이 크게 소리를 지르며 나가고 또 많은 중풍병자와 못 걷는 사람이 나으니 그 성에 큰 기쁨이 있더라"(행 8:6-8).

빌립은 놀라운 성과를 거두었다. 여러모로 빌립의 사역은 본이 될 만하다. 복음을 전하고 하나님의 권능이 드러났으며 많은 사람이 믿고 기쁨이 넘쳤다. 사람들은 듣고 보며 행하고 느꼈다.

존 웨슬리(John Wesley)는 자신의 설교를 두 가지 기준으로 평가했다. 사람들이 회심했는가? 분노한 사람이 있는가? 이 기준으로 볼 때 빌립은 탁월했다. 사람들이 그리스도께 나왔고 마술사 시몬 때문에 갈등이 벌어졌다.

책임의 관계

사도들은 발전하는 빌립의 사역을 점검하기 위해 베드로와 요한을 보냈다. 사역의 확장도 중요하지만 잘하고 있는지 확인이 필요했다. 사마리아인이 그리스도를 받아들인 일을 하나님이 하셨다는 증거를 확인해야 했다.

베드로와 요한은 회심한 사람들에게 그들이 내린 결정에 대해 질문했다. 하나님이 편견의 장벽을 확실히 허무시도록 그들은 자신들이 성령을 받았듯이 사마리아인들이 성령을 받게 해 달라고 기도했다. 사도들이 기도하자 사마리아인들은 성령을 받고 알 수 없는 방언으로 하나님을 찬미했다. 시몬은 사도들의 안수로 성령을 받는 놀라운 광경을 보자 돈으로 성령을 얻으려 했다(행 8:18).

하나님은 사마리아라는 장벽이 무너졌음을 확증하셨다. 결코 부인할 수 없는 하나님의 권능이 펼쳐졌다. 베드로와 요한은 집으로 돌아가는 길에 지나는 사마리아인 마을에서 설교를 이어 갔다. 그들의 관점에 일어난 중대한 변화에서 나온 행동이었다.

교회가 사역을 확장할 때 위임받은 권위자는 맡은 책무를 다해야 한다. 책임을 다하지 않으면 문제가 생길 수 있다. 책임을 등한시할 때 메시지의 오염, 방식의 모방, 은사의 남용, 재정의 타락 같은 문제가 발생한다. 스웨터 제조업체가 같은 제품을 수천 벌 생산하는 경우 여러 공장에서 동시에 생산하려면 엄격한 품질관리 규정이 필요하다. 그렇지 않으면 전혀 다른 제품이 생산될 수 있다.

바울은 복음을 "아름다운 것"(딤후 1:14)이라고 했다. 그 순수성은 탁월하다. 초대교회의 권위 체계는 매우 단순했다. 모든 권위를 그리스도께 두었다. "하늘과 땅의 모든 권세를 내게 주셨으니"(마 28:18). 예수님은 권세를 사도들에게 위임했다. "그러므로 너희는 가서 모든 민족을 제자로 삼아"(19절). 사도행전 1장 8절은 사도들이 받은 전략과 지리에 대한 권위를 말한다. 바울을 포함하여 사도들은 그 권위를 교회 장로들에게 위탁했다(행 14:23). 바울은 자신이 에베소로 돌아가지 못할 것을 알고 교회의 리더들에게 임무를 영구적으로 위임했다(행 20:28). 예루살렘 공의회(행 15장)와 바울이 예루살렘에 행한 보고에서 개교회와 전체 교회의 권위 구조와 그 권위에 대한 존중을 확인할 수 있다.

베드로의 고넬료 방문

베드로는 모든 제자 중에서 가장 좋은 모습과 가장 부진한 모습을 동시에 보여 준다. 하루는 저 멀리 지평선 너머까지도 보았으나 하루는 코앞의 일도 알 수 없는 상황에 처했다. 그는 교만하고 선입견이 많았다. 언제나 앞장서는 성격상 베드로는 교회가 흩어지고 1년 뒤에 제일 먼저 선교에 나섰다.

그러나 인종과 지리의 장벽을 허물기 위해 하나님은 자신의 일꾼에게 극적인 경험을 주셔서 선입견을 완전히 버리게 하셨다. 빌립의 강력한 사역으로 사마리아인에 대한 베드로의 태도가 달라졌다. 예루살렘으로 돌아오는 길에 베드로와 요한은 사마리아인의 여러 도시에서 설교했다. 베드로는 예루살렘에서 북동쪽에 위치한 룻다라는 지역에 가서 설교하고 룻다와 사론에 사는 사람들이 애니아가 병에서 나은 것을 보고 주께로 돌아오는 쾌거를 거두었다(행 9:32-35). 욥바에서는 죽었던 다비다가 살아나는 기적이 일어났다(행 9:36-42). 베드로가 하나님께 크게 쓰임 받는 것에 대해 아무도 놀라지 않았다.

어떤 부분에 있어서는 쉽게 인정하지 않는 고집 센 베드로에게 충격적인 사건이 벌어졌다. 하나님이 나타나셔서 이방인에게 복음을 전하라고 분명하게 말씀하신 것이다(행 10:9-16). 하나님은 그를 고넬료라는 이방인 신자의 집으로 보내셨다. 고넬료도 같은 환상을 본 뒤였다.

베드로는 자신을 소개하고 자신이 이방인에 대한 유대의 법을 지키지 않는 이유를 설명했다. "하나님께서 내게 지시하사 아무도 속되다 하거나 깨끗하지 않다 하지 말라 하시기로…내가 참으로 하나님은 사람의 외모를 보지 아니하시고"(행 10:28, 34). 베드로는 설교를 시작했으나 마무리를 할 수 없었다.

> "베드로가 이 말을 할 때에 성령이 말씀 듣는 모든 사람에게 내려오시니 베드로와 함께 온 할례 받은 신자들이 이방인들에게도 성령 부어 주심을 말미암아 놀라니 이는 방언을 말하며 하나님 높임을 들음이러라." 행 10:44-46

하나님은 신속한 변화가 필요할 때 백성들에게 지름길을 보이신다. 하나님은 베드로가 선입견에 대한 교훈을 깨닫기까지 기다리지 않고 15분 만에 모든 장벽을 허무셨다. 베드로는 하나님이 이방인을 사랑하시며 그들에게 복음이 전파되기를 바라신다는 것을 인정했다. 하나님이 이방인에게도 방언을 주시자 베드로와 함께한 유대인을 비롯하여 모두가 깜짝 놀랐다. 베드로는 방언이라는 공통의 경험을 통해 성령이 유대인, 사마리아인, 이방인 이렇게 세 집단에 부어진 것을 확인했다. 불과 몇 달 전까지도 그들은 수백 년간 서로에 대한 혐오감으로 철저히 거리를 지켰으나 하나님은 그들을 그리스도 안에서 하나로 만드셨다.

하나님은 장벽을 허물기 위해 두 가지 도구를 사용하셨다. 첫째 극적인 환상과 계시를 통해 핵심 인물들에게 확신을 주셨다. 둘째 부인할 수 없는 권능으로 변화의 진위를 증명하셨다.

사도들의 용납

사도들도 이 '새로운 피'를 받아들이기가 어려웠을 것이다. "유대에 있는 사도들과 형제들이 이방인들도 하나님의 말씀을 받았다 함을 들었더니 베드로가 예루살렘에 올라갔을 때에 할례자들이 비난하여 이르되 네가 무할례자의 집에 들어가 함께 먹었다 하니"(행 11:1-3).

베드로가 그랬듯이 사도들은 확신할 수 있는 근거를 원했다. 고집스럽고 현실적인 인간의 특성상 새로운 패러다임의 변화가 하나님께 왔다는 증거가 필요했다.

베드로는 자신이 본 환상, 고넬료와 모인 가족들에게 성령이 부어진 기적을 말하면서 힘주어 강조했다. "그런즉 하나님이 우리가 주 예수 그리스도를 믿을 때에 주신 것과 같은 선물을 그들에게도 주셨으니 내가 누구이기에 하나님을 능히 막겠느냐 하더라"(행 11:17).

모든 일을 신중히 점검하고 리더십의 책무에 최선을 다하던 사도들은 성령님께 열린 태도를 유지했다. 그들은 바울의 말에 동의를 표현했다. "그들이 이 말을 듣고 잠잠하여 하나님께 영광을 돌려 이르되"(행 11:18). 사도들은 문화와 전통에서 벗어날 수 없었지만 하나님이 말씀하시자 태도를 바꾸는 영적 성품을 갖고 있었다. 오늘의 교회에서 찾아보기 힘든 태도다.

장벽을 허물고 있는가?

대부분 그리스도인에게 인종적 장벽은 문제가 되지 않는다. 평범한 백인 복음주의자는 "우리 교회에 흑인이나 소수 인종이 나와도 괜찮다"고 말한다. 진심으로 한 말이라 생각한다. 다만 삶에서 소수집단 사람들과 어느 수준까지 교제할 마음이 있을까?

사실 사회·경제적 장벽이 인종의 장벽보다 훨씬 크다. 대부분 교회는 특정 경제 집단을 대표하는 하나의 공동체로 구성된다. 중산층은 인종과 상관없이 쉽게 어울리는 편이다. 다른 공통분모가 그들을 연합시켜 주기 때문이다. 그러나 인종이나 경제나 교육 배경이 다른 사람이 공동체에 섞이려면 문제가 많다. 여전히 대부분의 교회에서 인종과 경제 수준이 다른 사람들이 섞이는 일은 멀어 보인다.

그러면 우리는 다른 문화에 가서 그 안에 살면서 복음을 전할 수 있는가? 전도하고 싶지 않은 부정한 사람들이 있지는 않은가? 하나님의 음성을 기꺼이 들을 준비가 되어 있는가? 베드로의 말은 오늘날에도 사실이다. "내가 누구이기에 하나님을 능히 막겠는가?"

중심의 이동: 새로운 파송 센터

당연히 초대교회는 신성한 도시 예루살렘에서 성장했다. 그러나 교회의 확장은 변화를 의미한다. 변화의 일환으로 행동의 중심지가 옮겨졌다. 여전히 예루살렘이 모교회였으나 시간이 흐르면서 예루살렘은 유지·보수 사역을 담당하게 되었다.

하나님은 이방 세계에 복음을 전하기 위해 바울이라는 새로운 사도를 부르셨다. 행동의 중심지는 이제 그가 가는 곳이면 어디든지 가능했다. 하나님은 은사, 교육 배경, 성품 면에서 국외 선교에 효과적인 일꾼을 세우셔서 중심지를 벗어나 세상으로 교회를 확산시키셨다.

무경험자의 설교

"그때에 스데반의 일로 일어난 환난으로 말미암아 흩어진 자들이 베니게와 구브로와 안디옥까지 이르러 유대인에게만 말씀을 전하는데 그중에 구브로와 구레네 몇 사람이 안디옥에 이르러 헬라인에게도 말하여 주 예수를 전파하니 주의 손이 그들과 함께하시매 수많은 사람들이 믿고 주께 돌아오더라." 행 11:19-21

모교회에서 멀리 떨어진 새 신자들은 승인 없이 전도를 시작했다. 불복종 행동이었지만 오늘의 교회에 절실히 필요한 행동이기도 하다. 제멋대로 전도에 나선 이들은 물에 빠진 사람을 구하기 위해 시가행진에서 이탈한 군인과 같았다. 성직자로 임명받지 않은 사람들이 누구보다 많은 열매를 맺었다.

우스개로 새로운 신자를 기존 신자에게 소개하지 말라고 하는 말이 있다. 새 신자들이 기존 신자들을 보면서 '굳이 남을 전도할 필요가 없구나'라고 생각한다는 것이다. 때로는 빈정대는 말에 부인하기 힘든 사실이 담겨 있다. 기본 지시 사항을 접한 새 신자들은 들은 내용을 그대로 적용한다. 아무 질문도 하지 않고 그저 눈에 보이는 중요한 일을 한다. 아직 기존 기독교 제도에 영향을 받지 않고 그리스도 안에서 새로운 생명을 얻은 사람들이 열정만으로 풍성한 사역의 열매를 맺는 경우를 종종 보았다. 초기 그리스도인들도 인종, 지리, 종교의 경계를 넘는 데 망설임이 없었다.

바나바와 바울

무명의 제자들을 통해 안디옥에 성령의 역사가 일어난다는 소식이 들리자 사도들은 바나바라 불리는 구브로 사람 요셉을 보내서 점검하게 한다. 사람들을 믿음 안에서 격려하고 위로하며 세우는 능력으로 정평이 난 바나바는 사도들과 사람들이 신뢰하는 인물이었다. 그는 성실하고 민감했다. 그는 자신의 은사를 사용하여 위험천만한 회심자 다소의 사울을 예루살렘에 데려와서 사도들에게 소개하고 사울의 회심이 진짜임을 증명했다. 교회를 핍박하고 스데반의 죽음에 일조했던 사울의 행동을 기억하고 그에게 분노와 두려움을 느낀 사람들이 사울과 좋은 관계를 맺는 데는 바나바의 역할이 컸다. 핍박에 앞장서던 자가 회심하여 그가 흩어지게 만든 무리의 제자가 되는 역설적인 사건이 벌어졌다.

바나바를 안디옥에 보낸 일에서 3가지 제자도 원칙을 얻을 수 있다.

1. 배가로 인해 누군가가 안디옥에 가야 했다

구브로와 구레네에서 온 사람들이 전한 설교로 안디옥 교회가 탄생했다. 모교회인 예루살렘은 이 회중을 돌볼 책임이 있었다.

2. 배가에는 잘하고 있는지 관리할 책임이 있다

사도들은 바나바를 보냈다. 우선 궁금하기도 하고 어떤 메시지를 전하는지, 전하는 사람들이 어떤지를 확인하고 싶어서였다. 어디서 왔는지도 모르는 이 설교자들은 누구인가? 무엇을 가르치고 있는가? 초대교회의 우선순위와 방식을 준수하는가? 사도들에게는 매우 중요한 문제였다. 새로운 교회에 권위와 책임 구조를 마련하는 것도 향후 교회의 방향성을 위해 필요했다.

3. 바나바가 선택된 일은 상황에 맞는 적절한 은사를 사용한 모범 사례다

그들에게는 격려와 세움과 가르침이 필요했다. 본부에서 파견된 사람이 새 신자들과 좋은 관계를 맺는 일에 바나바가 탁월한 적임자였다.

바나바는 안디옥을 지나 바울을 데리러 다소로 갔다. 바울은 거의 14년 동안 조용히 지냈다. 요즘 같은 시대에 바울처럼 능력 있는 사람이 그렇게 오랫동안 드러나지 않고 지내기란 거의 불가능하다. 그렇다고 해서 바울이 설교도 안 하고 가르치지도 않으며 사역도 전혀 하지 않았을 거라는 생각은 금물이다. 바울의 성격상 전도하지 않고는 견디지 못했을 것이다.

아무리 능력 있고 활기 넘치는 바울이지만 바나바가 없었다면 실패했을지도 모른다. 바나바는 여러 번 바울을 곤경에서 구했다. 바나바는 바울을 예루살렘보다 교회에 두는 것이 낫다는 판단에서 그를 안디옥으로 데려갔다. 바울은 중요한 인물이 너무 많은 초대교회에는 맞지 않았다. 그는 특별한 부류이기 때문에 '사역 공간'이 필요했다.

안디옥에서의 선교는 성공적이었다. "둘이 교회에 일 년간 모여 있어 큰 무리를 가르쳤고 제자들이 안디옥에서 비로소 그리스도인이라 일컬음을 받게 되었더라"(행 11:26).

전환 완료

하나님은 성장을 위협하던 장벽을 허물고 초대교회를 제도주의에서 구하셨다. 안디옥 교회의 성숙에서 그 결과를 확인할 수 있다. 안디옥의 신출내기 회중은 초대교회를 도울 수 있는 중요한 위치에 있었다. 아이가 자라서 부모를 돕는 순간이 오듯이 안디옥 교회가 초대교회를 돕는 일은 기독교의 확장에서 기념비적인 성과였다.

예루살렘의 선지자들이 기근을 예언하자 안디옥에서 재빨리 대응했다. "제자들이 각각 그 힘대로 유대에 사는 형제들에게 부조를 보내기로 작정하고 이를 실행하여 바나바와 사울의 손으로 장로들에게 보내니라"(행 11:29-30). 그때까지는 예루살렘이 베풀고 안디옥이 받는 입장이었다. 하나님은 자신의 계획에 따라 위기를 이용하여 예루살렘이 받고 안디옥이 주게 하셨다. 이로써 안디옥은 교회의 성장을 체감했다. 교회가 하나님의 말씀을 듣고 행동하도록 새로운 역할과 지위를 부여하는 것은 중요하다.

몇 년 뒤 안디옥 교회에 장로들이 세워졌다. 그들은 잘 훈련받아서 선교에 나섰다. 바울은 안디옥에서 보고 들은 것을 모두 소화했다. 바나바를 통해 안디옥에 전해진 초대교회의 영향력과 바나바가 바울에게 끼친 영향력은 향후 바울의 교회개척에서 우선순위와 행동의 토대가 되었다.

권위의 중심은 예루살렘이었으나 선교의 중심은 이제 안디옥으로 옮겨졌다. 사도들에게는 위원회와 권위가 있었으나 안디옥에는 하나님이 세우신 이방인을 위한 전도자가 있었다. 안디옥은 선교의 전초기지가 되었다.

바나바와 바울은 안디옥의 장로들에게 순종적이었던 것 같다. 사도행전 12장 마지막 부분에서 그 사실을 확인할 수 있다. "바나바와 사울이 부조하는 일을 마치고 마가라 하는 요한을 데리고 예루살렘에서 돌아오니라"(25절). 그들은 권위와 관리의 중심지인 초대교회에 머무르지 않았다. 예루살렘은 유지 관리에 많은 노력이 필요한 성숙한 기관, 하나의 교단선교부(modality)가 되었다. 여전히 살아 있지만 성숙한 조직이 그러하듯이 막중한 행정 부담에 시달렸다. 교단 선교부는 계속 선교단체(sodality)를 분리시켜야 한다. 막중한 유지 관리의 부담에서 자유로운, 비전을 따라서 빠르게 움직이는 선교단체가 필요하다.

안디옥은 과거 초대교회의 모습을 갖추게 되었다. 새로운 생명으로 활기가 넘치는 안디옥 교회는 새로운 규칙을 세워 나갔다. 초대교회에는 여전히 생명과 활기가 넘쳤지만 리더십과 업무의 상당 부분이 유지 관리에 맞춰져 있었다. 안디옥은 선교의 책임에 충실했다. 미전도 지역과 맞닿은 곳에 위치해 있고 사도 바울의 섬김까지 있는 안디옥에는 하나님의 명령과 그 외 필요한 모든 것이 있었다. "안디옥 교회에 선지자들과 교사들이 있으니"(행 13:1). 안디옥 교회의 교인 수와 사역 역량은 계속 늘었다. 안디옥 교인들은 영적 은사를 발견하고 개발했다.

사람들이 주님을 경배하며 금식하자 주님이 말씀하셨다. "내가 불러 시키는 일을 위하여 바나바와 사울을 따로 세우라"(2절). 하나님은 리더들을 불러서 바나바와 바울이 선교로 부름 받았음을 전 교회에 알리게 하셨다. 특정한 임무를 위해 장로에서 전도자에게 권위를 위임한다는 의미로 안수를 했다. 하나님은 그들에게 맡겨진 임무의 중요성을 온 교회가 알기를 원하셨다. 두 사람은 교회의 축복과 권위 속에 파송받았다. 초대교회가 처음으로 세운 최초의 전초기지에서 훈련된 리더 두 명이 또 다른 재생산과 배가를 위해 파송되는 흥분되는 순간이었다.

2010년에
다시 제자 삼기를 생각하다

초대교회는 우선원칙에 대해 진지하게 고민하는 사람들에게 훌륭한 모델을 제시한다. 우선원칙이란 사도들의 가르침, 기도, 공동체, 예배, 전도에 대한 철저한 헌신이다. 오늘날 교회에서 수고하는 사람들은 예루살렘 교회에서 보여 준 이상적인 신앙생활을 방해하는 이 시대의 모든 군더더기를 떨쳐 내고 싶은 열망으로 가득하다. 우리가 그토록 원하던 '그것'을 얻은 때부터 처음 몇 달간은 매우 소중하다. 결혼이나 TV, 핸드폰, 심지어 교회에서 처음 맛본 그 기쁨이 처음에는 그렇게 달콤할 수가 없다. 누군가는 불필요한 회의나 위원회도 없고 과거에 얽매인 고리타분한 사람도 없는 교회를 꿈꾼다. 케케묵은 관습이나 먼지 날리는 교회 의자, 지하 예배당에서 벗어나 신선한 자유의 공기를 만끽하기를 소망한다.

새로운 교회를 경험해 본 사람들은 조너선 리빙스턴의 갈매기라도 된 듯 단조로운 일상을 벗어나 하늘 높이 날아오르며 자유를 누린다. 새로운 교회의 목회자들은 자유를 이야기한다. 골치 아픈 갈등의 부재, 가족과의 여유로운 저녁 시간, 새로운 교인들과의 친교, 교회 때문에 지치고 힘들 일이 없다는 것을 강조한다. 나도 그런 시기를 즐겨 보았으나 한편으로는 모두 한철이라는 생각이 들었다. 머지않아 사방에서 총탄이 날아들고 사람들 사이에 틈이 벌어진다.

예루살렘의 초대교회도 시작은 좋았다. 교회가 순식간에 커지고 능력과 사랑이 넘쳤다. 공동체였기 때문이다. 초대교회의 우선 원칙은 알려진 대로다. 그들은 사도의 가르침, 성도의 교제, 기도, 찬미와 예배, 전도에 전념했다(행 2:42-47). 초대교회는 변화의 원동력인 이 5가지에 헌신했다. 그러나 오늘의 미국 교회는 이 원칙에 서명만 했다. 새로 시작하는 교회는 대부분 자기들이 집중하는 가치, 원칙, 신앙관을 명문화한다. 내용을 정리하여 브로슈어를 만들고 교회 웹사이트에 게재한다.

초대교회에는 명목상 교인이라는 개념이 존재하기 어려웠다. 확실히 들어오든지 밖에 있든지 둘 중 하나였다. 그런데 두 교인이 헌금하면서 거짓말하는 첫 번째 위기가 벌어진다. 아나니아와 삽비라의 죽음은 신앙생활의 본질에 대해 다시 한 번 관심을 집중시켰다. 멀리 떨어져서 구경하는 자세로는 신앙생활을 할 수 없다. 신앙생활은 취미가 아니다. 음식을 얻어먹고 머물 곳을 구하며 떠돌아다니는 순례자와도 거리가 멀다.

외부의 압박은 훨씬 받아들이기가 쉬웠다. 초대교회의 임무를 다시금 일깨워 주었기 때문이다. 예수님이 하신 말씀과도 일치하는 상황이었다. 교회의 생명력을 갉아먹고 힘을 빼며 사기를 떨어뜨린 것은 내부의 문제였다. 내부 문제는 정신을 산만하게 했다. 사도들은 처음으로 집사들을 세워서 세부 행정을 맡기고 내부 갈등을 해결하고자 했다.

20년 전에 나는 교회가 형성, 발달, 조정, 재생산의 네 단계를 거친다고 설명했다. 이 과정은 시대나 상황과 상관없이 모든 교회에 적용된다. 초대교회가 그랬고 앞으로 세워질 좋은 교회들이 그러할 것이다. 안타깝게도 대부분의 교회가 재생산 단계에 도달하지 못한다. 그들은 교회를 구성하고 몇몇 프로그램을 진행하지만 조정 단계에서 기본 철학보다 갈등에 집중한다. 내부의 병 때문에 재생산이 일어나지 않는다.

예루살렘 교회에서 배울 수 있는 사실은 교회를 바르게 형성하려면 처음부터 바른 원칙을 세워야 한다는 것이다. 교회는 쟁기와 같아서 쟁기가 가는 방향대로 모든 것이 끌려온다. 예루살렘 교회는 여러 번 조정되었다. 헌신된 제자들이 있고 제자들을 세우는 일이 계속되었기 때문에 문제를 헤쳐 나갈 수 있었다. 핍박 때문에 사람들이 흩어졌을 때도 흩어진 사람들이 복음을 전하고 새로운 교회를 세웠다. 선교의 전초기지가 된 안디옥 교회가 그렇게 세워졌다.

우리가 잊지 말아야 할 교훈이 있다. 초대교회가 흩어진 것은 사람들의 영성이 너무 뛰어나서가 아니다. 그들은 예루살렘에 머무른 채 공식적으로 선교를 확장하지 않았다. 교회가 예루살렘에서 강제로 쫓겨나기까지 여러 해가 지났다. 왜 세상에 나가서 선교하지 않았을까? 마침내 선교를 나가게 되었을 때도 공식 활동이어서거나 자발적인 계획을 세워서 그런게 아니라 압력에 떠밀려서 내린 결정이었다. 사실 초대교회도 우리와 비슷하다. 자신에게 집중하고 편안하며 안전한 교회의 울타리와 보살핌에만 관심이 있었다. 사도들은 머무르고 성도들은 떠났다. 그들은 이미 준비가 되었기 때문에 복음전파를 이끌었다. 스데반과 빌립, 바울과 베드로가 주요 인물이다. 사도행전에는 "그 흩어진 사람들이 두루 다니며 복음의 말씀을 전할새"(행 8:4)라고 기록되었다. 그들은 예상하지 못한 상황에 던져진 뒤에야 자신이 복음을 전할 수 있다는 걸 깨달았다. 성령님은 신앙의 다음 단계로 성장할 수 있는 상황으로 사람들을 몰아넣으셨다.

다시 한 번 중요한 사실을 기억하자. 잘 세워진 교회는 문제를 제때 수정하고 때가 되었을 때 확장할 가능성이 크다. 가장 효과적인 재생산 전략은 사람이다. 신앙 형성은 조직이 아니라 사람으로 시작된다.

윈스턴 처칠(Winston Churchill)은 "우리가 건물을 만들었지만 그 후엔 건물이 우리를 만들었습니다"라고 했다.[2] 조직도 마찬가지다. 우리가 조직을 만들지만 이후에는 조직이 우리를 만든다. 20년 동안 교회에 얼마나 많은 사람이 거쳐 갔는가? 평균 200명이 출석하는 교회라면 10년 동안 인원의 70퍼센트가 달라진다. 하물며 20년이라면 더 많은 변화가 있을 것이다. 그렇게 생각하면 교회의 갈등이 무의미해 보인다. 10년 후면 지금 있는 사람들의 70퍼센트가 바뀌며 지금의 갈등을 전혀 기억하지 못할 것이 분명하다.

처음에 세운 원칙이 확고하면 많은 사람이 그리스도를 닮은 모습으로 변화된다. 사람들의 달라진 삶은 세상 구석구석으로 스며들어 사회에 유기적으로 퍼진다. 우리가 사람들을 어떤 모습으로 만드느냐가 그들이 세상에 미칠 결과를 결정한다.

달라스 윌라드는 신앙생활의 수준과 그것이 전도에 미치는 영향을 이렇게 설명한다.

> 교회에 속한 사람들이 진심으로 생명의 풍성함을 누린다면 전도가 자동으로 일어나서 멈출 수 없으며, 교회는 사람들이 삶의 방식을 배우기 위해 모이는 교육기관이 된다. 이미 직접 실천하고 터득한 사람들 아래에서 신약성경에 기록된 삶의 모든 측면을 몸소 실천하고 터득하는 인생의 학교인 것이다(제자는 문하생이자 학생이다). 이것을 시급한 목표로 삼을 때만 지상명령을 제대로 실천할 수 있다.[3]

3부

선교교회:
안디옥 교회

바나바는 안디옥에서 바울에게 초대교회의 방식과 원리를 가르친 뒤 복음을 전하기 위해 갈라디아로 선교여행을 함께 떠났다. 바울과 바나바는 유대인과 이방인에게 복음을 전하면서 교회를 세우고 회중을 양육하는 기술을 터득했다. 선교여행을 하면서 이방인에 대한 바울의 사역은 더욱 명확해졌다.

두 번째 선교여행에서 바울은 더는 훈련생이 아니라 자신이 배운 것을 재생산한다. 두 번째와 세 번째 선교여행을 통해 복음이 마게도냐와 고린도에 퍼지고 교회가 계속 성장한다. 사도행전의 기록과 선교여행 때 세워진 교회에 보낸 편지들은 제자 삼는 교회에 무엇이 필요한지를 보여 준다. 교회는 이방인의 땅에서 억압과 갈등 때문에 불가능해 보이는 상황에도 효과적으로 성장해 나갔다.

선교교회와

예수님

처음 떠난 두 번의 선교여행에서 바울은 15개 이상의 교회를 개척한다. 비히브리 문화권에 처음 세워진 제자교회이므로 이 교회들을 선교교회라고 부르겠다. 선교교회는 다양한 언어, 문화, 종교적 배경을 연결하는 최고의 교회개척 커리큘럼을 제시한다.

바울은 2년에 걸친 첫 번째 여행에서 8개 도시를 방문했다. 누가는 80절에 걸쳐 바울의 선교여정을 기록한다(행 13:1-14:28). 초대교회에서 배가가 일어났고 안디옥 교회에서 재생산이 일어났다. 바울과 바나바는 토대를 닦는 일을 맡았다. 그들은 한 걸음씩 이동하며 창의적으로 상황에 맞게 원칙을 적용했다.

다른 교회와 마찬가지로 선교교회는 '와서 보라', '와서 나를 따르라', '와서 나와 함께 있으라', '내 안에 거하라'의 네 단계를 거쳤다(표5 참고). 첫 번째 여행은 형성 단계인 '와서 보라'였고 두 번째 여행은 발전 단계인 '와서 나를 따르라'와 일부 조정 조치가 이루어졌다.

세 번째 여행은 재생산과 리더십 개발이 주인 '와서 나와 함께 있으라'의 단계였다. '내 안에 거하라' 단계는 바울이 4년 동안 감옥에 갇히고 동역자들이 감독의 책무를 맡을 때 일어났다.

모든 교회는 각 단계를 목표로 지속적인 발전을 꾀해야 한다. 그러나 바울이 겪은 교회의 발전 단계를 따르지 못하고 대부분 교회가 처음 두 단계에서 멈춰 버린다.

표5

선교교회

초대교회		선교교회		제자교회
확장 장애물 제거		와서 보라	와서 나를 따르라	와서 나와 함께 있으라

초대교회 / 확장 장애물 제거

행 2-7장
5-7년
행 2:42-47

형성:
와서 보라
발달/조정:
와서 나를 따르라
재생산:
와서 나와 함께 있으라

최초의 교회 ▶ 내 안에 거하라

빌립

베드로

바울

안디옥:
새로운 파송의 중심지

선교교회 / 와서 보라

형성

2년

8개 도시

많은 교회

장로 임명

공의회

행 15장

선교교회 / 와서 나를 따르라

발달
조정 추가

서신

데살로니가 교회
4년

15개 도시

9개 이상의 교회

제자교회 / 와서 나와 함께 있으라

재생산 추가

에베소
바울

사람들의 우선순위 ── 목회적 우선순위

리더십 우선순위

1차 전도여행 전략

사도들은 예수님께 사람들이 있는 곳으로 가야 한다는 것을 배웠다. 초대교회는 날마다 성전에서 기도하고 설교했다. 성전은 사람들이 모이는 종교 토론의 중심지였다. 바나바는 바울과 함께 안디옥으로 가면서 이 방법을 사용했다. 이 전략은 선교교회에 전해졌다.

첫 선교여행에서 바울은 전혀 다른 두 집단을 상대하면서 각자에게 다른 방식으로 복음을 전한다. 유대인에게는 그들의 필요와 배경을 공략하는 전략을 사용했다.

회당 전략

믿는 유대인 가정이 열 가정이 되면 어디에서든 회당을 형성할 수 있다. 바울은 살라미, 비시디아 안디옥, 이고니온 등지에서 이미 준비된 땅으로 진출했다.

> 회당은 유대인들에게 가기 위한 복음전도의 모판이었다. 유대인이 있는 곳에는 회당이 있었다. 충성된 이스라엘 백성은 매주 회당에 모였다. 생각이 깊은 이방인 중에 신을 두려워하는 자들도 회당에 갔다. 기독교 선교사들을 위한 회중이 이미 준비되어 있었다.[1]

관습상 회당은 그곳을 방문한 교사들에게 설교할 기회를 주었다.[2] 비시디아 안디옥에서 회당장들은 바울에게 격려의 메시지가 있으면 하라고 했다(행 13:15). 바울은 메시지를 듣는 청중의 상황에 맞는 메시지를 전한다(행 13:16-41). 바울은 청중의 믿음 체계를 감안하여 유대의 역사를 짚어 가며 자신을 그들과 동일시하여 이야기를 자신이 원하는 방향으로 이끌었다. 사람들 반응이 좋아서 바울과 바나바는 다음 주에도 설교를 요청받았다. "그다음 안식일에는 온 시민이 거의 다 하나님의 말씀을 듣고자 하여 모이니 유대인들이 그 무리를 보고 시기가 가득하여 바울이 말한 것을 반박하고 비방하거늘"(행 13:44-45).

유대인들은 바울이 전하는 메시지에 관심을 갖고 그를 다시 초대했다. 호기심은 인간의 욕구를 무너뜨렸다. 그 어떤 고고한 신학적 논리로도 바울의 설교를 거부할 수 없었다. 많은 사람이 관심을 갖고 메시지를 전하는 자리에 참석했고, 권위자들의 자존심은 산산이 무너졌다.

바울은 단지 실용주의적인 선택으로 회당 전략을 사용한 것이 아니다. 그에게는 "먼저는 유대인에게요"(롬 1:16)라는 전도 순서가 있었다. "하나님의 말씀을 마땅히 먼저 너희에게 전할 것이로되 너희가 그것을 버리고 영생을 얻기에 합당하지 않은 자로 자처하기로 우리가 이방인에게로 향하노라"(행 13:46). 하나님이 다르게 인도하시지 않는 한 바울은 먼저 회당에서 설교했다. 예수님도 열두 제자를 처음 이스라엘로 보내실 때 그렇게 하셨다(마 10:1-42). 초대교회는 성전으로 향했다. 바울도 그대로 따랐다. 유대인들이 자신을 거부하자 바울은 훨씬 편한 마음으로 비옥한 토지를 향해 떠났다.

회당 전략에서 오늘의 교회에 유익한 원리를 얻을 수 있다.

1. 핵심 후보를 정하여 그들이 있는 곳으로 간다.
2. 도착한 지역에서 확실히 메시지를 전한다.
3. 사람들이 잘 받아들이면 그들과 머물며 사역한다. 메시지를 거부하면 다른 비옥한 땅으로 떠난다.

이방인 전략

바울은 유대인을 떠나 이방인에게 가면서 원수의 땅으로 침투하는데 필요한 교두보를 세웠다. 아덴에서는 시장으로 갔으나 다른 지역에서는 동정심 많은 가정에서 사역했다. 바울과 바나바는 대중 설교, 강의, 전도, 간증, 가정 방문 등 다양한 방법을 사용하여 복음을 전했다.

첫 선교지인 구브로 섬에서 두 사람은 바예수라는 유대인 거짓 선지자를 만났다. 바예수가 두 사람의 설교에 대적하자 바울은 그의 눈을 멀게 했다. 그 광경을 본 총독은 결국 주의 말씀을 믿게 되었다(행 13:6-12). 대부분 지역에서 그리스도에 대한 설교를 입증하는 기적이 일어났다. 그리스도의 신성을 뒷받침하는 증거였다. 오늘날에도 그리스도의 신성이 완전히 증명되지 않은 선교지에서는 이처럼 의도한 결과는 아니더라도 기적이 일어난다.

이고니온에서 설교했지만 믿기를 거부한 유대인들이 "이방인들의 마음을 선동하여"(행 14:2) 두 사도는 루스드라와 더베로 가서 다양한 방법으로 복음을 전했다.

루스드라

루스드라에서 교두보가 된 사건은 바울이 절름발이를 고쳐 준 일이었다. 사람들은 바울과 바나바를 신이라 외치며 광적인 흥분과 소란으로 반응했다. 사람들이 제사에 바칠 소와 화환을 들고 오자 바울과 바나바는 단호히 거절했다. 그들은 옷을 찢으며 환호하는 수천 명의 군중에게 불쾌감을 표현했다.

바울은 기회를 놓치지 않고 설교를 시작했다. 유대인들에게 했던 설교와는 매우 다른 내용이었다. 이방인에게는 토라의 전통이나 유대인들의 구전 역사가 없는 대신에 나름의 신과 행위와 문화가 있었다. 바울은 그들이 이해할 수 있는 말로 명확한 신학적 근거를 제시했다. 비가 추수를 도와서 사람들에게 양식을 제공하고 모두를 행복하게 한다면서 그 선한 일은 인생을 보살피시는 하나님께 온다고 했다. 그런데도 사람들이 자신들에게 제사하는 일을 말리기가 쉽지 않았다.

이어서 핍박이 따랐다. 안디옥과 이고니온에서 온 유대인들이 군중을 선동하여 바울에게 돌을 던지고 거의 죽은 상태로 고을 밖으로 쫓아냈다.

더베

루스드라에서 겪은 사건들에 비하면 더베에서의 선교는 순조로웠다. "복음을 그 성에서 전하여 많은 사람을 제자로 삼고"(행 14:21). 그동안 두 사도는 한 고을에 들어가서 여러 사건을 겪었다. 구브로에서는 병 고침과 마술사가 눈이 머는 사건이 큰 반향을 일으켰다. 더베에서는 그리 위험한 사건은 없었다.

1차 선교여행의 결과

사람들의 회심

선교하는 지역마다 사람들이 그리스도께 돌아오는 회심이 일어났다. 구브로에서는 총독이 복음을 듣고 보며 그리스도를 영접했다. 비시디아 안디옥에서는 전도자들에게 설교를 거듭 요청했다. 첫 번째 설교 때는 많은 사람이 바울과 바나바와 대화하고 싶어 했다. 그다음 안식일에는 이방인들의 회심이 시작되었다. "이방인들이 듣고 기뻐하여 하나님의 말씀을 찬송하며 영생을 주시기로 작정된 자는 다 믿더라"(행 13:48). 이 일을 바탕으로 복음이 온 지역에 퍼지고 그 결과 "제자들은 기쁨과 성령이 충만했다"(52절).

이고니온에서는 이례적으로 많은 규모의 유대인과 이방인이 그리스도를 믿었다. 바울과 바나바는 담대하게 주님을 전하며 상당 시간을 머물렀다. 주님은 사도들을 통해 표적과 기사를 보이심으로 은혜의 복음을 확증하셨다.

루스드라와 더베의 이방인 선교에서도 많은 열매를 거두었다.

반대 세력의 등장

설교를 듣고 회심하는 사람도 있었지만 반대 세력도 많았다. 구브로의 바예수, 비시디아 안디옥의 회당장들, 이고니온의 유대인들은 두 사도가 전한 복음을 거부했다. 일부 유대인들은 루스드라까지 따라

와서 소동을 일으켰다. 유대인과 이방인 모두 그리스도를 믿은 이고 니온에서는 회당과 시장에서 두 사도에 대해 엇갈린 반응이 나왔다. "그 시내의 무리가 나뉘어 유대인을 따르는 자도 있고 두 사도를 따르는 자도 있는지라"(행 14:4).

반대는 정상적인 일이다. 부당한 대우에 대해 불평한다면 순진한 사람이다. 많은 선량한 사람이 좋은 교회에는 아무 문제도 없고 목사의 생각을 그대로 따르며 절대 싸우지 않는다는 근거 없는 신화에 빠진다. 문제가 발생하면 이 순진한 그리스도인들은 누군가가 하나님의 뜻을 거역했다고 믿는다. 그들이 보기에 그 원인 제공자는 사탄이다. 문제가 곧 하나님의 뜻에서 벗어난 것이라면 바울과 바나바는 물론이고 사도들이나 선지자 대부분, 심지어 예수님도 하나님의 뜻에서 벗어났다는 말인가? 오늘날 많은 기독교 리더는 문제가 없으면 잘하고 있다는 표시라고 가르친다. 그러나 문제와 갈등은 효과적인 사역에 정상적으로 일어나는 일이다. 물론 나도 갈등을 싫어하지만 하나님께 순종하려는 사람이라면 갈등에 적응하는 방법을 배워야 한다.

1세기에 선포된 복음은 명확하고 분명했다. 사탄은 교회를 향해 폭동, 돌팔매질, 대립으로 대항했다. 초대교회는 기존 종교집단을 위협하는 갑자기 등장한 아웃사이더로 간주되어 외부의 반대에 직면했다. 오늘의 종교집단인 교회는 외부가 아니라 내부에서 저항에 직면한다. 사탄은 내부를 교란하는 일을 능숙하게 하고 있다.

교인들이 당신의 성품에 대해 거짓말을 퍼뜨리고 임원회가 당신이 제시한 변화의 계획을 거듭 반대하더라도 부당하다고 항변하지 말라. 사탄은 은밀한 파괴 활동으로 교회를 서서히 분열시킨다. 예산 문제로 다투는 장로들의 갈등, 아이들이 교회 식당에서 봉사하는 일로 다투는 주일학교 리더들과 여전도회의 갈등처럼 방법도 다양하다. 원수의 선동으로 교인들끼리 싸움이 벌어지면 교인들은 세상을 사랑할 시간이나 에너지, 여력을 빼앗긴다. 이 싸움에서 이기려면 자신의 목적과 강점에만 집중해야지 다른 곳에 한눈팔 시간이 없다. 그러나 갈등을 자연스러운 일이라 생각하면 심리적으로 적응하여 선교와 임무에 집중할 수 있다.

바울과 바나바는 반대를 정상적인 일로 여기고 성공의 확실한 증거라고 생각했다. 예수님의 가르침에서 시작된 이 믿음은 초대교회에 적용되고 이후 교회의 기본 진리로 자리 잡았다(마 5:11-12; 행 4:25-32; 13:26-28). 새로 세워진 교회에서도 명확히 가르쳤다. "우리가 하나님의 나라에 들어가려면 많은 환난을 겪어야 할 것이라"(행 14:22).

리더들이 반발을 불러일으키는 방법은 두 가지다. 첫째는 하나님께 순종하고 하나님의 계획대로 교회를 인도하는 것이다. 이는 상당한 마찰을 일으킨다. 두 번째는 소극적으로 교회를 정체시키는 것이다. 이 경우 회중은 목사의 리더십 부재를 비판한다. 어느 쪽이든 리더십은 반대에 부딪힌다. 반발은 당연히 일어난다고 봐야 한다.

바울과 바나바는 옳은 방법을 택했다. 복음을 반대하는 세력은 우리의 적이다. 계속 전진하고 어디서든 설교하며 결코 물러서지 말라.

교회가 세워짐

첫 번째 선교여행에서 바울과 바나바는 2년 동안 이동했다. 첫해에는 외부로 향했고 다음해에는 집으로 향했다. 외지로 나가면서는 주로 전도했고 돌아오는 길에는 그들이 세운 교회들을 잘 세우고 리더들을 계발하는 일에 집중했다. 더베에서는 "복음을 그 성에서 전하여 많은 사람을 제자로 삼고 루스드라와 이고니온과 안디옥으로 돌아가서 제자들의 마음을 굳게 하여 이 믿음에 머물러 있으라 권했다"(행 14:21-22). 갈라디아서 같은 이후의 글에 언급되는 비시디아 안디옥, 이고니온, 루스드라, 더베의 교회들은 모두 이 시기에 뿌리를 내렸다.

집으로 돌아오는 여행에서 사도들은 초대교회의 방식을 실천하고 사역의 기술과 가치관을 새로운 회중에게 심어 주었다. 예루살렘에서 있었던 사도행전 2장 42-47절의 행동이 안디옥에 전수되고 갈라디아까지 퍼졌다. 최고의 신앙과 방식을 재생산시키는 멘토링 시스템을 시작하신 분은 예수님이다. 사도들은 그대로 초대교회에 전했고 바나바가 바울에게 전수했다. 그들이 전한 복음은 언제나 확증되었고 계속 재생산이 이어졌다.

리더의 임명

그리스도에서 사도로 이어진 권위 체계에 따라 바울과 바나바는 새로운 교회에서 리더들을 세웠다. "각 교회에서 장로들을 택하여 금식 기도하며 그들이 믿는 주께 그들을 위탁하고"(행 14:23). 이고니온의 장로들은 그리스도의 권위와 사도들의 축복으로 섬겼다. 그들은 바울과 안디옥과 예루살렘이 위임한 책임을 다했다.

사도들의 기도와 금식은 영적인 변화를 일으켰으며 그들의 행동은 교회 회중에게 상징적인 의미를 남겼다. 장로들에게 안수하고 그들을 구별하여 세움으로써 회중을 이끄는 리더들에게 하나님의 축복이 전달되었다. 그들은 하나님께 권위를 부여받았다. 교회가 생존하기 위해 리더십이 절대적으로 필요했다.

두 사도가 그렇게 짧은 시간에 어떻게 리더들을 선발했는지는 불분명하다. 여행 기간 1년 동안 그들은 다섯 도시를 지나왔다(구브로는 가지 않았다). 각 지역에서 같은 시간을 머물렀다는 증거는 없지만 최소 6주는 머물렀다고 가정해 보자. 그 시간 동안 바울과 바나바는 회중이 누구를 존경하고 자연스럽게 따르는지를 주시하면서 리더십 능력을 관찰했을 것이다. 이후 최종 결정을 내리기 전에 일정 기간 금식하며 기도했다. 하나님은 사도들에게 상당한 분별력을 주셨을 것이다. 디모데전서 3장과 디도서 1장에 리더십의 자질에 대한 세부 내용이 명시되어 있다. 목회 서신을 쓰기 전이었지만 두 사도는 경험을 바탕으로 결정했을 것이다.

현대의 일부 복음주의 교회에서는 성경의 모범에 따라 자격을 갖춘 리더들이 새로운 리더들을 선택하지 않고 그 반대로 한다. 임명위원회를 구성하여 후보 리더들의 이름이 적힌 투표용지를 돌려서 투표한다. 회중주의를 반대할 생각은 없지만 리더를 선택하는 그룹이 적절한 자격을 갖추지 않았다면 문제가 발생할 소지가 크다. 교회는 연례 총회에서 이름을 선정한다. 개인의 의견이 자격 조건이 되는 것이다. 토론 없이 투표로 결정된다.

이런 방식은 객관적인 기준에 따라 리더들이 다른 리더를 선정하는 성경의 사례와 무관하다. 성경의 방식은 잘못된 선택을 야기하는 편파주의나 주관성, 정치적 내분이 일어날 가능성이 매우 적다.

회중에게 투표의 기회를 주어 추천된 인물을 확인시키고 최종 결정의 기회를 줄 수도 있다. 그러나 리더를 선발할 자격을 갖춘 사람들이 리더가 될 자격을 갖춘 사람들이라는 점을 기억하자.

새로운 교회가 받은 위협

이방인 지역에서 이루어진 첫 번째 전도는 큰 성공을 거두었다. 여러 지역에서 복음을 전한 바울과 바나바는 다섯에서 열 군데에 교회를 세웠다. 안디옥 교회는 그들의 성과에 찬사를 보내며 집으로 돌아와도 좋다고 했다. 그러나 선교는 언제나 변화를 야기한다. 모든 문제의 원인은 변화다.

바울과 바나바는 선교여행 기간에 괴롭힘과 구타와 음모에 시달렸다. 복음을 신성모독이자 자신들의 신념에 대한 중대한 위협으로 여긴 유대 지도자들이 주도한 일이었다. 선교여행이 끝났다고 해서 모든 갈등이 끝난 것은 아니었다. 결단과 전략과 기지를 발휘한 공격이 찾아왔다. "어떤 사람들이 유대로부터 내려와서 형제들을 가르치되 너희가 모세의 법대로 할례를 받지 아니하면 능히 구원을 받지 못하리라 하니"(행 15:1).

바울은 노발대발했다. 열띤 토론이 이어졌다. 갈라디아서 2장 1-21절에서 바울이 베드로를 책망했듯이 가끔은 논쟁할 가치가 있는 일도 있다. 싸우는 영은 하나님을 기쁘시게 하지 못하며 사람이 성내는 것은 하나님의 의를 이루지 못하지만(약 1:19-20), 죄가 아닌 분노도 있다(엡 4:26). 바울은 문제 해결에 자신의 분노를 사용했다.

상황이 벌어지자 안디옥의 장로들은 바울과 바나바를 예루살렘으로 보내기로 결정했다. 교회에 대한 심각한 위협은 연합을 깨고 교회의 힘을 약화시킬 수 있었다. 안디옥의 리더들은 초대교회에서 평화롭게 지내던 사도들과 장로들에게 이 문제를 가져가기로 한다.

회심한 바리새인들은 기존의 생활 방식과 관습을 떨쳐 버리기가 어려웠다. 바리새인들의 원래 목적은 율법을 지키는 것이었다. 사실 그들이 잘한 점도 많다. 그들은 헌신된 국가의 영웅이고 성경을 하나님의 말씀으로 인정했으며 학생의 역할에 충실했다. 또 절기법을 지켰으며 열심히 전도했고 십일조를 했으며 메시아를 고대했다.[3] 예루살렘에 사는 바리새인 6천 명 가운데 상당수가 그리스도를 메시아로 받아들였다. 교외에 있는 회당 480곳 가운데 여러 곳에서 그리스도가 선포되었다.[4]

오늘의 기독교 율법주의자들처럼 회심한 바리새인들은 양다리를 걸치고 있었다. 그들은 전략적인 계획을 세워 자신들의 주장을 이성적인 논쟁으로 이끌었다. 그들은 탁월한 토론가였다. 25년 뒤에 히브리서 저자가 같은 문제로 예루살렘 교회를 책망하고 권고하는 것을 보면 그들이 토론에 얼마나 능했는지를 알 수 있다(히 5:11-6:4).

예루살렘에서 바리새인들이 주장을 마치자 베드로와 바울과 바나바가 말을 이었다. 베드로가 질문했다. "그런데 지금 너희가 어찌하여 하나님을 시험하여 우리 조상과 우리도 능히 메지 못하던 멍에를 제자들의 목에 두려느냐 그러나 우리는 그들이 우리와 동일하게 주 예수의 은혜로 구원 받는 줄을 믿노라 하니라"(행 15:10-11).

야고보는 성경을 사용하여 사도들의 결정을 말하면서 타협점을 제시한다. 사도들은 이방인들에게 불필요한 부담을 주고 싶지 않아서 이렇게 제시했다. "다만 우상의 더러운 것과 음행과 목매어 죽인 것과 피를 멀리하라"(행 15:20). 사도들은 이방인들에게 혐오스러운 행위를 중단하라고 했다. 이로써 두 집단 사이에 타협점이 마련되었다.

예루살렘에서는 사도들의 편지를 안디옥에 보낼 사람들을 선택했다. 바울과 바나바를 믿지 못해서였을까? 아니다. 그들을 신뢰했다. 그러나 새로운 인물을 보내서 주의를 환기하고자 했다. 바울과 바나바의 말을 확증하기 위해 새로운 사람들에게 큰 권위가 주어졌다. "우리 가운데서 어떤 사람들이 우리의 지시도 없이 나가서 말로 너희를 괴롭게 하고 마음을 혼란하게 한다 하기로…그리하여 유다와 실라를 보내니 그들도 이 일을 말로 전하리라"(행 15:24, 27).

편지를 든 사람들은 안디옥에 도착하여 모든 교회를 모아서 편지를 전했다. 실라와 유다는 충분히 신자들을 격려한 뒤에 길을 떠났다.

사도들이 위협에 대처하는 방법을 보자. 우선 그들은 모두의 주장을 경청했다. 그런 다음 자신들에게 부여된 권위로 최종 결정을 내렸다. 편지를 전달할 사신을 따로 선발하여 바울과 바나바가 자기들 마음대로 말한다고 안디옥의 거짓 교사들이 비난할 소지를 미연에 방지했다. 소통에 능한 바울에게 사도들의 지원이 필요했다는 점에서 복음을 반대하는 원수들의 공격이 얼마나 강렬하고 거셌는지를 알 수 있다.

영국의 시인 윌리엄 블레이크(William Blake)는 "실천은 천재의 마차"라고 했다. 결정을 실천하는 초대교회의 행동을 배워야 한다. 논란거리일수록 신중히 결정하여 행동에 옮겨야 한다. 바른 사람이 내린 좋은 결정도 적절히 행하지 않으면 실패할 수 있다.

THE
DISCIPLE
MAKING
CHURCH

선교교회의

성숙

선교교회의 첫 번째 여행에서는 '와서 보라'의 활동이 이어졌다. 사람들에게 복음을 전하고 그리스도에 대해 가르치며 그들을 모아서 교회를 조직했다. 두 번째 여행에서는 빌립보, 데살로니가, 베레아 등의 도시로 복음을 전파했다. 그러나 사도 바울은 이미 세워진 교회에 대해서도 교회의 성숙을 위해 발달과 조정 단계를 추가했다. 사도 바울은 '와서 나를 따르라' 단계에 있는 교회들을 방문하여 사역에 필요한 훈련과 조정을 제시했다.

묶지 못하는 끈,
섞이지 못하는 은사

바울과 바나바는 안디옥에 보고하고 이방인의 교회에서 역할을 담당하며 사도들의 명령을 전하고 안디옥에서 가르치는 일에 거의 1년을 소비했다. 역사학자들은 두 사도가 AD 48년에 안디옥에 돌아갔다가 2차 선교여행을 AD 49년 후반이나 AD 50년 초반에 떠났다고 추정한다.[1] 바울은 바나바에게 갈라디아 지역으로 돌아가서 교회들이 어떻게 지내는지 확인하자고 제안한다. 세 번째로 방문하는 것이다.

두 사도는 좋은 친구였다. 바나바는 바울의 평판을 지켜 주고 바울과 열두 제자 사이에 소통의 통로가 되었다. 그는 바울을 감싸고 안디옥에서 교회를 세우는 일에 사용했다. 2년 동안 둘은 함께 지내면서 친숙해졌다.

다음 여행을 계획하던 중 두 사람은 심하게 다투었다. 누가는 "서로 심히 다투어 피차 갈라서니"(행 15:39)라고 했다. 헬라어로 파록쉬스모스(paroxusmos)는 '도발, 싸움'을 의미한다. 첫 번째 여행에서 동행했던 마가 요한을 데려가는 문제로 다툼이 벌어졌다. 바울은 중도에 하차한 마가 요한을 데려가고 싶지 않았다. 그러나 '격려의 아들'인 바나바는 마가 요한을 계속 훈련시키고 싶었다. 바나바는 기회를 한 번 더 주자며 잘 훈련하면 주님의 귀한 일꾼이 될 거라고 주장했다.

많은 사람이 어떻게 이럴 수 있느냐고 질문한다. "성령으로 충만한 두 사람이 어떻게 의견이 다를 수 있지요? 누군가 죄를 지어서 그렇다면 바울인가요, 바나바인가요?" 이는 신앙이나 도덕의 문제가 아니라 은사의 차이 때문이다. 전도자이지만 격려의 사람인 바나바는 일보다 사람을 먼저 보았다. 그는 그리스도를 섬기도록 사람들을 격려하는 역할로 하나님께 부름 받았다.

그러나 바울은 진취적인 사람이었다. 그리스도를 믿기 전에는 누구도 따라오지 못할 정도로 바리새인의 삶을 살았으며 교회를 파괴하는 일에 엄청난 열심을 보였다. 바울에게 타협이나 흐리멍덩함은 없었다. 그는 물로 희석하기 전의 농축액 같은 사람이다. 또 바울에게 속도를 늦추거나 뒤로 물러나는 일은 있을 수 없었다. 바울은 중도에 포기하거나 떨어져 나간 사람은 그것으로 끝이라고 생각했다. 마가 요한은 기회를 주었지만 제 발로 기회를 버린 사람이다. 자신과 같이 일하고 싶어 하는 사람이 많다는 사실을 바울은 잘 알았다. 그는 일을 중시하며 사람을 임무를 달성하기 위한 도구로 여겼다. 하나님은 바울을 임무 중심의 사람으로 만드셨다.

서로 다른 은사 때문에 바울과 바나바는 각자의 길을 떠났다. 바나바는 마가를 데리고 구브로로 갔다. 바울은 실라를 데리고 도움이 필요한 교회들을 견고하게 하기 위해 떠났다. 두 사도는 자신의 부르심과 은사에 충실하여 형제들에게 칭송받고 의기양양하게 돌아올 수 있었다.

사역이 분리되는 일은 처음에는 고통스럽지만 나중에 그 일을 통해 하나님의 손길을 확인할 수 있다. 이번 일로 바나바에 대한 이야기는 끝이 난다. 그러나 마가 요한의 이야기는 계속 이어진다. 각 사도는 자신과 맞는 사람을 선택하여 도제의 과정을 실시했다. 특히 바울에게는 사람을 탁월하게 선택하여 잘 훈련하고 적절한 곳에 배치하는 능력이 있었다.

하나님은 전에는 핍박을 통해 교회를 배가하셨지만 이번에는 은사의 차이를 통해 배가를 이루셨다. 당장은 갈등의 유익이 보이지 않는다. 바울과 바나바의 경우처럼 고통스러울 수도 있다. 감정 때문에 생각이 복잡해진 두 사람은 자신의 결정을 분명 의심했을 것이다.

리더십 팀에도 은사의 차이가 있을 수 있다. 다름을 인정하라. 계획이나 사역을 논의하다 보면 사람마다 처리 방식이 다르다. 내가 공동체를 강조하면 다른 은사를 가진 리더는 복음전도가 시급하다고 주장한다. 사람들이 그리스도께 와야 하지만 건강한 병아리를 죽은 암탉 아래 둘 수는 없다는 의견과 새로운 회심자를 받아들이기 전에 교회가 먼저 따뜻하고 건강하고 사랑 넘치는 곳이라야 한다는 의견이 맞선다. 두 리더 모두 복음전도의 중요성에 동의하지만 이렇게 몇 시간이고 논쟁을 벌인다. 한 사람에게는 보살핌이 먼저고 다른 사람에게는 전도가 먼저기 때문이다. 이런 차이는 결국 은사의 문제다.

대부분의 경우 하나님은 사람들이 나뉘기를 바라시지 않는다. 분리는 감정이 너무 격앙되고 견해 차이가 너무 심한 경우에만 최후의 수단으로 고려해야 한다. 또한 일반적으로는 두 사람의 관심을 절충하되 각자가 은사에 충실해야 한다. 장로들에게 열정이나 은사가 없는 분야에서 리더를 맡아 달라고 부탁하면 거절당할 가능성이 크다. 열정과 은사가 일치되어야 좋다. 영적 리더십으로 세우기 전에 훈련하는 동안 각 사람의 열정과 은사를 발견하라.

교회를 견고하게 함

바나바와 헤어진 뒤에 바울은 실라를 데리고 갈라디아 교회로 돌아갔다. 이 세 번째 방문에서 그는 교회를 견고히 세우고자 했다. 사도행전 15장 41절과 16장 5절에 교회를 '군건히 하는' 바울의 행동이 나온다. 이후 결과는 이러했다. "이에 여러 교회가 믿음이 더 군건해지고 수가 날마다 늘어가니라"(행 16:5).

예루살렘 공의회의 결정에 따라 바울은 초대교회의 우선순위와 방식을 전수했다. 누가는 원인과 결과를 기록해 놓았다. 돌아와서 가르치고 공동체 생활을 하고 찬양하고 교회가 없는 지역으로 전도를 나감으로써 믿음이 성장하고 사람들이 회심하고 교회가 확대되었다.

그런데 이번 방문에 대해 누가는 당국이나 종교 지도자들과의 갈등을 기록하지 않았다. 바울이 심각한 문제를 겪지 않았거나 누가가 일부러 적지 않았을 것이다. 바울이 대중에게 설교하지 않았을 가능성이 크다. 교회가 세워진 뒤에는 전도가 덜 중요해서가 아니다. 누가는 바울이 교회를 군건하게 하고 성장시키는 데 집중했다는 것을 기록했다. 갈라디아에 수평 이동이 없었다는 것은 회심 성장을 의미한다.

바울은 즉시 교회를 방문했기 때문에 회당장이나 지배 세력과 논쟁할 기회가 없었다. 교회는 감사하게도 이미 전도를 잘하고 있었다. 바울은 그저 기쁨에 동참하기만 하면 되었다. 여덟 교회와의 관계에서 눈에 띄는 심각한 갈등은 없었다.

발전과 수정

과거의 여행은 매우 느렸다. 바울과 실라 일행은 각 교회가 있는 도시에 일정 기간 머물면서 사역했다. 누가가 한 단락으로 정리한 내용이 실은 1년 동안 일어난 사건일 수도 있다.

교회를 굳건하게 하는 일에는 의도적인 시간과 노력이 필요하다. 리더들에게 제자 삼기를 교회의 중심에 두어야 한다고 말하는 이유가 거기에 있다. 바울은 집안일을 하거나 자신의 권력과 소유권을 늘리기 위해 갈라디아로 돌아간 것이 아니다. 그의 유일한 관심은 그리스도 공동체의 영적인 상태를 개선하는 일이었다. 리더십은 사람들이 개인의 발전 단계에서 마주치는 저항과 어려움을 대면하여 처리하도록 도와야 한다. 바울은 갈라디아 교인들에게 믿음을 실천하고 어려운 일을 행하게 하여 그들을 새로운 차원의 신앙생활로 인도했다. 그 결과 교회는 더욱 굳건해지고 날마다 성장했다.

오늘의 리더들도 회중의 성장이라는 문제를 해결해야 한다. 리더들은 비전과 수단을 제공할 책임이 있다. 상처 입은 사람과 건강한 사람을 모두 성숙으로 이끄는 영적인 비전과 수단을 의미한다.

이런 일은 간절히 바라거나 모든 이데올로기에 부응하여 모두를 기쁘게 하기 위해 노력한다고 되지 않는다. 전략적인 계획과 결단력 있는 행동이 필요하다. 여러 목표가 있지만 바울의 동기는 교회들을 돌아보고 그들이 어떠한지를 확인하는 것이었다. 그의 핵심 목표를 기억하자. 교회들이 다음 단계에 오르도록 돕는 일이다. 그들에게는 발전과 조정이 필요했다.

갈라디아 교회들도 오늘의 교회와 비슷한 문제를 겪었다. 장로들이 넘어지고 관계가 틀어지며 신자들이 환멸을 느끼고 교회를 떠났다. 비방과 비판이 있고 율법주의가 심하며 불순종한 사람을 처리하는 방법에 대한 의견도 달랐다. 갈라디아서에 기록된 대로다. 바울은 여러 잘못과 실수를 수정하면서 교회를 굳건히 세웠다. 기본을 다시 가르치고 각각의 문제를 처리하고 이미 검증된 우선순위와 방식을 재정립하도록 이끌었다.

그러나 교회는 바울의 역량보다 더 많은 감독을 바랐다. 교회의 건강과 세계선교를 위해 사역과 리더십을 분산시켜야 했다. 바울은 무뎌진 세계선교의 날을 더욱 날카롭게 갈았다.

훈련의 시작

하나님께 독특한 부르심을 받은 바울 사도는 바나바 밑에서 훈련받았다. 아무리 훌륭한 사람도 도움을 받아야 한다. 은사가 없는 부분에서는 특히 그렇다. 바나바는 바울에게 필요한 훈련을 제공했다. 그러나 바나바와 갈라선 이상 바울 스스로 훈련 과정을 시작해야 했다. 그렇지 않으면 부르심에 충실하기가 어려웠다. 함께 교회를 돕고 세상을 전도할 동역자를 세워야 한다. 사역자를 훈련하는 일은 리더에게 필요한 가장 중요한 투자다.

실라를 택한 바울은 루스드라에서 디모데와 시간을 보낸 뒤에 디모데를 선택했다. 누가가 "그들"(행 16:6)이라고 지칭한 걸로 보아 바울이 일행과 다녔다는 것을 알 수 있다. 누가가 복수형을 사용한 이유는 실라와 디모데 때문이다. 내 추측으로는 둘만이 아니었을 것이다. 그들이 안디옥을 떠난 지 여러 달이 흘렀다. 사람들을 훈련하고 각 지역에 인재를 양육하려는 바울의 열망을 감안할 때 바울은 별

로 눈에 띄지 않는 사람들도 따라오게 했을 것이다. 결국 30명 이상
이 바울과 함께 다니게 되었다.

도제교육의 축소판을 보여 주는 인물은 디모데다. 그는 사람들을
훈련하여 그리스도를 따르게 하고 그들의 삶을 변화시키기 원하는
사람들에게 중요한 본보기다. "거기 디모데라 하는 제자가 있으니
그 어머니는 믿는 유대 여자요 아버지는 헬라인이라 디모데는 루스
드라와 이고니온에 있는 형제들에게 칭찬받는 자니"(행 16:1-2).

바울은 청년들이 일행에 참여하여 사역훈련을 받기를 원했다. 그
러나 무턱대고 받아들이지는 않았다. 그는 디모데의 가정과 종교
의 유산과 그에 대한 교회의 평판을 알고 있었다. 한마디로 디모데
는 청년 가운데서도 특출한 인물이었다. 그래서 바울은 디모데를 눈
여겨보았을 것이다. 루스드라 방문 당시 어린 디모데와 이미 만났을
수도 있다.

디모데는 분명 바울과 함께 가고 싶었을 것이다. 디모데에게 보내
는 첫 번째 서신에서 바울은 리더십 선별에서 사모함이 중요한 요
소라고 말한다(딤전 3:1). 디모데는 지역의 문제에 성실히 임했기 때
문에 이미 형제들 사이에서 평판이 좋았다. 그는 열정이 있었고 훈
련과 성장을 사모했다. 또 가정에서 어려서부터 성경을 배웠다(딤후
3:14-15). 그는 할례 문제에서 보듯이 멘토가 요구하는 모든 의식을
기꺼이 치름으로써 유대인들과의 걸림돌을 제거했다.

디모데가 이 고통스러운 의식을 수용한 것은 헌신의 결과였다. 모
든 훈련에는 헌신의 행동이 요구된다. 그래야 이후에 있을 무수한
실수와 실망을 방지할 수 있다. 오늘의 기준으로는 디모데의 경우가

극단적일지 모르지만 당시 상황에는 적절한 결정이었다.

훈련생도 대가를 치러야 한다. 그는 자신에게 허가되는 행동에 동의해야 한다. 도제라는 새로운 관계에 충실하기 위해 적당한 임무도 맡는다. 책임이 늘수록 헌신의 정도도 커진다. 책임이 클수록 대가도 크다.

계약서에 서명하는 일은 정상적인 삶의 일부이며 헌신을 약속하는 수단이다. 안내위원, 교사, 시설담당자, 찬양팀 모두 특정 임무에 대한 서약으로 성실함을 약속한다. 바울은 디모데에게 자신에게 들은 바를 충성된 사람들에게 부탁하여 그들이 또 다른 사람들을 가르치게 하라고 했다(딤후 2:2).

훈련생으로 선택된 사람에게는 디모데와 같은 자질이 필요하다. 디모데는 훈련을 위해 고통스러운 대가를 치렀다. 이 과정을 무시하는 사람은 큰 대가를 치를 것이다.

중간 조정

아무리 훌륭하게 세운 계획이라도 조정이 불가피하다. 심지어 성령으로 세운 계획조차도 완전하지 않다. 성령님은 인간의 성품을 통해 일하시기 때문이다.

바울은 유대인을 무시하지 않으면서 이방인에게 전도하도록 부름 받았다. 그는 절대 자신의 임무를 포기하거나 잘못 행동하지 않았다. 바울의 의지와 하나님의 개입하심으로 바울은 여러 지역에서 사역했다. 하나님은 자신의 백성을 목양, 기업, 가정, 순회 등 특정한 임무로 부르신다.

물론 일반 소명은 확실히 알 수 있다. 하나님은 성경을 가르치고 교회를 세우는 일로 나를 부르셨다. 내가 어느 지역에 살고 얼마나 머물지는 내가 고민하고 계산해야 하는 문제다. 그래서 종종 실수하기도 한다. 우리의 삶에 대한 하나님의 세부 계획은 순종으로 가는 길에 발견된다. 적절한 수정 행동을 통해서도 나타난다.

바울은 아시아에서 전도하고자 했으나 예수의 영이 바울이 비두니아로 가는 것을 허락하지 않으셨다. 그는 불가피하게 집 쪽으로 방향을 정하거나 북서쪽의 해안 도시인 드로아로 가야 했다. 바울은 드로아에서 마게도냐 사람이 그에게 와서 복음을 전해 달라고 요청하는 환상을 본다. 바울은 자기 방식대로 실라와 함께 아무런 질문도 없이 즉시 마게도냐로 떠났다.

전도자들이 하나님의 뜻에 대해 왜 그렇게 불안해하는지 모르겠다. 주님은 필요할 때마다 언제나 분명하게 말씀하는 분이다. 그리스도인은 너무 빨리 너무 많은 것을 알고 싶어 한다. 앞일을 미리 아는 상태에서 눈으로 확인하며 걸어가기를 원한다. 하나님은 우리가 불필요한 일을 알기보다는 믿음으로 걷기를 바라신다. 그리스도 안에 거하고 그분으로 만족하는 일에는 미래를 잘 모르는 안갯속을 기꺼이 걸어가려는 마음이 필요하다.

하나님은 우리의 삶에서 무수히 많은 중간 조정을 하신다. 바울처럼 하나님의 부르심에 순종하고 걸어가면 세부 계획이 드러난다. 그 외 다른 방법은 전부 실패한다.

지속적인 교회 형성 활동

갈라디아에서 발달과 조정 사역을 하던 바울 일행은 방법을 바꿔서 제자도 단계로 돌아간다. 그들은 경작되지 않은 비옥한 토지로 갔다. 많은 어려움이 있었지만 더 많은 회심자와 교회를 얻을 수 있었다. 빌립보에서 고린도까지 전도하는 동안 바울은 오직 복음으로만 알 수 있는 모든 감정과 시련과 승리를 맛보았다.

빌립보와 아덴

바울의 전략은 같았다. 사람들이 있는 곳으로 가서 전도하는 것이다. 빌립보와 아덴에서는 회당 전략을 생략했다. 그들은 첫 안식일까지 빌립보에서 누가가 기록할 정도로 대단한 일을 하지 않았다. 그러나 안식일에 바울, 누가, 실라, 디모데, 그들과 함께한 일행은 기도할 곳을 찾다가 그곳에 모인 여자들에게 복음을 전했다. 주님이 두아디라에서 온 자색 옷감 장수인 루디아의 마음을 여셨다. 루디아와 온 집안 식구가 믿고 세례를 받았다.

목표는 사람들에게 복음을 전하는 것이고 수단은 정직함을 유지하면서 가능한 모든 방법을 사용하는 것이다. 그 도시에서 영적인 관심이 있는 곳은 어디인가? 가장 비옥한 땅은 어디인가? 바울과 훈련생들은 그들에게 필요한 회심자와 회심자의 인맥을 얻었다. 루디아의 일가족은 바울 일행에게 빌립보에서 계속 전도를 이어 갈 자연스러운 토대를 제공했다.

그들은 데살로니가와 베뢰아를 거쳐 아덴에 이르렀다. 바울은 자신의 사역에서 매우 독특한 경험을 한다. 실라와 디모데 없이 아덴에 도착한 바울은 그 지역에 가득한 우상숭배에 격분한다. 바울은 회당과 시장에서 설교하고 온갖 새로운 사상이 선포되는 아레오바고에 초대된다. 그곳에서 바울은 지식층의 수준에 맞게 훌륭히 메시지를 전달했다. 아덴 사람들은 그의 말을 관심 있게 들었지만 결국은 말도 안 된다고 거부했다. 일부는 그의 말을 듣고 믿었지만 눈에 보이는 결과는 실망스러웠다.

첫 번째 선교여행과 달리 두 번째 여행에서 바울은 하나님에 대한 다양한 문화와 인식과 마주쳤다. 여기서 바울의 재능이 힘을 발휘했다. 그는 타협이나 희석 없이 문화와 상황에 맞게 메시지를 조정했다. 바울은 유대교의 언어를 그리스 철학에 적절한 용어로 바꾸는 능력을 보였다.

아주 느리기는 하지만 이 시대의 그리스도인들은 조금씩 나아지고 있다. 그리스도인들은 교회에 다니지 않는 사람들이 이해하지 못하는 교회 용어를 사용한다. '구원, 영광, 은혜, 하나님의 말씀, 할렐루야, 주를 찬양'과 같은 말은 비그리스도인이 전혀 알아듣지 못하는 표현이다. 그리스도인들끼리 사용하는 것은 괜찮지만 구도자들에게는 혼란만 준다.

강단에서 선포되는 성경의 용어들도 제대로 전달되기 어려울 때가 있다. 부활, 성화, 죄 사함, 교제, 칭의, 영화, 순종, 전도, 간증 같은 말은 비그리스도인에게 의미 없는 소리로 들린다. 이 용어들을 버리라는 말이 아니다. 다만 그리스도인들에게 의미를 설명하고 비

그리스도인들이 알아들을 수 있는 용어를 찾을 필요가 있다.

바울이 그랬던 것처럼 우리가 전하는 메시지를 사람들이 충분히 이해하도록 같은 말을 다르게 표현할 의지가 있는가? 아레오바고에서 바울이 전한 설교는 다른 곳에서 했던 설교와 확연히 달랐다. 바울의 사례로 볼 때 이 시대와 소통하려면 그들의 필요를 알아야 한다. 사람들의 진정한 영적 필요를 채워 주기 위해 그들이 가려워하는 부분을 긁어 주는 접근 방식은 큰 문제가 되지 않는다. 스트레스, 십 대 자녀 양육, 재정 원칙, 부부 갈등에 대한 설교 시리즈는 사람들에게 그리스도에 대한 관심을 불러일으키는 데 도움이 된다. 사람들이 쉽게 이해할 수 있는 용어로 성경말씀에 충실하게 전하는 강해설교도 물론 가능하다.

복음주의적인 교회는 '와서 보라' 사역을 진행하는 데 큰 변화를 이룰 필요가 있다. 많은 교회가 요란한 나팔과 호루라기 소리로 전도를 시작한다. 전도지를 만들고 지역신문에 광고를 싣고 집집마다 방문하며 방문자 환영 행사를 펼친다. 18-24개월 정도 후에는 진정한 교회가 되기에 충분한 인원이 모이고 각종 세금도 낼 여유가 생긴다. 이제 '와서 나를 따르라'의 문제로 초점이 바뀐다. 지극히 정상적이고 필요한 일이지만 그렇다고 '와서 보라' 사역을 중단해서는 안 된다. 시선이 내부로 향하면 입구가 닫힌다. 교회는 거룩하지 않은 무리로 후퇴하여 불신자들을 잊어버린다. 교회생활의 모든 단계에 꾸준한 유지와 개선과 관심이 필요하다.

주일오전예배, 주일저녁예배, 수요저녁예배만 드리면서 사람들이 오기를 기대해서는 안 된다. 사람들에게 우리에게 와서 우리가 하는 말을 들어 보라고 요구하기만 한다면 오히려 그들을 제대로 섬기지 못하고 그리스도의 명령을 완수하기가 어렵다. 헌신된 신자들로 구성된 팀을 조직하여 일반 생활에서 사람들을 그리스도 공동체의 사랑 넘치는 환경으로 인도하려는 노력이 필요하다. 물론 가만히 앉아서 듣는 시간도 필요하다. 교회는 최소한 일주일에 한 번은 찬양과 경배, 설교로 모여야 한다. 현재는 보통 주일 오전에 모인다. 그러나 교인들을 불필요한 모임에서 자유롭게 풀어 줄 필요가 있다. 교회에서 케케묵은 구식을 제거해야 한다.

바울은 하나님이 주신 방법에 충실했다. 개인적으로는 회당과 유대인들을 선호했다. 그러나 강가로 내려가서 기도하는 여성들에게 말을 걸거나 이교도 철학자들과 논의하기 위해 아레오바고로 가야 할 때는 과감히 기존 방식을 바꾸었다. 그는 디모데에게 이렇게 권고했다. "너는 말씀을 전파하라 때를 얻든지 못 얻든지 항상 힘쓰라"(딤후 4:2).

바울은 사역을 미루는 일이 없었다. 모든 환경이 만족스럽지 않아도 괜찮았다. 오늘의 복음주의 교회들과 달리 그는 사역하기에 최적의 상황이 조성될 때까지 기다리지 않았다. 많은 목사가 훈련과 전도와 교회 성장의 부족을 핑계로 내세운다. '우리는 꽂꽂이 꽃처럼 뿌리 없는 사회에 살고 있다', '다른 교단이 이미 자리 잡은 지역이다', '그 정도 수준을 요구해도 될 만큼 회중이 성장하기를 기다리고 있다', '우리 교회는 많은 일을 겪었다. 사역을 시작하기 전에 치유가 필요하다.'

말도 안 되는 소리다. 바울이라면 이런 변명에 귀를 기울이지 않았을 것이다. 우리도 저런 말을 듣지 말아야 한다. 사람들이 있는 곳에 가서 전도하라. 당신을 방해하는 사람의 말을 듣지 말라. 변명하지 말고 그저 앞으로 가라.

데살로니가, 베뢰아, 고린도

바울은 회당에 가서 유대인들과 성경에 대해 강론하고 그리스도가 고통당하고 죽은 자 가운데서 살아나셨음을 논증했다. 이와 같이 강론으로 전도하려면 많은 지식과 기술이 필요하다. 바울은 유대인들이 존중하고 이해하는 구약성경을 맥락화하여 복음을 전했다.

　데살로니가에서 많은 수가 믿었다. 베뢰아에서는 사람들이 간절한 마음으로 말씀을 받고 바울의 가르침을 확인하기 위해 날마다 성경을 열심히 읽었다. 고린도에서는 정기적으로 말씀을 전했지만 많은 반대에 부딪혔다. 베뢰아는 가장 수용적이었고 데살로니가는 약간의 반대가 있었다. 고린도는 반대가 가장 심하고 복음을 받아들인 사람이 적었다.

반대 세력과 대면

첫 번째와 두 번째 선교여행이 일어난 6년 동안 바울의 일행은 15개 이상의 도시에서 전도하고 최소 9개 교회를 개척했다. 전도를 시작할 때마다 거의 예외 없이 반대 세력에 부딪혔다. 도시마다 다른 어려움이 있었다.

빌립보

| 재정적 위협으로 인한 반대

빌립보에서는 귀신 들린 여종이 바울을 따라다니며 소리를 질렀다. 여종은 점을 쳐서 주인들에게 돈을 벌어다 주고 있었다. 바울이 귀신을 꾸짖자 귀신이 즉시 나오면서 주인들은 더 이익을 거둘 수 없게 되었다. 그들은 바울과 실라를 매질하고 감옥에 가두었다.

어려움에 대처하는 방법에서 초대교회와 오늘의 교회 사이에 극명한 차이가 발견된다. 고통에 시달리는 세상 사람들은 전도자에게 이렇게 질문한다. "사랑의 하나님이라면서 어째서 고통과 악을 허용하는 거죠?" 그리스도인들은 이런 질문을 싫어하기 때문에 위협이라고 느낀다. 그러나 초대교회와 선교교회는 질문을 환영했으며 적절히 대처하여 사람들이 교회의 반응에 오히려 마음을 열게 되었다.

바울과 실라가 감옥에서 한밤중에 찬송하는 소리를 다른 죄수들도 들었다. 하나님이 지진을 일으키셔서 모든 옥문이 열렸다. 두 사람은 도망칠 수 있었지만 그렇게 하지 않았다. 오히려 겁에 질린 간수와 그의 가족에게 그리스도를 전하고 감방으로 돌아갔다. 상관들은 이 소식을 듣고 자신들이 로마 사람을 감옥에 넣었다는 사실을 깨닫고는 그들에게 떠나라고 청했다. 바울과 실라는 사과하고 공식적으로 풀어 달라고 요구한다. 두 사도의 태도 덕분에 빌립보의 새 신자들은 의기양양할 수 있었다.

바울과 실라는 주어진 상황에서 최선을 다하는 좋은 태도로 모범이 되었다. 그들은 감사할 줄 알고 긍정적이며 언제든 설교할 준비가 되어 있었다.

데살로니가, 베뢰아, 고린도
| 종교적 권위에 대한 위협으로 인한 반대

데살로니가의 유대 지도자들은 불량배들을 동원하여 소동을 일으켰다. 베뢰아에서는 데살로니가의 유대인들을 선동하여 사도들을 도시에서 쫓아냈다. 고린도에서는 유대인들의 반발이 격렬하여 더 전도하려는 노력을 중단하고 복음을 들으려는 사람의 집으로 갔다. 회당의 반대에서 배울 점이 무엇인가?

대부분 반대의 시작은 이데올로기가 아니다. 사탄은 하나님의 계획을 좌절시키기 위해 훨씬 원초적인 욕구를 자극한다. 조직이나 개인의 안전이 위협을 받으면 싸움이 벌어진다. 바울이 빌립보에서 귀신을 쫓아내자 수입원이 없어진 장사꾼들은 위협을 느꼈다. 바울을 통해 사람들이 그리스도를 따르기 시작하자 회당장들은 자기들의 지위와 안전에 위협을 느꼈다. 돈, 자존심, 안전, 지위는 사람들의 영혼을 움직인다.

오늘의 교회에서 반대는 주로 두 가지 이유에서 출발한다. 첫째, 사탄이 가장 잘하는 교회 침투 방식은 하나님의 일꾼들을 위원회 회의에 잡아 두는 것이다. 사탄의 입장에서는 실제 전도보다 전도위원회 회의가 훨씬 좋다. 둘째, 교회가 워낙 부진해서 외부의 반대가 별로 없다. 교회가 문화에 효과적으로 침투하면 엄청난 추수와 외부의 반대가 모두 일어난다.

지상명령을 반대하는 사람들은 그들이 오히려 발전을 저해하고 있다는 것을 모른다. 그들은 기존 방식을 유지하고 변화가 천천히 일어나서 급진적인 일이 일어나지 않게 하려고 노력한다. 기존의 리더십을 위협하고 재정 전략에 변화를 요구하거나 교회를 믿음으로 걸어가야 하는 위험한 지역으로 인도할 새로운 아이디어를 반대한다.

이런 반대에 놀라지 말라. 바울과 실라는 인간의 불순한 동기 때문에 고개를 흔들거나 두 주먹을 쥐며 시간을 낭비하지 않았다. 그들은 사람의 마음이 악하며 잘 이해하지 못한다는 것을 알았다. 반대가 따를 것도 당연히 예상했다. 반대에 슬퍼하며 뒤를 돌아보기보다는 그 상황을 허락하신 하나님께 감사하고 기회를 최대한 이용했다. 초대교회처럼 그들은 반대를 정상적인 순종의 증거로 여겼다.

주님의 격려

고린도 유대인들에게 시달린 바울은 힘이 빠졌다. 그는 유대인들에게 장차 심판을 받을 거라 말하고는 이방인들에게 갔다. 회당장 그리스보를 비롯해 많은 유대인이 그리스도를 믿었다. 하지만 자신이 사랑하고 먼저 전도하려 했던 유대인들의 거절 때문에 바울은 상처를 받았다.

바울에게 무엇이 필요한지 정확히 아시는 하나님은 그에게 환상 중에 말씀하셨다. "두려워하지 말며 침묵하지 말고 말하라 내가 너와 함께 있으매 어떤 사람도 너를 대적하여 해롭게 할 자가 없을 것이니 이는 이 성중에 내 백성이 많음이라 하시더라"(행 18:9-10).

하나님의 복음을 전하는 신실한 교사와 전도자들에게 필요한 말씀이다. 특히 교회 목회자들에게 이런 격려가 필요하다. 기독교 리더들은 무자비한 비판에 무방비로 노출되어 있다. 많은 리더가 회중에게 거절당한다. 물론 유대인들이 바울을 거부한 것과는 다른 이유이겠지만 바울이 그러했듯이 당하는 사람의 기분은 처참하다. 오늘의 목회자는 상황이 더 나쁘다. 누구처럼 설교를 잘하는 것도 아니고, 상담을 잘하는 것도 아니며, 테레사 수녀처럼 사람을 잘 돌보는 것도 아니다. 또 누구처럼 어떤 운동에 동참하기를 호소하는 유명인도 아니다.

회중은 목회자에게 그 정도의 능력을 기대하지 않는다고 말한다. 개인에게 물어보면 그 말이 맞다. 그러나 공동체 전체의 기대를 종합해 보면, 불가능한 수준을 요구한다. 사람들은 최고 수준이 가능하다고 믿으며 자신이 그 정도 수준을 경험하지 못했다고 생각한다. 매스미디어는 목회자와 회중에게 모두 기대 불안을 일으킨다. 미디어의 영향으로 지난 30년 동안 교회 목회는 기독교에서 가장 힘든 일이 되었다.

치료를 원하는 목회자는 하나님의 격려를 마음에 새겨야 한다. 사명을 회피하지 말고 계속 전진하라. 하나님의 손이 당신 위에 있다. 하나님은 바울에게 결코 공격받지 않을 거라고 하지는 않으셨지만, 그를 대적하여 해롭게 할 자가 없을 거라고는 약속하셨다(행 18:10). 바울은 그 약속을 받은 직후에 법정에 끌려가지만 기적과 같은 사건들이 벌어지고 결국 풀려난다. 오늘날에도 공격은 있지만 하나님이 우리를 보호하신다. 우리가 신실하게 가르칠 때 하나님이 그분의 기준에 맞는 열매를 맺으신다.

"일 년 육 개월을 머물며 그들 가운데서 하나님의 말씀을 가르치니라"(행 18:11). 이 기간에 바울은 선교교회의 세 번째 발달 단계인 재생산에 집중했다.

선교교회의
재생산

2차 선교여행의 첫해에 바울 일행은 갈라디아 교회에서 사역하면서 '와서 나를 따르라'에 집중했다. 다음 행선지인 마게도냐의 여러 도시에서는 1년 동안 '와서 보라' 사역에 집중했다. 마지막 여행지인 고린도에서는 18개월 동안 머무르면서 가르치고 설교하며 제자를 확대하는 데 열중했다. '와서 나와 함께 있으라' 사역이었다.

곡예사가 막대기 끝에 접시를 놓고 돌릴 때 처음에는 한두 개로 시작해서 점차 서너 개로 늘리듯이 교회도 동시에 여러 활동에 집중해야 한다. 곡예사는 기존 접시를 계속 돌리면서 새로운 접시를 돌린다. 그러는 와중에도 모든 접시의 균형을 맞춘다. 제자 삼는 교회는 훈련의 3단계를 실행하고 건강한 그리스도인을 세우며 세상에 복음을 전하면서 균형을 유지해야 한다.

불어나는 리더십

바울은 새로운 리더들을 늘릴 리더들을 훈련시키면서 실라와 디모데에게 '와서 나와 함께 있으라' 사역을 시작했다. 이 훈련 그룹에 누가, 브리스길라, 아굴라, 아볼로가 추가되었다.

실라와 디모데는 베뢰아에서 첫 번째 임무를 맡았다. 데살로니가의 유대인들이 베뢰아까지 쫓아와서 바울을 괴롭히자 바다로 도망쳤다. 그 대신 실라와 디모데는 마게도냐에 머물면서 사역했다. 그들은 빌립보, 데살로니가, 베뢰아에 새로 세워진 교회들을 도왔다.

직접 하면서 배우는 것이 가장 효과적이지만 멘토 없이 무작정 뛰어드는 경우는 드물다. 하나님은 초대교회가 준비되었다는 느낌을 갖기도 전에 그들을 흩으셨다. 바울과 바나바를 떼어 놓으시고 실라와 마가 요한에게 리더십의 기회를 주셨다. 이번에는 바울이 체계적으로 훈련하기도 전에 실라와 디모데를 새로운 단계의 리더십으로 인도하셨다.

고린도에서 바울은 엿새 동안 천막을 만들고 안식일에 설교했다. 그러나 실라와 디모데가 도착하자 설교에만 전념하여 유대인에게 예수가 그리스도라고 증언했다. 바울은 성경을 가르치고 리더를 세움으로써 열매를 맺는 데 집중했다.

브리스길라와 아굴라 부부는 바울의 좋은 동역자이자 훌륭한 사역자가 되었다. 그 부부가 아볼로를 훌륭하게 가르치는 모습에서 바울이 그들을 잘 훈련했다는 것을 알 수 있다. 브리스길라와 아굴라는 아볼로의 멘토가 되어 그를 훌륭한 교사로 세웠다. 이 같은 배가는 바울의 제자도 우선순위의 열매였다. 바울이 다른 우선순위에 집중했다면 브리스길라와 아굴라가 에베소까지 바울을 따라가서 아볼로같이 많이 배운 사람을 멘토링하고 하나님께 강력히 사용되는 도구로 훈련하는 방법을 배우지 못했을 것이다.

선교 막바지에 바울은 처음으로 에베소에 도착하여 회당에 있는 사람들과 변론했으나 오래 머무르지는 않았다. 그는 가이사랴에 도착하여 교회의 안부를 묻고 안디옥에 있다가 본교회로 돌아갔다.

서신을 통한 재생산

바울은 가능한 한 교회를 많이 방문하고 리더들을 키웠다. 동시에 제자양육의 수단으로 교회를 사용했다. 고린도에서는 데살로니가 교인들에게 편지를 보냈다. 이 서신서는 교회에 중요한 우선순위와 방식과 관련하여 귀중한 통찰을 제공한다.

여러 교회에 보내는 바울의 서신을 읽어 보면 편지를 쓰는 데 분명한 전략이 있었던 것 같지는 않다. 다만 제자양육을 통해 교회를 확장시키려는 의도는 있었다. 그리스도의 재림에 대해 혼란스러워하던 데살로니가 사람들은 일하지 않으려는 사람들의 문제로 골머리를 앓았다. "이제 곧 예수님이 오실 텐데 굳이 일할 필요가 있는가?" 기생충 같은 사람들이 공동체의 창고를 갉아먹고 있었다. 바울은 아무 쓸모없는 사람들에게 이렇게 충고했다. "일하지 않으려거든 먹지 말라." 데살로니가 서신의 핵심은 영적 성장, 지상명령, 제자도이다.

핵심 교회를 위한 핵심 구절

각 교회마다 특징이 있다. 갈라디아 교회는 율법주의적이고 골로새 교회는 온갖 이단 사상에서 신앙의 순수성을 지켜야 했으며 에베소 교회는 처음 가졌던 영적 열심을 잃어버렸다. 각 편지에서 바울은 교회의 문제점과 이를 해결하기 위한 방법을 제시했다. 갈라디아 교회는 성령의 열매에 집중해야 했고 골로새 교회는 그리스도의 인성을 유념해야 했으며 에베소 교회는 모든 사람의 헌신이 필요했다.

서신서에는 배경이 되는 주요 문장과 각 교회의 특징에 맞는 원칙이 기술되어 있다. 예를 들면 갈라디아서 5장 13-26절, 에베소서 4장 11-16절, 골로새서 1장 15-20절, 28-29절이 여기에 해당한다. 데살로니가전서는 1장 5-8절과 정신적 토대가 되는 2장 7-14절이 있다.

바울은 제자양육에 대한 핵심 구절을 곳곳에 남겨 놓았다(표6 참

표6

바울의 제자도 관련 구절

몸의 사역	고전 12-14장
전도의 의무	고후 5:18-20
내면의 영적 싸움	고후 10:3-5; 갈 5:16-18; 엡 6:10-16
변화	롬 12:1-2; 엡 4:17-32
개인의 제자양육	살전 1:5-8
마음을 다한 제자양육	골 1:28-29; 살전 2:7-12
공동체 제자양육	엡 4:2-16

고). 여기서 각 구절을 분석하고 주해하지는 않겠지만 여행 가이드가 특이 사항을 짚어 주듯 제자도의 원칙을 정리하면서 넘어가겠다.

재생산의 단계

데살로니가 교인들에게 보내는 편지에서 바울은 관계에 기초한 재생산 과정을 제시한다(살전 1:5-8). 개인에게 집중된 이 과정은 3단계로 일어난다.

1. 시범

"이는 우리 복음이 너희에게 말로만 이른 것이 아니라 또한 능력과 성령과 큰 확신으로 된 것임이라 우리가 너희 가운데서 너희를 위하여 어떤 사람이 된 것은 너희가 아는 바와 같으니라"(살전 1:5).

훈련생들에게는 바람직한 태도와 행동을 눈으로 확인할 수 있는 행동 모델이 필요하다. 개인의 영향력을 절대 과소평가하지 말라. 세계적인 영향력을 가진 헨리 키신저(Henry Kissinger) 전 미국 국무장관은 농담조로 이런 말을 했다. "칵테일 파티에서 내가 지루하게 말해도 사람들은 자기들이 못 알아들어서 그렇다고 생각한다." 탁월한 외교력과 지식으로 전쟁을 억제하고 평화에 기여한 키신저는 그만큼 사람들에게 큰 영향력을 발휘했다.

바울은 자신과 실라와 디모데가 데살로니가 사람들에게 무언가 다른 모습을 보였다고 말한다. 그들은 그리스도에 대한 헌신을 행동으로 입증했기 때문에 아무도 진정성에 의문을 품지 않았다.

누군가에게 받는 영향력은 누군가의 행동을 관찰하느냐에 달려 있다. 우리의 모든 행동은 누군가에게 가르침이 된다. 교사가 학생에게 미치는 영향력이 제자도의 1단계다.

2. 모방

"우리와 주를 본받은 자가 되었으니"(살전 1:6). 훌륭한 시범 후에는 적극적인 모방이 요구된다. 하나님은 사람들에게 자신의 제자들을 본받으라고 말씀하신다. 그러나 제자들이 흥미롭고 의미 있는 삶을 보여 줄 때만 사람들이 그들을 따르고 싶을 것이다.

말씀에서 '본받은 자'(imitator)는 '제자'라는 말로 대체할 수 있다.

> '본받은 자'라는 단어는 복음서에 나오는 예수님의 제자들과 초대교회 신자들을 이어 주는 연결점이다. 제자(mathetes)라는 말이 서신서에 빠졌다는 점이 흥미롭지만 미카엘리스(Michaelis)의 결론은 최근의 학문적 시각을 대변한다. 마테테스와…미메테스(mimetes)는 하나이며 같다.[1]

본받은 자라는 말에는 제자양육의 기본이 들어 있다. 누군가에게서 배우고 누군가를 가이드로 사용하는 것이다. 다음은 마이클 윌킨스(Michael Wilkins)의 설명이다.

> 고린도전서 4장 16절, 에베소서 5장 1절, 데살로니가전서 2장 14절, 히브리서 6장 12절에 사용된 '본받은 자'와 '함께 본받는 자'(쉼미메

테스, *summimetes*, 빌 3:17)는 신약성경에서 언제나 기노마이(*ginomai*, 이
다, 되다)라는 단어와 함께 쓰인다. 따라서 단순동사인 미메오마이
(*mimeomai*, 흉내 내다, 살후 3:7, 9; 히 13:7; 요3 11)와 의미가 비슷하다. [2]
신약성경은 신자들에게 다른 신자들, 그리스도, 하나님을 본받으
라고 촉구한다. 사람이 본받는 대상이 된다. 사람의 모방은 다른 신
자들의 행동을 단순히 따르는 것(살전 2:14)부터 본받을 행동을 시
범으로 보이는 것(빌 3:17; 살후 3:7, 9; 히 6:12; 13:7)까지 다양하다.
바울은 자신을 하나의 본받을 사례로 제시한다(고전 4:16; 11:1; 빌
3:17; 살후 3:7, 9). 그러나 자신이 이상적이고 완벽한 사례라고 말하
지는 않는다…바울은 편지를 읽는 사람들에게 자신을 본받으라고
말하는 동시에 최종적으로 본받을 대상은 그리스도라고 말한다(고
전 11:1; 살전 1:6). [3]

모방은 가장 진정한 형태의 아첨이다. 그러나 흉내를 모방과 혼동
해서는 안 된다. 예를 들어 넘쳐 나는 짝퉁 엘비스들을 생각해 보라.
그들은 엘비스가 되고 엘비스를 대신하는 사람이 되려고 애쓴다. 누
군가를 흉내 내는 당사자의 개성을 부인하고 흉내의 대상이 된 사람
을 왜곡한다.

교회는 그리스도인 조립 라인에서 생산된 것처럼 똑같은 헤어스
타일, 버릇, 말투, 패션을 가진 그리스도인 복제 인간을 양산하는 곳
이 아니다. 리더들은 개성과 차이를 허용해야 한다. 흉내는 누군가
가 되기 위해 애쓰지만 모방은 누군가의 특징을 배우는 데 초점을
둔다. 옷이나 헤어스타일, 말투가 아니라 특징을 본받고 재생산시켜

야 한다.

흉내와 모방의 차이는 바울과 디모데의 관계에서 두드러진다. 외모나 성격 면에서 두 사람처럼 다르기도 어려울 것이다. 바울이 진취적이라면 디모데는 소극적이다. 바울이 단도직입적으로 말한다면 디모데는 에둘러 말한다. 바울이 다양한 학문에 노출되었다면 디모데는 가정에서 교육받았다. 바울은 갈등에 대범하게 대처했으나 디모데는 마음 아파했다.

확연히 다르지만 공통점도 있었다. "그러므로 내가 너희에게 권하노니 너희는 나를 본받는 자가 되라 이로 말미암아 내가 주 안에서 내 사랑하고 신실한 아들 디모데를 너희에게 보내었으니 그가 너희로 하여금 그리스도 예수 안에서 나의 행사 곧 내가 각처 각 교회에서 가르치는 것을 생각나게 하리라"(고전 4:16-17).

바울의 말을 풀면 이런 뜻이다. "너희가 나를 본받았으면 한다. 너희에게 모델이 있어야 할 것 같아서 디모데를 보낸다. 왜 디모데를 보내는지 궁금한가? 그리스도를 따르는 데는 디모데가 꼭 나와 같다." 바울의 성품은 그리스도를 닮았고, 디모데가 바울의 그 성품을 본받았다. 재생산은 개성이나 외모가 아니라 성품에 초점을 두기 때문에 디모데는 바울을 대신하는 모델로 부족함이 없었다.

이후에 바울이 디모데에게 보낸 편지를 보자. "나의 교훈과 행실과 의향과 믿음과 오래 참음과 사랑과 인내와…그러나 너는 배우고 확신한 일에 거하라 너는 네가 누구에게서 배운 것을 알며"(딤후 3:10, 14). 성품을 본받는 것이 하나님이 계획하신 불어나는 방법이다.

3. 재생산

"그러므로 너희가 마게도냐와 아가야에 있는 모든 믿는 자의 본이 되었느니라 주의 말씀이 너희에게로부터 마게도냐와 아가야에만 들릴 뿐 아니라 하나님을 향하는 너희 믿음의 소문이 각처에 퍼졌으므로 우리는 아무 말도 할 것이 없노라"(살전 1:7-8).

윌킨스는 '본'에 해당하는 헬라어 튀포스(*tupos*)에 대해 이렇게 설명한다.

> 관련 개념으로는 '모방'의 맥락에서 사용된 튀포스(*tupos*, 형태, 본, 빌 3:17; 살전 1:7; 살후 3:9), 휘포그라모스(*hupogrammos*, 본, 벧전 1:21 참고), 부사형인 카토스(*kathos*, 고후 1:5), 호스(*hos*, ―같은, 눅 6:40)가 있다.[4]

훈련생이 모범이 될 때 재생산이 일어난다. 모범이 된다는 것은 사람들이 따를 정도로 그리스도의 성품을 닮은 수준까지 성장했다는 말이다. 바울은 복음이 전 지역에 선포되고 데살로니가인들의 믿음이 널리 알려진 것을 모범의 정점이라고 설명한다. 시범은 모방으로 모방은 재생산으로 이어진다. 재생산이 대량으로 일어나면 기하급수적인 성장이 시작된다. 이것을 배가라고 부른다.

튀포스란 '충격이 남긴 자국'을 의미한다. 조각가가 세심하게 매만져서 완성하는 진흙 조각을 말하는 것이 아니다. 진흙에 빠진 사람이 남기는 흔적에 가깝다. 모범이 된다는 것은 미리 세심하게 계획해서 흔적을 남기는 것이 아니라 사람의 진정한 자아가 남긴 흔적이다. 모범이란 자신의 있는 그대로를 보여 주는 것이다. 진실하지 않고는 사람들과 관계를 형성하고 무언가를 할 수가 없다.

재생산의 핵심

데살로니가전서 1장 5-8절이 가르치는 우선순위는 모든 교회가 반드시 명심해야 할 내용이다. 핵심은 그 과정에 있다. 바울은 데살로니가전서 2장 7-14절에서 그 핵심을 설명한다. 건강한 교회에는 어머니의 온유함과 아버지의 리더십이 필요하다. 다시 말해서 리더들은 부모의 마음을 가져야 한다.

역사적으로 제자도를 지지하는 사람들은 지지하는 관계의 필요성을 간과해 왔다. 그들은 친교를 재생산의 부산물로 보았다. 확신하건대 리더와 회중에게 부모의 마음이 없다면 제자양육이 강력하고 생산적으로 일어날 수 없다. 부모의 마음이 없는 교회는 역기능 가족과 같다. 제자양육이 제대로 일어나기 어렵다.

어머니의 온유함

바울은 생생한 비유로 설명한다. "우리는 그리스도의 사도로서 마땅히 권위를 주장할 수 있으나 도리어 너희 가운데서 유순한 자가 되어 유모가 자기 자녀를 기름과 같이 하였으니"(살전 2:7). 어머니는 원래 온유하며 받기보다는 주는 사람이다. 어머니는 아이들에게 더 좋은 것을 주고 싶어 한다. 인기 가수 셰어(Cher)는 변변한 옷이나 신발도 없이 가난한 집에서 자랐지만 돈을 번 뒤에는 자신의 딸에게 신발을 수백 켤레나 사 주었다. 자식에게 잘해 주고 싶은 마음은 지극히 자연스러운 일이다.

바울이 '돌봄'의 의미로 사용한 헬라어의 원뜻은 '따뜻하게 하다, 소중히 하다'이다. 무릎에 상처가 나거나 몸이 아픈 아이는 엄마에게 온다. 엄마의 온유함과 용납은 아픈 상처도 낫게 해준다. 아이는 어머니의 무릎에서 자신이 무엇을 하느냐와 상관없이 특별하고 사랑받는 존재라고 느낀다. 아이는 비교, 경쟁, 거절이라는 험난한 인생의 지대를 지난다. 순응, 학업 성적, 마약, 혼전 성관계에 대한 압력은 아이의 도덕적 껍질과 생각을 부순다. 모든 아이에게 용납과 손길, 무조건 아이를 1등으로 여기는 공간이 필요하다. 설령 실패하더라도 어머니의 용납으로 아이는 치유된다. 어머니의 온유함은 아이의 삶에 균형을 되찾아 준다.

그리스도인에게도 안전과 안정, 온유함과 용납의 장소가 필요하다. 그러기 위해서는 그리스도의 몸 안에 있는 모두가 누군가를 보살펴야 한다. 성품이나 은사, 신앙에 따라 정신적 지주의 역할을 잘하는 사람들이 있다.

특히 인생의 실패로 심각한 충격을 받고 실망했을 때 누군가의 보살핌이 필요하다. 아무리 강한 사람도 도움이 필요한 때가 있다. 그럴 때 정신적 지주 역할을 하는 사람들은 가장 먼저 알아차리고 지체들을 동원하여 힘든 사람을 도와주러 나서야 한다.

제자도 환경에서 이 정신적 지주 역할을 하는 사람들을 존중하지 않은 탓에 많은 훌륭한 사람을 놓치는 경우가 많다. 모든 사람이 바울 같다면 마가 요한이 나중에 바울을 돕는 일은 없었을 것이다. 마가 요한의 가능성을 알아보고 바울을 돕는 데 바나바가 결정적인 역할을 했다.

정신적 지주들은 그리스도의 공동체를 복음을 들고 세상에 나갈 사람들을 기르기에 가장 비옥한 환경으로 만든다. 힘든 시기에 교회를 떠날 뻔한 사람들을 붙잡는 역할도 정신적 지주들이 한다. 위기 상황이 끝나서 회복된 사람들이 그리스도를 위해 중요한 역할을 한다.

회중 가운데 어머니의 온유함이 효과적으로 발휘되려면 리더들이 정신적 지주들에게 적절한 제자양육을 해야 한다. 이들이 전체 몸과 같은 가치관을 갖지 않는다면 그들의 공감 능력은 오히려 교회 리더십에 대적하는 도구로 사용될 수 있다. 성경으로 바로 서 있지 않으면 비성경적인 사고에 사로잡힐 위험이 있다.

정신적 지주들은 다른 은사를 가진 사람들과 도움이 필요한 사람들을 연결하여 전체 교회의 균형을 유지한다. 균형 없이 추진되는 제자도는 부정적 결과를 낳는다. 교회가 '누군가를 돕는다'는 구실로 부정적인 행위를 용인할 때 공감과 지원이 제멋대로 일어난다. 다른 필요보다 일을 우선할 때도 일이 엉망으로 돌아간다. 교회에 필요한 것은 균형이다.

아버지의 리더십

교회 가족이 균형을 유지하려면 어머니의 온유함도 필요하지만 아버지의 리더십도 필요하다. 아버지는 권위자로서 인지적인 역할을 맡는다. "너희도 아는 바와 같이 우리가 너희 각 사람에게 아버지가 자기 자녀에게 하듯 권면하고 위로하고 경계하노니 이는 너희를 부르사 자기 나라와 영광에 이르게 하시는 하나님께 합당히 행하게 하려 함이라"(살전 2:11-12).

아버지는 어머니와 다른 차원에서 아이들과 관계를 형성한다. 바울은 어머니가 보살피고 아버지가 인도한다고 말한다. 보살핌과 인도를 둘 다 할 때도 있지만 그들의 주요 역할은 다르다. 두 사람은 가정에 두 가지 사랑을 전달하면서 균형을 이룬다. 아버지는 가족의 방향을 설정하여 가족의 각 구성원이 이루어야 할 모습에 따라 가족을 일정한 방향으로 이끈다. "이것이 우리의 생각이고 이것이 우리의 지향점이다. 그 이유는 이러하고 우리는 이렇게 해서 목표 지점에 도달할 것이다."

교회에서는 장로, 목사, 교사, 리더들이 아버지의 역할을 맡는다. 비록 표현 방법은 다르지만 아버지의 사랑은 어머니의 사랑만큼 중요하다. 데살로니가전서 2장 11-12절에 사용된 사랑의 3가지 동의어가 아버지의 리더십을 설명한다.

1. 권면

권면이란 '특정 행동 방식으로 이끌고 도와주다'를 의미한다. 즉 '와서 나를 따르라'의 리더십이다. '우리는 여기로 가야 한다. 내가 책임지고 너를 훈련하고 도와주겠다'는 의미가 있다.

나의 막내아들은 좋은 자전거가 있는데도 타지 않으려고 했다. 두려움 때문에 밖에 나가서 자전거 타기를 싫어했다. 마침 토요일이니 같이 나가서 자전거 타는 방법을 알려 주겠다고 했다. 아이는 배우고 싶지 않다면서 가지 않겠다고 했다. 나는 아이에게 네 마음은 충분히 알지만 그래도 한번 해보자고 했다.

밖으로 나가서 아이가 자전거 페달을 돌리는 동안 의자를 잠시 붙잡아 주었다. 불과 5분 만에 아이는 혼자서 자전거를 탔다. 어찌나 재미있어하는지 몇 시간이고 자전거를 탔다. 심지어 저녁을 먹으러 들어오라고 해도 자전거에서 내려오려고 하지 않았다.

내가 나가자고 했을 때 아이는 거부했다. 그것이 온유한 방법이었을까? 우리가 보통 말하는 온유함은 아니다. 사랑이었을까? 당연히 사랑이다. 가려 하지 않는 아이를 끌고 나간 이유는 아이가 정말 원하는 일을 하게 하기 위해서였다. 아이는 친구들처럼 자전거를 타고 싶어 했다. 다만 약간의 엄격한 태도가 필요했다.

교회에는 바른 일을 하고 그리스도를 위해 변화를 원하는 사람들로 가득하다. 그러나 그들은 헌신으로 야기될 변화를 두려워한다. 아버지의 리더십은 사람들에게 특정한 방향을 제시하고 그들을 인도한다. 엄격한 리더십은 저항을 극복하는 데 필요한 행동을 제시한다. 목회의 핵심은 동기를 유발하여 사람들이 스스로 하지 않을 행동을 하게 하는 것이다.

2. 위로

위로란 '감정 문제를 해결해 주면서 특정 행동을 하도록 권면하는 것'을 의미한다. 권면은 사람의 논리에 호소하지만 위로는 사람의 감정에 초점을 둔다.

모든 의미 있는 관계가 그렇듯이 교회생활에도 우여곡절이 있다. 기쁨과 흥분이 넘치는 순간이 있는가 하면 힘든 시기가 있다. 때로는 다채로운 인생의 색에서 생기가 빠지고 흑백만 남은 듯한 상황을 힘겹게 견뎌야 한다.

교회 공동체 안에서 새로운 방식이나 계획에 의견이 다를 수 있다. 그럴 때는 심리적 안정에 호소하여 심각한 위기에서 그리스도의 몸을 보호할 수 있다. 한번은 많은 사람을 동원해야 하는 방식에 반대하는 사람이 있었다. 그는 자신이 동의하지 않는 이유를 일일이 설명했다. 몇 시간 동안이나 토론한 끝에 나는 그에게 개인적으로 부탁했다. "공동체의 평화를 위해 동의해 주십시오. 이 문제로 우리의 연합이 깨지는 걸 원하지 않습니다. 내가 잘못하는 것일 수도 있습니다. 하지만 당신이 잘못하는 것일지도 모릅니다. 다수가 이 방식을 지지합니다." 그는 언젠가는 자신이 지지하는 방식으로 사람들을 이끌어야 할 때가 있음을 알기에 결국 동의했다. 감정에 호소한 덕분에 얻은 결과였다.

3. 촉구

촉구에는 '법정에 소환하다'라는 의미가 있다. 가정생활을 하다 보면 자신을 따라오도록 아버지가 가족을 촉구해야 할 때가 있다. 예를 들어 아버지는 아이에게 이런 말을 한다. "트럼펫 연습해." "숙제해라." "우리 가족의 도덕 기준을 따라야지." 아버지는 리더십을 행사하여 가족이 힘든 경험을 통과하도록 이끌어야 한다. 군인들이 죽을 걸 알면서도 적의 요새를 공격하는 것도 리더십 때문이다. 아버지는 명분에 대한 신념이 있고 그 행동에 필요한 심리적 안정이 있기 때문에 가정을 이끌 수 있다.

부모의 마음

어머니의 온유함과 아버지의 리더십이 만나면 부모의 마음이 생긴다.

십 대 아이들을 둔 부모들이 모인 자리에 아내와 참석했을 때 방 안에 가득한 심각한 분위기에 놀란 적이 있다. 한 부부는 딸의 행동에 대해 이야기하려고 밤새 운전해서 왔다. 방 안에는 희망, 고통, 기쁨의 눈물, 미래에 대한 걱정, 절망, 좌절이 가득했다. 모든 부모가 자신의 감정을 토로했다. 우리가 나쁜 부모인지 훌륭한 부모인지 정상적인 부모인지 나로서는 모르겠다.

다만 한 가지는 확실하다. 부모들의 마음은 아이에게 향한다. 그들은 아무리 찢어지듯 아파도 기꺼이 아이들에게 마음을 모두 내어 준다. 하나님은 아버지와 어머니에게 아이들의 마음을 수용할 넉넉함을 주셨다. 깊은 상처를 남긴 아이를 용서하는 부모의 마음은 정말이지 놀라운 삶의 신비라고밖에 말할 수 없다.

사람을 세우는 교회에는 부모의 마음이 있으며, 그날 모인 부모들이 느낀 모든 감정을 경험한다. 아버지와 어머니의 역할이 결합되면 그리스도의 공동체에 본이 된다. 아내가 남편의 권위에 순복할 때 아이들이 아버지의 말씀에 순복한다. 아내가 남편을 존경하고 남편이 그리스도가 교회를 사랑하듯 아내를 사랑하면 아이들도 똑같이 할 가능성이 크다. 어머니의 온유함(정신적 지주)과 아버지의 리더십

(가정의 권위자, 지도자)이 협력할 때 건강하고 책임감 있는 아이로 성장할 가능성이 크다. 아이들은 여성과 남성 본이 모두 필요하다.

교회 내 부모 역할의 혼합

부모가 각자의 역할과 서로를 받아들일 때 그 가정은 선한 도구로서 강한 힘을 발휘한다. 아내가 나와 똑같이 생각하거나 내가 좋아하는 일을 똑같이 좋아해야 한다는 뜻이 아니다. 아내가 스포츠에 관심이 없다고 해서 아내를 열등한 사람으로 생각하거나 내가 정원 일을 좋아하지 않는다고 아내가 나를 열등한 사람으로 생각하지는 않는다. 서로 인정하고 상대의 역할에 충실할 때 관계가 잘 유지된다.

그리스도의 몸은 각기 다른 은사로 이루어진다. 모든 사람이 공동체 안에서 각자의 은사를 나눌 때 은사들이 온전히 발휘된다(고전 12-14장; 엡 4:16; 벧전 4:10). 누가 다른 사람보다 더 높거나 낮다는 생각에서 공격하지 말고 서로 포용해야 한다.

강한 리더들은 리더십에 은사가 없는 사람들을 교회의 비전에 별로 중요하지 않다고 생각할 때가 종종 있다. 감정적인 사람들은 리더들이 일을 마치는 데만 열중하는 무미건조한 사람이라고 불평한다. 오늘날의 복음전도를 보면 은사가 없는 사람을 보며 연약하다고 여기는 경향이 있다. 다른 사람의 은사에 대해 하나님께 감사하기보다는 은사가 없는 부분까지 잘하기를 요구한다.

회중이 목회자를 바라보는 시각이 그것을 잘 보여 준다. 대부분의 회중은 영적 은사를 믿으며 몸 안에서 서로를 인정해야 한다는 개

넘을 알고 있다. 고린도전서 12-14장에 따라 손은 발에게 "너는 손이 아니므로 몸의 다른 지체보다 쓸모없다"고 말할 수 없다. 다시 말해서 "너는 내가 잘하는 분야에서 특출하지 않으니까 나보다 덜 귀하고 덜 영적이다"라는 뜻이다. 하나님이 다른 지체들이 필요하다고 하셨기 때문에 우리도 "나는 네가 필요하지 않아"라고 말할 수 없다.

사람들은 서로의 강점과 약점을 용납하지만 목회자에게는 같은 아량을 발휘하지 않는다. 목회자의 강점을 보고 그 은사에 대해 하나님께 감사하고 은사가 있는 부분에 더 집중하라고 하기보다는 은사가 없는 부분을 신랄하게 비판하고 약한 부분을 더 개선하라고 요구한다. 교회가 리더들에게 부여하는 터무니없는 기대 속에서 살아남을 수 있는 리더는 많지 않다. 우리는 리더들을 앞에 세워 놓고 조목조목 분석한다.

내 말이 지나치다고 생각할지 모르겠으나 내가 그동안 목회자들에게 들은 상처와 사례들을 전부 말하면 결코 그렇게 말하지 못할 것이다. 완벽주의 교인들의 비난과 있는 그대로 용납하지 않는 교인들 때문에 리더들은 상처를 받는다. 최고의 재능을 가진 사람이라면 탁월한 성품과 은사로 온갖 비판을 극복한다. 재능이 탁월한 리더라면 은사가 없는 분야를 눈감아 주고 수용한다. 안타깝게도 은사가 부족한 사람들에게는 같은 은혜가 해당되지 않는다.

다른 사람의 은사를 인정하라는 권고는 우리가 비전문 사역에 부여하는 가치에도 적용된다. 병원에 입원해 있는 동안 여러 교인이 방문했지만 목사님이 오지 않았다고 버림받았다고 생각하는 사람이 있다. 심지어 나중에 모임에서 자신이 병원에 입원했는데 아무도 안

왔다고 마구 불평을 늘어놓는다. 만약 이 사람과 같은 생각이라면 교인들의 방문보다 목사님의 방문을 훨씬 높이 평가한다는 말이다. 그러면 교인들의 호의는 어떻게 되는가?

사랑의 은사를 가진 평신도의 방문은 병문안으로 치지 않는다고 말하는 사람이 있으면 성경에서 근거를 찾아보라고 도전하고 싶다. 목사의 임무는 사역할 때 사람들을 동원하는 것이다. 물론 본인이 직접 병문안을 갈 수도 있지만 다른 사람이 그 일을 맡을 때 목사는 자신의 임무에 더 충실할 수 있다.

모든 회중이 목회자와 같은 사역 수준에 이르도록 초청하라. 일반 성도의 존엄성을 회복시켜야 한다. 성경에서 보듯이 평범한 교인이 한 일도 목회자가 한 일만큼 중요하다. 두 가지를 모두 가질 수는 없다. 성도의 사역이 중요하지 않다면 성도에게 중요한 책임을 맡기지 말아야 한다. 그러나 고린도전서 12-14장의 정신을 거부한다면 교회를 탁월함으로 이끄는 데 필요한 부모의 마음이 깨져 버리고 만다.

부모의 마음은 교회를 하나로 묶는 공동체의 접착제다. 우리에게는 온유함, 권고, 리더십이 필요하다. 한두 사람 또는 열 사람의 노력으로는 어렵다. 부모의 마음은 우리가 몸 전체, 공동체의 문화를 받아들일 때만 계발된다. 다른 그리스도인의 약점에 손가락질하는 것을 멈추고 주어진 역할과 하나님이 주신 은사를 받아들여야 한다.

2010년에
다시 제자 삼기를 생각하다

20년 전 글을 읽으면서 감회가 새로웠다. 나도 모르게 웃음이 났다. 큰 소리로 웃었던 것 같다. 여전히 시의적절한 내용이라는 생각이 들어서다. 교회 성장의 기초를 고수하기란 어려운 일이다. 시간, 교회 성장, 기대의 압력은 가장 중요한 기초를 몰아내고 있다.

예루살렘의 초대교회는 오래지 않아 유대와 사마리아와 땅끝까지 이르러 복음을 전하라는 의무를 잊어버렸다. 20년은 상당한 기간이다. 이 시대 교회가 선교의 성공에 필수적인 기본 행동을 망각하기에 충분한 시간이다. 예루살렘 교회는 생긴 지 5년 만에 어려움에 봉착했다. 그들이 계획만 세우고 실행하지 않은 일을 하게 된 계기는 교회를 향한 핍박이었다. 독수리 새끼를 둥지에서 떨어뜨리면 대부분 하늘로 날아가듯이 평범한 신자들이 핍박을 받자 복음을 전하는 일꾼이 되었다.

이번 장의 초점은 바울과 바나바가 복음을 전하기 위해 파송되었던 안디옥에 세워진 교회다. 그들의 확고한 전략에 주목할 필요가 있다. 그들은 관심을 보이는 사람들이 있는 곳으로 갔다. 회당이든 종교모임이든 상관없었다. 사람들에게 교회가 아니라 그리스도를 전했다. 회심자가 생기면 자연스럽게 교회도 생긴다. 오늘날 우리가 교회를 개척할 때 사용하는 방법보다 훨씬 탁월한 전략이다.

우리는 이전 형태와 거의 흡사한 형태로 그리스도인들을 몰아넣을 때가 많다. 이미 교회에 속해 보았던 사람들을 공동체로 모으면, 그들이 이전 교회에서 경험했던 것이 새 공동체에서의 경험과 콜라주처럼 합쳐진다. 안타깝게도 그들의 마음 상태와 취향에 따라 교회는 이리저리 휩쓸리는 모양새가 된다. 사람들은 마음에 안 드는 것을 발견하는 순간 다른 곳으로 떠난다. 너무 비판적으로 들릴지 모르지만 부인할 수 없는 사실이다.

교회개척이 가장 성공적으로 이루어지는 곳은 목사가 바울과 바나바와 비슷한 원칙을 엄격히 고수하고 복음전도를 중시하며 회심자를 성숙한 예수 그리스도의 제자로 세우고 유망한 새 신자를 리더로 선발한다. 바울은 이고니온, 루스드라, 더베에 처음 방문하여 전도하고 교회를 세웠다. 몇 달 뒤 돌아가는 길에 장로들을 세웠다. 그리스도 안에서 성숙하기에는 부족한 시간이었지만 사도들은 그들 모두 안에 거하시는 성령님의 리더십을 신뢰했다.

내 친구 중에 캄보디아 에이즈병원에서 원목으로 섬기는 목사가 있다. 환자들은 병원에 온 첫해에 회심한다. 다음 해에는 훈련을 받는다. 셋째 해에는 일부가 장로로 세워진다. 넷째 해에는 세상을 떠난다. 상황이 우리의 선택을 좌우한다. 국제대학생선교회(CCC)가 아직 젊은 조직이었을 때 리더들도 어렸다. 25세 청년이 한 지역이나 미국 전체 사역을 담당하는 일이 이례적인 일이 아니었다. 전국 리더들을 보면 90퍼센트가 30세 이하였다. 지극히 자연스러운 일이었다.

바울과 바나바는 의무감에서 회당 전도를 시작했다. 그러나 몇몇 도시에서는 장터에서 설교했다. 결국 회당과 시장 모두에서 결과를 거두었다. 이 기간에 그들은 회심자들과 함께 15개 교회를 시작했다. 그러나 예루살렘 교회에서 논쟁이 벌어졌고 알려진 대로 공의회가 중재에 나섰다. 만일 그들이 지리적 방침에 따라 교회를 세운다면, 예를 들어 루터교회가 없는 곳에 루터교회를 개척하는 식으로 했다면 기존의 루터교인들을 재편성해야 한다. 이럴 경우 역동적인 힘이 부족하다. 즉 문제도 없고 위원회도 없으며 불화도 없고 회심자도 없다.

전도에 기반해 교회를 세우는 것은 새로운 사람들을 전도하는 가장 급진적이고 효과적인 방법이다. 100회의 집회를 하고 100회의 세미나를 열고 100회의 콘서트를 열지라도 결과는 새 교회 100개를 세운 결과에 비해 초라할 것이다. 지난 30년간 발표된 여러 연구에서 혁신이 인정되고 종교운동의 자유가 허용되는 환경에 젊은 사람들이 더 많이 찾아온다고 한다. 나이가 어리든 많든 엄격한 구조가 없는 영적인 집을 찾는 사람들은 서열보다 참여를 중시하는 교회에 매력을 느낀다. 35세 미만의 사람들 중에서 전례를 따르고 초대교회의 방식으로 돌아가자는 운동이 벌어진다는 소식을 들어 보았을 것이다. 단 그들의 방식에는 혁신과 융통성이 있다.

여기서 중요한 시사점이 있다. 낡은 교회를 최첨단 교회로 바꾸려 하면 안 된다는 것이다. 20년 된 기존 교회가 새로 시작하는 교회처럼 행동해서는 안 된다. 그러다 보면 불필요한 고통이 일어난다. 펜실베이니아 주 저먼타운과 관련하여 주민들이 도시의 이름을 변경한 이유가 생각난다. 독일인이 저먼타운에 남긴 것은 두 가지뿐이라고 한다. 바로 독일 식당과 독일어로 예배하는 교회다.

리더들이 잘 가르칠 때 교회에 더 나은 변화가 일어난다. 여기에는 상당한 인내와 끈기, 리더들의 굳은 의지가 필요하다. 새로워진 교회는 사실 조금 개선된 같은 교회이지만 나는 교회 갱생을 중요하게 본다. 그리스도를 전할 새로운 교두보나 전초기지를 마련하는 데 부르심이 있는 사람에게 중요한 것은 속도와 융통성이다. 속도와 융통성은 타협을 의미하지 않는다. 거추장스러운 전통의 방해가 없을 때 복음이 더욱 분명하게 전달된다. 기존 교회의 꾸준한 교육과 코칭은 중요하다. 다만 새로운 사역이 병행되어야 한다.

나는 성공회가 나이지리아에 진출하면서 사용한 접근 방식을 좋아한다. 그들은 새 주교를 서임했다. 새 주교에게는 예산도 집도 교회도 교구민도 없었다. 가진 거라고는 전도할 새로운 땅이 전부였다. 주교가 새로운 지역으로 간 뒤에 제일 먼저 한 일은 살 집을 짓는 것이었다. 동시에 그는 바울이 그랬듯이 날마다 시장에서 설교하기 시작했다. 처음으로 회심자가 생기면 회심자의 집에서 성경공부를 시작했다. 아직 주교의 집이 없기 때문이다. 몇 주가 지나면 여러 집에서 모이는 회심자들의 모임이 생긴다. 집이 완공되면 이제 성경공부 장소를 주교의 집으로 옮긴다. 어느 정도 시간이 흐르면 교회를 세울 정도로 인원이 모인다. 교회가 세워지면 주교와 복사들은 새로운 도시로 가서 같은 과정을 반복한다. 10년 동안 주교는 전도로 유지되는 300개가 넘는 회중을 양육했다. 대부분 규모가 작지만 계속 활발히 성장하고 있다.

교회를 개척하는 목사들이 훈련을 받아 현장에 가서 전도하고, 사람들이 살고 일하며 노는 곳에서 새로운 신자들과 관계를 맺으며, 그들을 제자로 삼고 교회를 세우는 것은 참 놀라운 일이다. 여기서 성공 공식은 이것이다.

복음전도＋새로운 제자들＝교회

최근 들어 선교교회가 새롭게 뜨고 있다고 들었다. 뿌린 대로 거두는 법이다. 바울과 바나바가 뿌린 씨앗은 몇 배로 돌아왔다. 분명 하나님의 나라에 좋은 일일 것이다.

4부

제자교회:
에베소 교회

신약성경에 나오는 제자교회의 모범은 바울이 세우고 3년 동안 돌보았던 에베소 교회다. 이때 바울의 신념과 전략은 정점에 도달했다. 에베소 교회는 이 시대의 회중에 가장 성경적인 모델을 제시한다.

제자교회는 '와서 나와 함께 있으라' 단계를 추가한다. 이제 교회 전반에서 재생산이 일어난다. 바울은 자신이 매일 돌보지 않아도 스스로 사역할 준비가 된 훈련생들의 팀을 만든다. 바울의 방식으로 훈련받은 사람들은 밖에 나가서 회중을 재생산으로 이끌 준비가 되었다.

에베소 교회를 이해하기 위해 회중과 목회의 목표, 배가를 이끈 리더들을 살펴보려 한다.

에베소 교회의
회중과 우선순위

성령이 이끄시는 방랑벽을 잠재우고 몇 달간 안디옥에 있던 바울은
다시 갈라디아로 떠났다. 그가 네 번째 방문에서 무엇을 했을까? 이
제는 별로 놀랍지도 않다. "얼마 있다가 떠나 갈라디아와 브루기아
땅을 차례로 다니며 모든 제자를 굳건하게 하니라"(행 18:23). 그런
다음 다시 남쪽으로 향하여 에베소로 갔다.

　여기서 바울은 옛 언약과 새 언약의 신학적 틈새 사이에 서 있는
제자 열두 명을 만난다(행 19:1-7). 세례 요한의 메시지에 익숙한 그
들은 회개하고 회개의 세례를 받고 예수를 믿었다. 그러나 성령을 받
지도 경험하지도 못했다. 바울이 그들에게 세례하고 안수하자 그들
은 방언하고 예언하기 시작했다.

에베소 교회

바울은 회당 전략을 다시 시도하기로 결정한다. 두 번째 여행이 끝날 때까지 그는 에베소에서 환영받고 다시 비옥한 땅으로 돌아왔다.

3개월 동안 강론하고 권면했으나 역시 저항이 뒤따랐다. 원수는 바울을 거리로 내쫓기 위해 완강한 태도와 비방이라는 전형적인 무기를 사용했다. 어찌 보면 잘된 일이었다. 바울은 사람들이 있는 곳에 가서 전도했다. 두란노 서원에서 2년 동안 날마다 강론했다. 그러는 동안 아시아 전역의 사람들이 주의 말씀을 들었다.

누가는 두란노 서원과 전도를 "그래서"라는 말로 연결한다. 바울이 날마다 서너 시간씩 강의한 내용은 학생들에게 상당한 영향력을 끼쳤을 것이다.[1] 지역에서 행한 사역에서도 놀라운 능력이 발휘되었다. "하나님이 바울의 손으로 놀라운 능력을 행하게 하시니"(행 19:11). 하나님의 백성들은 악한 영들에게 힘을 발휘했다. "주 예수의 이름을 높이고 믿는 사람들이 많이 와서 자복하여 행한 일을 알리며…이와 같이 주의 말씀이 힘이 있어 흥왕하여 세력을 얻으니라"(행 19:17-18, 20).

지역에서만이 아니라 아시아 전역에서 에베소 교회는 더욱 강해졌다. 제자교회의 모범이 되는 에베소 교회를 통해 하나님은 우리에게 많은 가르침을 주신다. 바울은 초대목사로서 3년 동안 머물렀다. 에베소 교회에 보내는 편지를 남겼고 젊은 디모데가 에베소 교회를 인도하는 동안에도 목회 편지를 보냈다. 요한계시록 2장과 3장에 나오는 교회들은 바울이 에베소에서 사역하는 동안 개척한 교회들이다.

에베소에 대한 정보를 종합하여 제자교회의 세 가지 핵심을 정리해 보았다.

1. 사람과 회중의 우선순위

에베소를 떠나고 몇 년 뒤에 에베소에 보내는 편지에서 바울은 교회의 특성과 우선순위를 말한다. 이를 통해 제자 삼는 회중에 속하는 것이 의미하는 바를 알 수 있다.

2. 목회의 우선순위

제자 삼는 회중을 이끄는 것은 어떤 의미일까? 바울은 디모데에게 보내는 편지에서 교회를 제자 삼는 곳으로 만드는 데 목사가 담당해야 할 역할을 설명한다. 디모데의 리더십에 필요한 우선순위와 방식을 명시한다.

3. 리더십 공동체와 아웃리치

바울이 두란노 서원에서 했던 강론은 새로운 리더들을 훈련하는 장소이자 전도가 일어나는 곳이었다. 훈련과 전도의 관계를 설정한 방법과 그것을 지역과 아시아에 적용하는 것을 보면서 에베소의 재생산과 배가 전략을 확인할 수 있다.

바울은 제자 삼는 교회의 모범이 되는 교회를 세우는 데 이 모든 방법을 어떻게 이용했을까? 그는 우리가 이미 아는 방법으로 시작했다. 사람들이 있는 곳으로 가는 것이다.

회중을 세움

바울은 교회를 세우기 위해 에베소 지역사회에 복음이 뿌리내리도록 해야 했다. 거리의 평범한 사람들이 듣지 않는데도 계속해야 했을까? 바울은 3개월 동안 회당에서 말씀으로 가르치고 토론했다. 거리에서 전도하고 제자들을 따로 세워서 강의실에서 가르쳤다. 하나님은 표적과 기사로 강력하게 일하셨다.

바울은 평범한 사람들을 사용하여 사역의 토대를 마련했다. 사역의 결과는 다음 질문에 대한 대답으로 확인할 수 있다. 시장에서 효과가 있었는가? 하나님의 권능과 실재가 드러났는가? 새로운 사람들이 회심하고 배우며 재생산했는가? 바울이 에베소에서 행한 강력한 사역에 대해 누가는 이렇게 기록한다. "주 예수의 이름을 높이고 믿은 사람들이 많이 와서 자복하여 행한 일을 알리며"(행 19:17-18). 이들은 죄를 고백할 뿐만 아니라 구체적인 행동으로 회개를 실천했다. "또 마술을 행하던 많은 사람이 그 책을 모아 가지고 와서 모든 사람 앞에서 불사르니"(19절). 마지막으로 "이와 같이 주의 말씀이 힘이 있어 흥왕하여 세력을 얻으니라"(20절).

원래 교회의 목적은 전략이나 방법이 아니라 사람을 죄에서 구원하여 천국에 살게 하는 것이다. 지상명령은 그에 필요한 전략을 제공하며 제자도는 구체적인 방법이다. 그러나 사람들을 전도하지 않는다면 교회의 모든 노력이 초점을 벗어나게 된다.

교회는 광범위한 사역을 시작하는 토대를 제공한다. 따라서 진정한 제자교회는 사람들에게 전도하고 그들을 세우는 것으로 시작한다. 이후 리더를 세우는 일과 교회개척을 통한 배가가 이어진다. 모든 교회는 세상에 영향을 미치는 것을 목표로 삼아야 한다(행 1:8). 바울이 에베소 교회에 가르친 내용에서 지상명령을 달성하기 위한 그의 계획을 살펴보자.

에베소 교회에 보낸 서신

바울은 약 AD 61년에 로마 감옥에서 편지를 작성했다. 에베소를 떠난 지 5년이 지난 때였다. 학자들은 바울이 에베소 사역 당시 시작한 모든 교회에 편지를 보낼 생각이었다고 이해한다. 바울은 요한계시록 2장에 나오는 일곱 교회를 비롯하여 그 외 이름이 나오지 않는 여러 교회에 편지를 보냈다.

바울은 에베소 교인들에게 보내는 편지에서 교회와 교인들을 위해 신학 전반을 설명한다. 예수님과 초대교회, 선교교회의 가르침과 마찬가지로 제자 삼는 교회의 우선순위를 설명한다.

에베소 선교를 시작할 때는 구약성경을 자세히 훑으면서 메시아가 어떤 분인지를 설명하여 유대인들이 궁금해한 부분을 해소해 주었듯이 두란노 서원에서는 에베소 이방인들의 필요를 채워 주고 동시대의 신학을 제시했다. 에베소에서의 사역은 먼저 유대인을 대상으로 시작했지만 결국 이방인의 수가 유대인의 수를 넘어섰다. 바울로서는 하나님이 자신에게 보이신 진리에 기초하여 신학을 풀어 설명해야 했다. 이 서신에서 바울은 인간을 향한 하나님의 은혜의 사역에 대해 신학적으로 최선을 다해 설명한다.

구원에 담긴 하나님의 계획 _엡 1:3-23

에베소 성도들에게 인사하고 축복한 뒤에 바울은 그리스도를 기쁘게 내어 주신 하나님의 사랑의 행동을 설명한다. 하나님은 자신을 내어 줌으로써 사람을 사랑하신다. 바울이 말하는 하나님의 위대한 목적은 이것이다. "그 뜻의 비밀을 우리에게 알리신 것이요 그의 기뻐하심을 따라 그리스도 안에서 때가 찬 경륜을 위하여 예정하신 것이니 하늘에 있는 것이나 땅에 있는 것이 다 그리스도 안에서 통일되게 하려 하심이라"(엡 1:9-10). 하나님은 모든 만물을 아들의 리더십 아래 두신다.

그 이유는 무엇인가? "이는 우리가 그리스도 안에서 전부터 바라던 그의 영광의 찬송이 되게 하려 하심이라"(12절). 만물을 그리스도의 리더십 아래 두고 우리를 고통에서 구원하면서 하나님은 영광을 받으신다. 하나님의 영광은 그분 자체며 그분이 소유하신 모든 것이다. 이것이 구원 계획에서 인간의 목적이다. 하나님이 드러나실 때 그분은 영광을 받으신다. 하나님의 인성이 드러날 때 적합한 유일한 반응은 모든 인간이 그분께 영광을 돌리는 것이다. 그런 이유에서 바울은 1장을 감사의 기도로 마무리한다.

개인의 삶에 대한 하나님의 목적 _엡 2:1-22

사탄과 그의 무리는 이 편지에서 중요한 자리를 차지한다. 바울은 사람을 하나님과 떼어 놓으려는 원수의 역할에 집중하면서 영적전쟁과 전쟁에 필요한 무기를 설명한다(엡 2:1-2; 6:12-18). 2장에서 바울은 하나님의 구체적인 행동과 사람의 행동이 결합하여 영적인 생명을 낳는다고 설명한다. "너희는 그 은혜에 의하여 믿음으로 말미암아 구원을 받았으니 이것은 너희에게서 난 것이 아니요 하나님의 선물이라 행위에서 난 것이 아니니 이는 누구든지 자랑하지 못하게 함이라 우리는 그가 만드신 바라 그리스도 예수 안에서 선한 일을 위하여 지으심을 받은 자니 이 일은 하나님이 전에 예비하사 우리로 그 가운데서 행하게 하려 하심이니라"(엡 2:8-10).

1장에서 하나님과 사람의 연합에 대해 말했다면 2장에서는 유대인과 이방인이 그리스도 안에서 하나라고 말한다(11-12절).

교회에 대한 하나님의 목적 _엡 3:1-21

처음 두 장에서 바울은 그리스도 안에서 하나님이 행하신 위대한 은혜의 행동을 설명한다. 이제는 "그리스도 예수의 일로 너희 이방인을 위하여 갇힌 자 된 나 바울"(엡 3:1)이라고 자신을 지칭하면서 지상명령의 실천이라는 목적에 초점을 둔다. 9절까지는 자신의 사역의 본질을 명확히 설명한다.

에베소서 3장 10-21절은 1-3장을 이어 주는 중요한 연결 고리다. "이는 이제 교회로 말미암아 하늘에 있는 통치자들과 권세들에게 하나님의 각종 지혜를 알게 하려 하심이니 곧 영원부터 우리 주 그리스도 예수 안에서 예정하신 뜻대로 하신 것이라"(10-11절). 여기서

"이제"라는 단어에 많은 의미가 있다. 역사 속에서 하나님은 지혜를 보이기 위해 다양한 수단을 사용하셨다. "이제" 교회라는 도구를 사용하여 그리스도를 보내면서 그분의 지혜를 보이신다.

이는 일반 성도의 자존감을 높여 주는 말씀이다. 우리에게 중요한 역할이 주어졌다는 사실을 일깨우며 바울이 교회를 개척하고 세우는 일에 평생을 바친 이유를 설명하기 때문이다. 하나님이 세상에 복음을 전하는 도구로서 제자 삼는 교회를 위임하신 이유도 설명한다. 교회에는 주의 명령을 마치기 위해 필요한 능력, 재정, 은사, 성령님이 있다. 연합하고 훈련받은 그리스도의 몸은 세상에서 하나님을 드러내는 가장 강력한 표현 수단이 된다.

바울은 놀라운 기도를 이렇게 마무리한다. "우리 가운데서 역사하시는 능력대로 우리가 구하거나 생각하는 모든 것에 더 넘치도록 능히 하실 이에게 교회 안에서와 그리스도 예수 안에서 영광이 대대로 영원무궁하기를 원하노라 아멘"(엡 3:20-21).

은혜로 인간을 구원하신 하나님의 광대하고 확고한 목적은 그분의 즐거움과 영광을 위한 것이다. 하나님은 인간의 영 안에 거하시고 모든 신자를 교회라는 초자연적인 생명체로 연합시키며 그리스도의 신비를 밝히고 자신을 조금씩 드러내신다. 하나님의 영광을 보이신다는 말은 곧 하나님을 보이신다는 것이다. 이제 하나님은 교회를 통해 자신을 보이신다. "그에게 교회 안에서 영광이 영원무궁하기를 원하노라"는 말은 하나님이 교회를 최고의 도구로 사용하신다는 뜻이다.

바울이 쓴 에베소서의 전반부에는 모든 기독교의 토대가 되는 광

대한 신학이 들어 있다. 그리스도가 머리이고 교회는 그리스도의 몸이다. 몸의 팔, 다리, 손, 발, 그것의 현현은 거듭난 남자와 여자를 통해 존재한다.

에베소서의 후반부에서는 전반부의 신학이 급진적으로 적용되었다. 처음 세 장은 하나님이 사람을 거듭나게 하시고, 각 사람을 향한 계획으로 그들을 선택하시는 은혜와 기쁨의 행동을 제시했다. 하나님은 그분의 영광을 사람들, 즉 교회를 통해 표현하신다. 그러면 어떤 사람이 되어야 하는가?

교인들의 우선순위

제자 삼는 교회는 예수님이 요한복음 15장 7-17절에서 말씀하신 건강한 그리스도인을 배출하여 하나님께 영광을 돌린다. 에베소서에서 바울은 제자 삼는 교회의 성도들이 해야 하는 우선순위를 제시한다. 모든 회중이 말씀을 읽고 이해해야 하기 때문에 바울은 리더들만 아는 전문용어를 생략하고 상황에 맞게 성경의 진리를 제시한다. 목양 편지들이 리더십을 위한 것이라면 에베소서는 교회 전체를 위한 편지다.

지혜로운 목회자들은 제자 삼기의 원칙을 회중이 이해하는 방식으로 제시하여 바울의 본을 따른다. 많은 그리스도인이 전문용어와 계몽적인 설교를 지루해하고 자신과 상관없다고 느낀다. 교회가 추진하는 전략과 교회 성장 원리, 리더십 개발 방식은 대부분의 그리스도인에게 의미 있게 다가오지 않는다. 그들의 삶에 의미를 부여하고 힘든 시기를 견딜 능력을 주는 실제적인 가르침이라야 동기를 유발할 수 있다.

교리를 실천으로

정행(orthopraxy, 바른 행동)은 언제나 정교(orthodoxy, 바른 교리)에서 온다. '교리적으로 말고 실제적으로'라는 말을 들으면 당황스럽다. 교리적이지 않고는 실제적이기 불가능하기 때문이다. 교리가 행동을 이끈다. 바울의 행동이 신학적 기초에서 출발한다는 점에서 그의 적용이 도움이 된다.

오늘의 교회 사상가들은 갈수록 이 진리에서 멀어졌다. 이 시대의 신학은 실용주의와 사회과학에서 출발한 적용을 종종 허용한다. 교회의 목사나 위원회나 팀이 신학적 기초에서 출발하여 원칙을 세우고 상황에 맞는 형태로 적용하는 경우는 드물다. 그러나 바울이 그리스도의 몸에 적용한 방식은 다르다. 그야말로 하나님의 천재적인 지혜를 유감없이 보여 준다.

그리스도 몸의 연합

바울은 하나님이 유대인과 이방인을 교회라는 초자연적인 생명체에 포함시키셨음을 신학적으로 설명하고(엡 2:11-22) 이렇게 적용한다. "평안의 매는 줄로 성령이 하나 되게 하신 것을 힘써 지키라"(엡 4:3). 주님도 한 분이고 믿음도 하나며 세례도 하나이므로 교회도 하나여야 한다.

나는 분열이 심한 환경을 많이 보았다. 분열 속에도 제자 삼는 일이 가능하지만 위험이 상존한다. 사람들은 리더를 훈련해야 하고, 리더십의 철학적 순수성을 지키며, 리더십이 분산되어야 한다는 생각에 불편한 마음이 있어도 애써 참는다. 제자양육에 참여하지 않는 사람들은 경험하지 않은 일 때문에 싸움을 일으키는 경향이 있다. 그럼으로써 교회에서 자신의 자리를 유지하려 한다. 그뿐만이 아니라 자신의 권력을 확인하기 위해 논란이 있는 의제에 일부러 반대하는 사람들도 있다. 분열된 교회에서 사역하는 것은 그리스도인에게 가장 힘들고 슬픈 일이다.

바울은 그리스도인에게 연합을 지키기 위해 모든 노력을 기울이라고 권고한다. 분열의 대가가 매우 크기 때문이다. 교회 안에서 벌이는 싸움은 비전을 파괴하고 에너지를 빼앗으며 사람들에게 나가고 싶은 마음을 일으킨다. 그러나 시편 기자의 말처럼 연합에는 아름다움이 있다. "보라 형제가 연합하여 동거함이 어찌 그리 선하고 아름다운고 머리에 있는 보배로운 기름이 수염 곧 아론의 수염에 흘러서 그의 옷깃까지 내림 같고"(시 133:1-2). 단순한 무시나 옹졸함, 자존심, 즉각의 필요 때문에 이 값진 보석을 손에서 놓치지 않도록 조심하라.

반대로 지금 분열 상황에 있다면 모든 상황이 정리될 때까지 기다렸다가 사람 세우는 일을 시작하려고 하지 말라. 경우에 따라 다르지만 문제가 결코 해결되지 않을 때도 있다. 계속 가든지 멈추든지 둘 중 하나다. 분열의 원인이 처리되지 않는다면 계속 동참하려는 사람들과 가야 한다. 사람들을 계속 이끄는 것이 많은 목사에게 가장 좋은 유일한 선택 사항이다.

사람들을 긍정적인 행동으로 유도하기로 결단하라. 사람들은 당신의 발을 붙들고 이렇게 말한다. "이것을 고쳐야 합니다." "저건 어떨까요?" "이런 문제에 관심이 없나요?" 불순종하는 사람들 때문에 당신의 일을 경시하지 말라. 적대적인 상황에서 모든 사람에게 지지를 받을 때까지 기다리면 적이 승리한다. 예수님은 피곤한 어부들에게 "깊은 데로 가서 그물을 내려 고기를 잡으라"(눅 5:4)고 하셨다. 당신에게는 지금의 일 외에 잃을 게 없다. 하나님이나 일을 잃기보다는 잠시 체면을 잃는 편이 낫지 않을까?

사람들을 자석처럼 다시 끌려면 바른 행동을 충분히 보여서 사람들의 시선을 잘못된 행동에서 돌이켜야 한다. 그럼에도 절대 따라오지 않는 사람들이 있을 것이다. 예수님은 따라오지 않으려는 사람들에게 마음을 쓰시고 그들을 위해 돌아가셨다. 그러나 그들과 사역하기를 멈추고 자신을 따르는 제자들에게 집중하셨다.

초대교회와 선교교회가 그랬듯이 제자교회를 하나 되게 하는 것은 공동의 비전이다. 바울은 에베소 사람들에게 연합을 지키는 방법을 설명한다.

은사를 이용한 교회 유지

전통적으로 기독교 리더들은 영적 은사와 제자도 사상을 별개의 주제로 보았다. 사실 제자 삼는 조직과 사상가들은 두 가지가 서로 역행한다고 믿는다. 내가 몸담았던 그룹에서는 영적 은사들을 깎아내리고 사람들이 은사를 구하거나 개발하지 않도록 유도했다. 그들은 은사의 발휘는 신앙 성숙의 증거가 아니라는 말로 자신들의 편집증을 해명했다.

은사주의나 은사의 발현에 따르는 분열의 속성이 그런 시각에 근거를 제공한다. 오랫동안 은사주의 운동은 표적과 기사로 발현되는 하나님의 권능에 집중했다. 그들은 감정에 치중하는 예배를 조성했다. 영적 은사는 은사주의의 특징이 되었고 은사주의자들은 은사의 발견과 사용을 이해하고 존중했다. 은사주의 운동이 성숙하면서 사람들은 더욱 온건한 성령론을 개발하고 제자도 사상을 중시하기 시작했다. 균형을 찾으려는 움직임은 자연스럽고 바른 행동이다.

비은사주의 복음주의 진영에서는 편집증적인 거부감이 상당 부분 소멸되어 영적 은사에 대한 관심이 늘었다. 역사적으로 비은사주의자들은 그리스도에 대한 개인의 헌신과 다양한 사역 능력 개발로 대표되는 특정한 부류의 사람을 세우는 제자양육 교육에 집중해 왔다. 의도적이지는 않지만 이런 방식은 조립 라인식 개인 성장을 추구하는 경향이 있다. 모든 사람이 비슷해 보이고 비슷하게 말하며 비슷하게 행동하고 생각한다. 사역의 방식과 도구도 같다.

영적 은사와 제자도 사역의 공존은 은사주의와 비은사주의 진영에 모두 좋은 소식이다. 교회는 두 가지 측면 없이 제대로 제자 삼을 수 없다. 특정한 부류의 사람을 양육하기 위해서는 전통적인 제자도가 필요하지만 그것만으로는 일차원적인 교회가 만들어진다. 성품과 사역 능력에 대한 강조를 토대로 영적 은사 개발이 추가되면 그리스도의 몸은 창의성과 균형이 생겨서 하나님께 더욱 강력한 도구로 사용될 수 있다. 영적 은사의 개발이 매우 중요하기 때문에 바울은 제자 삼는 교회를 만드는 데 은사를 제일 먼저 강조했다.

영적 도구 십 대 시절에 나는 목공소에서 피크닉 테이블 만드는 일을 했다. 목공소에는 각종 공구가 있었다. 최신 기술 덕분에 하루에 피크닉 테이블을 여러 대 만들었다. 그러나 집에서는 테이블을 만들고 싶어도 만들기가 어려웠다. 적절한 도구가 없으면 같은 일도 길고 지루한 과정이 된다.

적절한 도구 없이 운영되는 교회가 많다. 제자도 모델을 세운 많은 교회가 몇 가지 도구만 사용하여 사역하고 있으나 하나님은 교회가 더 많은 사역과 창의적인 사역을 하도록 지으셨다. 은사를 충분히 활용하지 않는 교회는 하나님이 계획하신 퍼즐을 완성할 수 없다. 모든 은사를 활용할 때만 온전한 교회가 된다.

바울은 "은혜를 주셨나니"(엡 4:7). "사람들에게 선물을 주셨다"(8절). "그가…삼으셨으니"(11절)라는 구절에서 은사를 소개한다. 그리스도는 자신의 교회가 사용할 초자연적인 은사를 남기고 승천하셨다. 다른 글에서 바울은 모든 신자가 최소한 하나 이상의 초자연적인 은사를 받았다고 했다. 고린도전서 12장에서는 초자연적인 은사에 대해 말하면서 "각 사람"이라는 말을 세 번 사용했다. 베드로도 모든 신자가 은사를 받았다고 말한다. "각각 은사를 받은 대로 하나님의 여러 가지 은혜를 맡은 선한 청지기같이 서로 봉사하라"(벧전 4:10). 일부 은사는 리더십을 위한 것이며 또 다른 일부는 도움이 필요한 사람을 직접 만나는 사람들을 위한 것이다. 이런 은사들이 조화롭게 협력하는 것은 효과적인 교회 운영에 꼭 필요하다(고전

12-14장).

제자 삼는 교회는 에베소서의 내용처럼 신학적 토대를 마련하고 사람들에게 은사에 대해 가르치며 사람들이 은사를 발견하고 개발 하도록 도와야 한다. 그럴 때 그리스도에 대한 헌신이 다차원적으로 드러나며 다양한 성품이 교회를 채운다. 제자 삼는 활동의 전형인 말씀을 가르치는 제자와 섬김과 사랑의 표현으로 전도의 토대를 마 련하는 비언어적 은사를 가진 사람이 모두 필요하다.

제자도를 행동으로 실천하는 리더들

"그가 어떤 사람은 사도로, 어떤 사람은 선지자로, 어떤 사람은 복음 전하는 자로, 어떤 사람은 목사와 교사로 삼으셨으니"(엡 4:11). 하나님은 각종 은사를 가진 리더십을 교회에 주셨다. 이들은 신자 들을 그들이 살고 일하며 노는 지역에서 효과적인 사역자가 되도록 준비시키는 책임을 받았다. 교인들은 리더십과의 관계를 이해하고 은사를 받은 리더십이 존재하는 이유를 알며, 리더들이 그리스도와 의 관계에 어떻게 유익이 되는지를 알아야 한다.[2]

리더들은 하나님이 자신을 그 몸에 두신 이유를 기억해야 한다. 다른 은사와 마찬가지로 리더십은 몸을 섬기고 세워서 몸이 하나님 을 찬양하고 영화롭게 하도록 사용되어야 한다. 기능적 차원에서 보 면 제자 삼는 일에 헌신하여 각 그리스도인이 건강하고 재생산하는 사람이 되게 한다.

제자 삼는 교회의 의무

제자 삼는 교회가 되려면 회중이 연합을 유지하고 은사를 발견하며 리더십에 반응해야 한다. 이것이 온전히 발현되려면 에베소서 4장 12-16절과 5장 1절에 나오는 4가지 의무를 지켜야 한다.

> "이는 성도를 온전하게 하여 봉사의 일을 하게 하여 그리스도의 몸을 세우려 하심이라 우리가 다 하나님의 아들을 믿는 것과 아는 일에 하나가 되어 온전한 사람을 이루어 그리스도의 장성한 분량이 충만한 데까지 이르리니
> 이는 우리가 이제부터 어린아이가 되지 아니하여 사람의 속임수와 간사한 유혹에 빠져 온갖 교훈의 풍조에 밀려 요동하지 않게 하려 함이라 오직 사랑 안에서 참된 것을 하여 범사에 그에게까지 자랄지라 그는 머리니 곧 그리스도라 그에게서 온몸이 각 마디를 통하여 도움을 받음으로 연결되고 결합되어 각 지체의 분량대로 역사하여 그 몸을 자라게 하며 사랑 안에서 스스로 세우느니라
> 그러므로 사랑을 받는 자녀같이 너희는 하나님을 본받는 자가 되고."

온전함의 의무

에베소서 4장 12절에서 '온전함'으로 번역된 헬라어는 카타르티스몬(*katartismon*)으로 원래 의미는 '부러진 뼈를 맞추다, 해어진 그물을 수선하다, 빈집에 가구를 들여놓다, 원상태로 복구하다'이다. 부러진

뼈를 맞춘다는 말은 사람들을 다시 하나가 되게 한다는 말이다. 해어진 그물을 수선한다는 말은 낙심하고 지치고 기진맥진한 사람들과 동역한다는 말이다. 빈집에 가구를 들여놓는다는 말은 그들에게 필요한 도구를 준다는 말이다. 원상태로 복구한다는 말은 살면서 겪은 온갖 심신의 질병에서 회복하도록 돕는다는 말이다. 카타르티스몬에는 사람들을 사역자로 준비시키기 위해 하나님의 사람들을 다차원적으로 회복시킨다는 의미가 있다.

그 모든 활동은 제자 삼는 일이자 지상명령의 일부다. 누군가가 그리스도 안에서 성장하도록 돕고 자신의 은사를 찾으며 변화의 일을 시작하는 것이 모두 제자도다. 리더십은 모든 활동을 하나로 연결하여 공동의 목표로 제자도를 이끈다. 각 과정을 큰 계획의 일부로 보고 충분한 방향을 제시한다. 성도가 자신의 문제를 처리하도록 조언하고 소그룹 안에서 해결하도록 돕는다. 소그룹은 그가 자신의 속도로 성장하고 은사를 발견하도록 인도하며, 능력을 발휘할 수 있도록 도와준다.

회중에게는 사역에 필요한 다양한 도구에 자신을 내어 놓을 의무가 있다. 따라서 편부모 가정이나 독신, 실직 등 삶의 문제로 힘들어하는 사람들을 도와주는 지지 집단을 구성하거나 그 집단의 일원이 되어야 한다. 때로는 제자가 되는 데 필요한 훈련에도 참여해야 한다.

성도들이 사역을 대비하는 일에 충성하지 않으면 몸이 부여받은 임무를 완수하기가 어렵다. 불순종하면 하나님이 원하시는 사람이 절대 될 수 없다. 영적으로 성숙하려면 영적 권위에 대해 순복하고, 훈련과 준비에 참여하며, 공동의 목표를 위해 사람들과 협력하는 책임을 져야 한다.

사역이란 무엇인가?

사역(ministry)을 성직(clergy)과 동의어로 보는 것은 부적절하다. 사역이란 섬김을 의미한다. 에베소서 4장 12-16절에 따라 모든 하나님의 백성은 섬김의 일이나 사역을 해야 한다. '사역은 사역자가 하는 일'이라고 정의하는 것이 더 정확하다.

사역자는 병문안, 세례 등과 같은 전문 성직자의 일을 담당한다. 그리스도의 몸 안팎에 있는 사람들에게 은사를 발휘하기 위해 훈련된다는 의미도 있다. 축대 벽을 쌓거나 차를 수리하거나 밭을 경작하는 친구를 도와준다는 의미도 있다. 또한 상처 입은 동료와 기도하고 일자리를 찾는 사람을 도와주며 아기를 돌봐주고 성경공부를 인도하는 일도 포함된다. 사역자는 복음의 사실을 나누거나 그리스도의 이름으로 냉수 한 잔을 주는 사람이다. 사역은 자신의 은사를 통해 사람들에게 그리스도의 사랑을 전달하는 것이다.

변화에 대한 헌신

그리스도인이 변화에 헌신해야 한다는 말은 굳이 말할 필요 없는 사실이지만 생각만으로는 아무 일도 되지 않는다.[3]

바울은 성도를 향한 연합의 목적을 긍정적인 말과 부정적인 말로 설명한다. 에베소서 4장 13절에서 회중이 성숙해 가는 과정은 "우리가 그리스도의 장성한 분량이 충만한 데까지" 이어진다고 말한다.

각 신자는 하늘에 도달할 때까지 그리스도를 닮기 위해 최선을 다해야 한다. 그 이유를 바울은 이렇게 설명한다. "이는 우리가 이제부터 어린아이가 되지 아니하여 사람의 속임수와 간사한 유혹에 빠져 온갖 교훈의 풍조에 밀려 요동하지 않게 하려 함이라"(14절).

그리스도인의 삶의 핵심은 예수 그리스도가 모든 신자 안에 성령의 권능으로 우리를 통해 그분의 삶을 사시는 것이다. 그리스도를 더욱 닮는다는 것은 성숙으로 한 단계 나아간다는 의미다. 먼 훗날 우리가 하늘에 오르면 우리는 그리스도나 신이 되는 것이 아니라 그리스도를 닮은, 죄가 없고 온전하며 영화로운 존재가 된다.

효과적인 사역자가 되기 위해서는 그리스도를 닮은 성품의 토대와 사역을 위한 대비가 필요하다. 대비는 능력을 제공하며 그리스도를 닮은 성품은 그 능력을 사용할 내면의 힘을 만든다.

교리적 이원론

많은 복음주의자가 존재와 행위에 대한 전통적 구별에서 유래한 위험한 교리적 이원론을 지지한다. 해당 이론의 지지자들은 존재가 행위보다 중요하다고 가르치며 존재가 행위보다 앞서야 한다고 주장한다. 그들은 효과적으로 사역하려면 먼저 그리스도와 깊은 관계를 맺으라고 가르친다. 이런 이원론은 그리스도인들에게 매우 좋지 않은 영향을 준다. 그릇된 성장 과정을 설정하여 그리스도를 닮는 일의 진전을 늦추기 때문이다.

그리스도에 대한 내적 헌신 없이 사역하는 것에 대한 경고라는 측면에서는 맞지만, 존재와 행위가 밀접한 관계에 있으며 도움을 주고 받는다는 그리스도의 가르침은 망각한다. 이들은 '행위 없이 존재만 추구하라'는 냉소의 말을 던지기도 한다. 그러나 그리스도는 제자들에게 그렇게 하지 않으셨다. 약간의 정보만 주고 직접 해보라고 하셨다. 그러면서 점차 더 많은 정보를 주며 제자들이 실천할 수 있도록 유도하셨다. 그것이 예수님이 사용하신 방법이다.

누군가에게 수영을 가르치는 가장 빠르고 효과적인 방법은 개헤엄만 알려 주고 물에 집어넣는 것이다. 이처럼 성품을 다루는 일은 수도원 모델에서 일어나지 않는다. 루터를 비롯한 여러 사람들이 경험한 수도원은 세상처럼 경쟁적이고 자기도취적이다. 그런데 디트리히 본회퍼는 교회 안의 진정한 변화는 수도원 영성에서 온다고 했다. 세상처럼 경쟁적이고 자기도취적인 수도원을 말하는 것이 아니다. 중심은 수도원 정신에 근거한 것이지만 사실상 은혜로 충만한 실천을 바탕으로 한다. 그래서 사역을 하다 어려운 문제에 직면했을 때 진정한 학습이 이루어진다. 그리스도인이 성경을 가르치고 철학적 질문에 대한 답변을 얻는 것은 아무런 위험이 없는 무균질 환경에서 공부할 때일까 실제로 행동할 때일까?

섬기기 전에 오래 공부하고 묵상해야 한다는 생각의 함정에 빠지지 말라. 공부와 묵상은 사역의 압박과 도전이라는 상황에서 일어나야 한다. 그리스도의 일을 경험하면서 사역에 적극적으로 참여하지 않고는 그리스도를 닮을 수 없다. 행위가 포함되지 않은 존재는 없다.

몸의 모든 지체가 온전히 힘을 발휘해야 한다. 모든 교인이 참여하여 교회를 섬겨야지 그렇지 않으면 교회는 어딘가 장애가 있는 불완전한 상태가 된다.

장애가 있는 사람이 그 장애를 극복하기 위해 보이는 용기는 우리에게 큰 감동을 주지만 교회의 불필요한 장애는 아무 감정도 불러일으키지 않는다. 교회는 몸의 약한 부분 때문에 고생할 이유가 없다. 만약 그렇다면 전적으로 문제가 있다. 많은 경우 회중은 생명이 있는 척 가장한다. 정말 헌신된 교인이나 그리스도의 사람을 제외한 나머지는 사실 오래전에 제 기능을 못하게 된 경우가 많다.

소수만 생명력 있게 일하는 교회는 효율성이 지극히 낮다. 교회에 필요한 모든 것이 아직 제자가 되지 않은 지체에게 있지만, 나태한 리더들이 적절한 비전을 제시하지 못하여 그것들을 사용하지 못하고 있다. 회중은 그리스도 안에서 성장해야 한다는 의지가 부족하다. 일부 지체는 자신의 은사를 잘 몰라서 사용하지 못한다. 이는 제자 삼는 교회라는 목적에 위반된다. "그에게서 온몸이 각 마디를 통하여 도움을 받음으로 연결되고 결합되어 각 지체의 분량대로 역사하여 그 몸을 자라게 하며 사랑 안에서 스스로 세우느니라"(엡 4:16). 이 일은 "각 지체가 분량대로 일할 때" 가능하다.

에베소서 4장 12-16절의 우선순위와 방식을 지키지 않는 교회는 큰 어려움을 겪는다. 할 수 있는 사람이 그렇게 많은데도 많은 일을 할 수 없다. 낭비와 태만이라는 죄에 압도되고 가장 저항이 적은 길을 택하는 교회 리더십은 점점 무능해진다. 회중의 50퍼센트 이상이 사역의 황무지에 있다. 사람들은 도전받지 못하고 훈련받지도 못하며 사용되지 않고 성취감을 경험하지 못한다.

성숙해지는 길

육체의 몸과 달리 영적 몸은 자동으로 관절과 힘줄과 뼈와 근육이 연결되지 않는다. 회중이 적극적으로 믿음의 선택을 해야만 연결될 수 있다. 하나님은 "각 지체의 분량대로 역사하여"(엡 4:16) 신자들이 사역에 참여하도록 은사를 주셨다. 리더십에게는 영적 은사에 대해 가르치고 은사를 확인할 시험과 경험을 제공할 책임이 있다. 회중은 은사에 대해 배운 뒤에 시험해 보고 행동해야 한다. 적극적으로 행동하고 다양한 일을 시도하는 그리스도인이 더 빨리 자신의 은사를 깨닫고 개발한다.

에베소서 4장 12-16절은 그리스도인에게 성숙해지는 길을 설명한다. 에베소서에 나오는 함께 성숙하는 것에 대한 유일한 약속이다. 제자 삼는 교회의 심장이 바로 여기에 있다. 교회가 온전히 의무를 다하기 위해서는 몸 안에 우선순위가 잘 세워져 있어야 하는데, 그 우선순위는 리더십, 대비, 성품 개발, 은사의 발견과 사용이다. 이 우선순위가 자리 잡으면 몸이 지속적으로 성장하고 사랑의 행동으로 세워진다. 또한 건강한 일을 할 수 있으며 적극적으로 일어나서 행동한다. 주변의 필요를 섬기고 희생하며 생활의 원칙을 지키고 사람들의 주목을 끄는 성품을 보임으로써 세상을 사랑한다. 이로써 날마다 구원받는 사람들이 더해진다.

성령 충만한 삶에 대한 헌신

에베소서 5장은 신자들에게 하나님을 본받는 자가 되라는 권고로 시작한다. 그러나 초자연적인 은사가 공급되지 않는다면 너무 잔인한 기대 사항으로 보인다. 사실 성령님이 도우시지 않으면 사람의 모든 우선순위와 헌신이 무용지물이다. 성령으로 충만한 삶은 세 가지 요소로 구성된다.

충만함

신약성경에서 딱 한 번, 에베소서 5장 18절에서 주님은 우리에게 "성령으로 충만함을 받으라"고 명하셨다. 헬라어 구문상 여기서 충만함은 매 순간, 지속적으로 경험하는 것을 말한다.[4] 성령 충만에는 믿음에 기초한 의지의 행동이 필요하다. 제자는 바로 지금 하나님이 자신의 삶을 주관하시도록 선택해야 한다. 매우 간단하면서도 신비로운 일이다.

하나님 말씀의 확증 없이 성령 충만을 어떻게 알 수 있을까? 당연히 그리스도인의 신뢰의 토대는 성경말씀이다. 그러나 증거가 없으면 우리는 오래도록 안정을 누리지 못한다.

증거 확인

에베소서 5장 19-21절에 사용된 네 가지 동사에서 성령으로 충만한 사람이 지닌 내면의 태도를 확인할 수 있다.

말 말은 우리가 사람들과 관계 맺는 방법과 관련이 있다. 힘든 상황에서 우리가 혀를 어떻게 사용하는가는 성령의 통제를 받는지를 확인하는 인생 최고의 시험 가운데 하나다.

노래 노래는 예배의 태도를 보여 준다. 성령의 통제를 받는 신자는 하나님을 경배한다. 성령님은 그리스도인의 혀를 비방과 모략 등의 파괴적인 행위에서 보호해 주시며 주님을 찬양하고 찬미하게 하신다. 성령으로 충만한 사람은 마음에 노래가 있고 하나님에 대해 긍정적으로 말하고 싶은 열망이 있다.

범사에 감사 성령으로 충만한 그리스도인은 삶을 바라보는 방식이 다르다. 그래서 그는 범사에 감사할 수 있다. 말씀의 렌즈로 삶을 보면 아무리 부정적인 상황이라도 하나님이 하고 계신 선한 일을 볼 수 있다. 우리가 그분께 감사할 때까지 하나님은 우리 악을 선으로 바꾸실 수 없다.

복종 주변 사람들과의 관계에서 적절한 위치를 차지하는 것을 의미한다. 복종은 우리의 권위자와 우리를 권위자로 섬기는 사람들을 위한 것이다. 그리스도의 성령 안에서 우리는 사람들을 섬기도록 부름 받았다. 그리스도가 우리의 필요를 채우심으로 우리를 섬겨 주셨기 때문이다.

성령 충만한 제자에게는 에베소서 5장 19-21절에 기록된 내면의 자질이 있다. 그는 혀를 다스려 사람을 세우는 말을 하고, 하나님을 찬송하며, 삶의 모든 순간에서 선함을 발견하고, 관계 안에서 복종하고 배우려는 겸손함을 지닌 기적의 사람이다.

시험 통과

제자 삼는 교회의 그리스도인은 앞의 내적 자질을 갖추었을 뿐만 아니라 그런 자질을 바깥으로 드러낸다. 가장 중요한 관계의 시험 6가지를 소개하면 다음과 같다. 아내가 남편에게, 남편이 아내에게, 자녀가 부모에게, 부모가 자녀에게, 직원이 고용주에게, 고용주가 직원에게다. 각 관계의 시험에서 제시되는 질문은 하나다. '나에게 가장 중요한 관계에서 나는 어떤 사람인가?' 다르게 말하면 이런 말이다. '나는 배우자가 옆에 없을 때 어떤 사람인가?' '나는 자녀를 기를 때 어떤 사람인가?' '나는 직원들을 어떻게 대하는가?' '나는 고용주를 위해 성실히 일하는가?' '나는 이 관계에서 반항적인가 순종적인가 아니면 성숙한가 무책임한가?

에베소서에서 바울이 강조한 헌신의 내용은 요한복음 15장 7-17절의 제자 개념을 보완하고 확대하며 초대교회의 우선순위와 방식 (행 2:42-47)을 확증한다.

그리스도의 가르침으로 두 가지 전환이 일어났다. 먼저 그리스도에서 초대교회로 전환되었다. 다음은 바울을 통해 초대교회에서 에베소에 세워진 제자교회로 전환되었다. 다양한 상황과 배경이지만 우선순위와 방식은 같다. 예수님은 자신을 따르는 모든 사람에게 그분의 제자도 전략을 전수하셨다.

THE
DISCIPLE
MAKING
CHURCH

목회의
우선순위

바울이 에베소에 보낸 편지와 디모데에게 보낸 편지의 주요 차이점은 편지를 받는 사람들의 의무에 있다. 교인들은 개인의 우선순위를 알아야 하지만 리더들은 공동체를 위해 전략적으로 관리의 문제를 고려하고 제자도로 이어지는 원칙들을 개발해야 한다.

설교까지는 아니지만 여러 가지 목회의 우선순위를 언급하면서 바울이 신앙의 후배에게 온 마음을 담아 전하는 마지막 말에서 제자 삼는 교회의 리더십이 명심해야 할 세 가지 우선순위를 알 수 있다.

말씀에 헌신하여 복음을 지켜라.
리더십 개발로 교회를 지켜라.
좋은 본보기가 되어 사역을 지켜라.

말씀에 헌신하여 복음을 지켜라

"우리 안에 거하시는 성령으로 말미암아 네게 부탁한 아름다운 것을 지키라"(딤후 1:14). 바울은 디모데에게 아름다운 것, 곧 복음을 지키라고 말한다.

모든 목회의 의무는 이 명령에서 흘러나와야 한다. 말씀이 목양사역을 이끌어야 한다. 리더들은 성경의 가르침에 순종하는 일련의 행동에 참여하고 말씀을 실천해야 한다. 이 편지에서는 말씀과의 관계에 대한 권고가 주를 이룬다. 바울은 세 가지를 권고한다.

하나님의 말씀을 공부하라

"너는 진리의 말씀을 옳게 분별하며 부끄러울 것이 없는 일꾼으로 인정된 자로 자신을 하나님 앞에 드리기를 힘쓰라"(딤후 2:15). 신실한 목회자는 말씀을 연구하고 아는 일에 자신을 바친다. 청중 앞에 서서 하나님의 메시지를 전달하는 사람은 숙련된 장인이라야 한다.

실망스럽게도 목회자가 말씀을 사역 방식에서 최우선으로 두지 않는 경우를 종종 본다. 사역 방식이란 설교를 말하는 것이 아니라 목회자의 행동 방식을 말한다. 그는 가장 좋은 시간에 어떤 일을 하는가? 리더들을 훈련하는 일을 최우선으로 삼고 그들과의 만남에 시간을 사용하는가? 아니면 관리와 운영을 위해 임원회의 참석하는 데 시간을 소비하는가?

하나님의 말씀에 따라 일정을 정하는 목회자라면 전자를 택하여 시간을 잘 활용하는 청지기가 될 것이다. 초대교회의 경험에서 배울 점이 있다면 사도들이 말씀과 기도에 전념했다는 것이다(행 6:1-7). 목회자가 말씀 중심의 사람이라면 말씀에 따라 우선순위와 방식을 정하는 교회를 세우는 일에 모든 노력을 기울일 것이다.

제자양육에 헌신하지 않는 목회자가 많은 이유는 자신이 먼저 말씀에 기록된 사역에 온전히 헌신하지 않기 때문이다. 성경의 가르침으로 씨름하고 말씀을 토대로 하나님이 원하시는 일을 하기로 결단하는 리더는 제자도의 관점으로 사역을 바라본다. 그러나 리더가 효과적인 일만 하려는 실용주의의 유혹에 넘어갈 때 그는 다른 신을 숭배하는 것이다. 교회 리더에게 사역의 바른 시작은 하나님의 말씀을 연구하는 것이다.

일부 목사는 설교 준비를 위해서만 성경을 연구한다. 하지만 설교를 위해서뿐만 아니라 사역의 전략, 목표, 교회 활동을 측정하는 도구를 얻으려면 하나님 말씀을 진지하게 연구해야 한다. 신앙의 성장과 그것을 측정하는 방법이 성경에는 어떻게 나와 있는가? 모든 그리스도인이 복음을 전해야 한다고 성경에서 가르친다면 우리는 어떻게 해야 하는가? 성경에는 그리스도인의 훈련에 대해 어떻게 기록되어 있는가? 무늬만 목사와 바울이 인정하는 목사의 차이는 적용과 전략과 제자도를 위해 성경연구를 얼만큼 중시하는가에 있다.

하나님의 말씀을 가르쳐라

바울은 때에 따라 어조를 조절했다. 디모데에게 많은 것을 요구했지만 가장 열정적으로 강조한 것은 가르침과 설교의 의무였다. "너는 말씀을 전파하라 때를 얻든지 못 얻든지 항상 힘쓰라 범사에 오래 참음과 가르침으로 경책하며 경계하며 권하라"(딤후 4:2).

전파는 주일오전에 회중에게 설교하는 것 이상의 의미가 있다. 물론 주일에 하는 말씀 선포를 의미하기도 하지만, 목사의 주요 임무는 하나님의 말씀을 사람들에게 전하는 것이다. 모든 것이 이 의무에서 비롯한다.

전파와 마찬가지로 "항상 힘쓰라(대비하라)"는 설교를 준비하라는 의미로 볼 수도 있지만 영적인 준비 태세도 의미한다. "때를 얻든지 못 얻든지"는 좋은 때든 그렇지 않든 하라는 의미다.

이어서 바울은 디모데에게 "경책하며 경계하며 권하라"고 충고한다. 세 단어는 말씀에 기초한 광범위한 활동을 포함한다. 경책이란 사람이 원래 말을 듣지 않는다는 의미가 아니다. 경책은 긍정적인 분위기 속에서 온유함으로 행할 수 있다. 리더는 고백하지 않은 명백한 죄의 문제를 다룰 때 책망(경계)해야 한다. 말씀에 기록된 활동의 많은 부분이 격려(권함)와 연관이 있다. 대부분 사람은 온유한 경책과 많은 격려가 필요하다.

말씀에 기반한 이 모든 활동이 제자 삼는 활동이다. 과연 교회는 얼마나 제자 삼는 일에 집중하는가? 설교는 교회 제자도의 첫 단계이자 가장 중요한 단계다. 성경을 경외하는 모든 목사는 사실 어느 정도는 제자 삼는 일을 하고 있다. 그러나 교회 전반에서 총체적으로 제자를 세우고 있는가? 경책과 경계와 격려로 사람들을 돕는 일도 제자양육이다. 그러나 교회가 과연 얼마나 광범위하게 추진하고 있는가? 교회 전반에서 책임 프로그램을 추진할 때 성경의 가르침이 효과를 발휘한다. 성경의 가르침을 제대로 적용하는 수단이 부족하면 의도한 만큼 열매를 맺지 못한다.

바울은 "오래 참음과 가르침으로" 하라고 말한다. 어리고 소심하며 참을성 없는 디모데가 "사람들이 제가 어리다고 무시하고 아무도 제 말을 듣지 않습니다"라고 불평하자 바울은 "네 자신과 사람들에게 오래 참아라. 하나님의 말씀을 공부하고 전하는 일에 더욱 수고해라. 그러면 큰 열매를 얻을 것이다"라고 충고한다.

제자 삼는 교회의 목사는 말씀 사역에 철저히 자신을 헌신한다. 이런 목사의 특징은 그의 가르침과 적용과 전략이 모두 하나님의 말씀에서 온다는 것이다.

하나님 말씀에 따라 제자도를 시행하라

제자 삼는 교회에 필요한 말씀으로 디모데후서 3장 16-17절은 말씀에 기반을 둔 제자도 과정을 제시한다. "모든 성경은 하나님의 감동으로 된 것으로 교훈과 책망과 바르게 함과 의로 교육하기에 유익하니 이는 하나님의 사람으로 온전하게 하며 모든 선한 일을 행할 능력을 갖추게 하려 함이라." 이 말씀은 모든 그리스도인의 성장에 일어나는 학습 주기를 설명한다. 학습이 멈추면 성장이 주춤한다. 이 구절에 따라 제자도의 근원, 결과, 과정을 확인할 수 있다.

근원

진정한 기독교는 말씀에 기초한다. 하나님은 마음에 있는 이미지를 기호의 형태, 즉 말로 표현하여 사람과 소통하기로 하셨다. 하나님은 사람들에게 기호를 사용하여 기록하도록 영감을 불어넣어 그분의 성품과 뜻을 전하셨다. 하나님은 인간의 품성과 문자라는 도구를 사용하여 성경 기자들이 원래 형태대로 아무런 오류 없이 모든 일을 적도록 초자연적으로 인도하셨다.

성령의 감동으로 알려진 이 가르침은 하나님께 왔다. "모든 성경은 하나님의 감동으로 된 것으로"(딤후 3:16). 참된 믿음은 말씀에 기초한다. 말씀의 저자 때문이다. 하나님은 우리의 지침이 되는 글로 된 말씀으로 우리에게 말씀하신다. 그러므로 말씀에 비추어 모든 사역을 시작하고 인도를 구하며 평가해야 한다.

바울은 디모데에게 말씀을 공부하고 가르치라고 권고한다. 이 권고는 오늘날의 목사나 리더에게도 똑같이 적용된다. 하나님 말씀의 인도에 기초하여 하나님의 백성을 이끌고 가르치지 않은 리더는 직무유기죄를 저지른 것이다.

결과

리더는 말씀이 이끄는 사역을 해야 한다. "이는 하나님의 사람으로 온전하게 하며 모든 선한 일을 행할 능력을 갖추게 하려 함이라"(딤후 3:17). 모든 과정은 그리스도인을 섬김으로 준비시키는 것이다. 제자도의 원리는 '완전히 갖춰진'이라는 의미의 헬라어 엑세르티스메노스(*exertismenos*)로 귀결된다. 이 완료시제 수동태 단어는 과거에 끝난 행동을 의미한다. 즉 결과가 영원히 계속된다는 말이다. 하나님의 말씀은 사람을 평생 준비시킨다. 수동태 형태는 갖춰진 사람이 하나님의 말씀에 따라 행동함을 의미한다. 믿음의 선택으로 그리스도인은 하나님의 유익을 얻는다. 분사 형태는 이 일이 지속적인 과정임을 보여 준다.

이 단어의 헬라어 어근으로 '온전히 갖춰진'을 의미하는 엑사르티조(*exartizo*)는 에베소서 4장 12절에서 '준비하다'로 번역되는 카타르티조(*katartizo*)와 긴밀한 연관이 있다. 누가는 같은 단어를 "온전하게 된 자는 그 선생과 같으리라"(눅 6:40)는 예수님의 말씀에 사용했다. "온전하게 된"에도 같은 어근의 단어가 사용되었다.[1]

그리스도의 가르침(눅 6:40), 교회 리더십의 책임(엡 4:12), 제자의 삶에 초자연적으로 역사하는 하나님의 말씀(딤후 3:16-17)의 중심에는 엑사르티조가 있다. 핵심은 섬김의 삶을 준비하는 것이다. 사람은 하나님의 말씀으로만 효과적인 사역을 하기 위한 준비를 할 수 있다. 그리스도인이 왜 다른 수단에 눈을 돌리는가? 모든 사역은 오직 진리이신 하나님의 말씀으로만 인도를 받아야 한다.

하나님의 말씀은 사람들을 건강하고 생산적인 제자로 준비시키는 제자 삼는 교회의 원동력이며, 그 결과 자연스럽게 재생산과 배가가 일어난다. 교회가 선교의 경계를 외부로 넓힐수록 사람들이 회심하고 몸이 성장하며 하나님이 영광을 받으신다. 이 단순한 원리대로 살기가 왜 그리 어려운지 정말로 궁금하다.

과정

바울은 학습의 4단계를 이야기한다. 하나님의 말씀은 "교훈과 책망과 바르게 함과 의로 교육하기에 유익하다"(딤후 3:16). 각 단어는 전체 주기의 각 부분을 대표한다.

1. 교육(교훈)

디다스칼리안(*didaskalian*)은 '가르침, 교육'을 의미한다. 여기서는 하나님이 설명하시는 사람들이 따라야 할 원칙이라는 의미로 사용되었다. 하나님의 말씀을 가르친다는 것은 제자에게 걸어가야 할 길을 제시한다는 의미로 이해할 수 있다.

2. 책망

영어의 책망(rebuke)에는 헬라어 엘렌콘(*elenchon*)보다 더 많은 감정이 담겨 있다. 원래 의미에는 엄격함이나 옹졸함이 없기 때문에 영어로는 '자각'(conviction)이 더 맞는 의미라고 볼 수 있다. 성령은 우리가 떠나온 배움의 길에 빛을 비추신다. 성령에 적합한 이미지는 돕는 자, 상담자, 파라클레트(Paraclete), 보혜사다. 하나님은 우리를 감싸 안으며 우리의 잘못을 지적하고 가야 할 바를 알려 주신다.

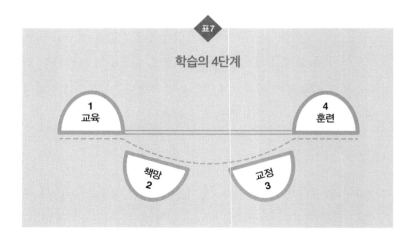

표7

학습의 4단계

1 교육

4 훈련

책망 2

교정 3

안타깝게도 많은 그리스도인이 첫 단계에서 교육을 받은 뒤에 죄를 짓는다. 더 많은 교훈을 듣고 더 많은 죄를 짓는 일을 반복한다. 하나님이 문제에서 벗어나는 길을 알려 주셨는데도 문제를 결코 수정하지 않는다.

3. 교정(바르게 함)

에파노르토신(epanorthosin)이란 '자세를 똑바로 하고 서다'라는 의미다. 풀어서 설명하면 이렇다. 가르침(교훈)에 따라 길을 가던 사람이 길에서 벗어나 배수로에 빠진다(책망). 그는 일어나서 원래 가던 길로 다시 돌아가야 한다(교정).

성경은 우리에게 할 일을 알려 주고 우리가 하지 않을 때 책망하며 제 길로 돌아오도록 강권한다. 이 바르게 하는 과정은 책임의 중요성을 보여 준다. 하나님의 계시가 없으면 사람들이 책임을 다하기가 어렵다. 하나님의 말씀에 있는 권위로 선포하지 않는 영적 리더에게는 두 발을 딛고 설 자리도, 반대를 물리칠 근거도 없다. 교정 사역은 성공적인 제자도에 필수적이다.

죄는 파괴한다. 사람의 자존감을 갉아먹으며 자신감을 침식시키고 정신적·육체적 상처를 남긴다. 사탄과 한바탕 홍역을 치른 뒤에 제자리로 돌아오려면 도움이 필요하다. 운전하다가 졸아서 하수구에 빠진 사람처럼 그리스도인은 스스로 잔해에서 빠져나오지 못한다. 누군가가 그를 꺼내어 도로로 옮겨서 구급차에 실려 보내야 한다. 의사에게서 수술과 처방을 받고 물리치료도 받은 뒤에야 정상적으로 움직인다.

성경은 우리가 하나님의 길에서 벗어났다는 것을 알려 주며 다시 제

길로 돌아가도록 도와준다. 교정은 빌립보서 4장을 읽고 염려를 다루는 방법을 배우는 것이 될 수도 있다. 열왕기상 17장에서 하나님이 엘리야에게 알려 주신 방법을 사용하여 우울증에서 벗어나라고 도전하실 수도 있다. 문제가 무엇이든 성경은 명확한 교정 방법을 제시한다.

4. 훈련

파이데이안(*paideian*)이란 '규율이 있는 교육'을 의미한다. 오늘날의 교사들은 '훈련'을 어린 학생들과만 연관 짓는데 파이데이아(*paideia*)는 그리스도인의 발달 과정 전체에 포함된다. 정보에 규율과 책임이 부여된다. 점진적이고 지속적인 이 과정은 분명한 의도와 지시로 이루어진다. 2장에서 나는 제자 삼기를 '사랑의 관계에 기초하여 각자가 책임을 다하는 제자를 훈련하는 의도적 활동'이라고 정의했다. 이 정의에 해당하는 헬라어를 물어본다면 훈련을 지칭하는 '파이데이아'라고 말하겠다.

훈련은 교육이고 교육이 훈련이다. 나는 훈련을 '바른 정보를 제시한다'는 의미로 사용했지만, 여기에는 학생을 계속 감독하고 반복된 경험을 통해 가르친다는 의미가 포함되어 있다. 예수님의 6단계 교육 방법은 의로 교육하는 것이 무엇인지를 잘 보여 준다.

시연과 모방과 재생산에 대한 바울의 권고(살전 1:5-8)가 선실 라운지에서 이루어지는 제자도 과정이라면 디모데후서 3장 16-17절은 엔진실에서 이루어지는 과정이다. 효과적인 사역을 위해서는 두 가지가 모두 필요하다. 단 모든 사역은 말씀의 인도를 받아야 한다. 사역의 연료가 엔진실에서 공급되지 않으면 배가 침몰한다. 라운지에 있는 승객들이 아무리 좋은 시간을 보내고 있더라도 음식과 물이 떨어지면 금세 악몽으로 변한다. 엔진실의 문제로 배가 앞으로 나가지 못하면 결국 비전이 사라지고 승객들끼리 다투며 목적도 상실한다.

배가 멈춘 줄도 모른 채 라운지에서 놀기에만 열중하는 교회가 많다. 그들은 교육과 책망의 주기를 끊임없이 돌고 있다. 책임을 거부하고 교정 사역을 하지 않는다. 파이데이아에는 책임이 필요하다. 사람들을 훈련한다는 것은 팔을 걷어붙이고 참여한다는 말이다. 리더들은 가는 방향을 알고 성경의 기준에 따라 목표를 설정하는 용기를 가져야 한다.

바울의 4단계 학습 주기는 그야말로 주기다. 우리 삶의 수천 가지 영역에서 셀 수 없이 많이 일어난다. 네 영역에서 하나님과 그분의 말씀에 참여할 때만 온전히 성장할 수 있다. 교회 전체가 함께 4단계에 집중할 때 그리스도 안에서와 사역에서 성숙에 이를 수 있다.

리더십 개발로 교회를 지켜라

교회 리더들에게는 두 가지가 필요하다. 기본적 영적 자질과 리더십 능력이다. 기본적 영적 자질이란 성품, 신실함, 은사를 말한다. 배가 하는 리더에게는 6가지 사역기술이 있다. 성경을 효과적으로 전달하고, 제자도의 개념을 분명히 알며, 사람들을 잘 관리하고 가르치며, 사람들에게 동기를 부여하고, 사람들을 바로잡으며, 전도한다.[2]

이 원칙은 모두 성경에 뿌리를 둔 것이다. 각 원칙을 실천하는 방식은 리더 개인의 취향과 방식에 달려 있다. 바울은 디모데에게 리더십의 자격과 리더십 발휘에 대한 개인의 의견을 말했다. 바울이 에베소의 제자교회에 제시한 가장 간단하고 광범위한 원칙을 보자(딤전 3:1-6; 5:17-21).

리더십의 성실함

바울은 디모데에게 그에게 맡겨진 거룩한 복음을 잘 지키라고 하면서 복음을 부탁하는 사람들을 고를 때 신중하라고 충고한다. "또 네가 많은 증인 앞에서 내게 들은 바를 충성된 사람들에게 부탁하라 그들이 또 다른 사람들을 가르칠 수 있으리라"(딤후 2:2).[3]

리더십은 복음을 위임받았다. 부수적인 교회 사역을 하는 정도가 아니다. 그러나 회중 가운데서 힘이 있는 소위 실세들은 복음을 가르치거나 전하는 일에 직접 관여하지 않는 경우가 많다. 물질 만능주의 사회에서는 돈이 곧 힘이어서 돈 있는 사람이 주로 영적 리더가 된다. 바울의 생각과는 거리가 먼 일이 교회 안에서 벌어지는 것이다.

이런 병폐를 해결하려면 모든 잠재 리더들이 복음을 공부하고 자신을 재생산시키는 일과 직결되는 교육과 실천에 철저히 순복해야 한다. 복음을 전하고 재생산하는 일이 리더십의 기본 영역이 되어야 한다. 리더가 될 후보는 영적인 의욕이 있으며 복음전파가 자신의 궁극적 목적인 사람이라야 한다. 처음에는 후보에게 단순하고 부담스럽지 않은 일을 맡기고 천천히 좀 더 복잡한 임무를 주는 것이 좋다. 리더는 행동으로 자신의 신실함을 증명해야 한다(눅 16:10). 이렇게 쉬운 원칙을 자주 지키지 못한다. 리더가 될 사람이 이 간단한 일도 못 한다면 그에게 어려운 일을 맡기지 말아야 한다. 이 원칙을 무시한 탓에 많은 리더와 불성실한 성도가 실패를 경험하고 사역이 엉망이 된다.

신뢰성은 리더십에게 절대 타협할 수 없는 자질이다. 많은 목사와 리더가 불성실한 다른 리더에 대해 불평한다. 불성실한 리더들은 회의에 늦게 오거나 아예 오지 않기 일쑤다. 그들은 책임을 완수하지 않고 동기가 부족하며, 리더의 임기가 끝나면 다시는 섬기고 싶어 하지 않는다. 그런 리더십이라면 장차 크게 좌절할 수밖에 없을 것이다.

이런 상황은 디모데에게 전하는 바울의 충고를 진지하게 받아들이지 않았기 때문에 벌어진다. 성실함에 우선순위를 두고 시간과 노력을 쏟는 리더가 부족하다. 그들은 계획을 시행하고 일을 성공시키는 방법도 모른다.

관계의 문제 때문에 현 상황을 바꾸고 불성실한 사람들을 추려 내는 일은 꽤 어려운 일이 되기도 한다. 그러나 하나님께 순종하고 싶은 목사라면 어떻게든 문제를 해결하는 수밖에 없다. 리더가 복음을 전하고 제자를 재생산시키는 성실한 사람이길 기대하는 목사는 자신이 먼저 성실한 리더가 돼야 한다. 리더십 개발의 기초는 성실함에 있다. 가장 기초적인 문제를 무시하는 것은 다섯 살짜리를 고등학교에 보내는 것이나 다름없다. 그럴 경우 대가를 치러야 한다.

리더십의 품성

디모데전서 3장 1-16절은 이 책에서 제시하는 원칙의 요약본이다. '잘 가르치는 능력'과 같은 사역의 기술은 충성된 사람들에게 요구되는 자질이기도 하다(딤후 2:2). 관리 능력도 여러 차례 등장한다. 예를 들어 리더는 집, 가족, 일을 잘 관리해야 한다. 관리의 은사가 있어야 한다는 말이 아니라 기본 책무를 다해야 한다는 뜻이다.

우리는 이런 자격 조건에 얼마나 무게를 두는가? 거의 모든 사람이 그런 자격 조건이 있다는 것을 인정하고 중요하다고 생각할 것이다. 오늘의 교회는 그 자격 조건을 주기도문이나 고린도전서 13장, 팔복, 십계명과 비슷하게 보는 경향이 있다. 그들은 이렇게 말한다. "훌륭한 지침이지만 사람들에게 그런 조건을 제시하면 리더가 되려는 사람이 아무도 없을 것입니다."

사실 백 퍼센트 요건에 맞는 사람은 없다. 자격 조건을 내세워서 완벽주의를 추구하자는 말이 아니다. 그렇다고 리더의 자격을 갖추려는 열정을 끌어내리는 운명론적 냉소주의를 받아들이라는 말도 아니다.

일부는 '완벽한 사람은 없다'는 변명이나 '말도 안 된다'는 냉소로 그런 자격 조건은 달성하기 불가능하다고 일축한다. 자격 조건을 진지하게 받아들이려면 원칙들을 실천할 때 따르는 저항을 극복해야 한다. 변명 뒤에는 보통 두려움과 무지가 있다.

이 말씀을 진지하게 받아들인다면 말씀에 명시된 자질들이 효과적으로 실행되도록 훈련생들을 지도하고 잠재적인 리더들을 위한 훈련 프로그램을 개발해야 한다. 그들을 훈련하고 지도하며 평가하고 선별하라. 그럴 때 진지하게 리더의 요건을 받아들인 것이다.

구약성경을 보면, 장로들이 성문에 앉아 현자들과 대화를 나누었다고 나온다. 이것을 교회에 적용하여 장로들이 교회의 문을 지킨다고 생각해 보고 싶다. 성경의 요건들을 진지하게 고려한 의도적인 리더십 개발로 교회를 악에서 보호할 수 있다.

리더십 개발은 교회의 철학적 순수성을 리더십에게 제공한다. 철학적 순수성이란 최고 리더들이 교리, 사역철학, 방법론에 본질적으로 동의한다는 말이다. 이런 연합이 있으면 적이 리더들을 이간질하여 멀어지게 하기가 어렵다.

리더들은 자기 자신을 온전히 입증하고, 자리를 맡기 전에 충분한 교육을 마쳤을 때 일과 사역을 더 잘할 수 있다. 리더십 개발은 교회가 추구하는 목표의 탁월한 모범을 교회에 제시한다. 가장 강력한 교육 수단은 지식과 지식이 적용된 사례의 결합이다. 교회 리더들이 교회의 가르침과 우선순위를 삶으로 보일 때 사람들이 따라온다.

좋은 교리와 성경말씀으로는 충분하지 않고 리더십 개발에 대한 헌신이 포함되어야 한다. 리더들을 세워서 재생산시키지 않는 목사는 불성실한 목자다. 그는 자신의 자리를 버리고 다른 신들을 따르는 사람이다.

리더의 책임감

책임감 없이는 제자 삼을 수 없다. 그런데 책임감이 필요한 부분은 끝이 없다. 장로는 다른 사람들보다 감독이 덜 필요하지만 장로에게도 행동에 대한 책임이 요구된다. 장로가 넘어졌을 때 교회와 세상이 무엇을 듣고 보겠는가? 이들이 실족하면 그리스도와 그분의 백성에게 수치가 되고, 우리가 전하는 메시지가 힘을 잃는다. 보통 이들은 리더십의 자리에서도 물러나는데, 실수의 대가가 크기 때문이다.

그만큼 장로의 책임은 막중하다.

디모데전서 5장 17-18절에서 바울은 잘하는 장로들이 존경을 받아야 하며, 말씀과 가르침에 수고하는 장로는 더욱 존경을 받게 하라고 디모데에게 말한다. 그러나 존경의 이면에는 리더십의 대가가 있다. 존경에는 더 높은 기준이 요구된다.

장로에 대한 고발을 다루는 문제에서 바울은 "장로에 대한 고발은 두세 증인이 없으면 받지 말 것이요"(딤전 5:19)라고 경고한다. 영적 리더십에게 가장 끔찍한 일 가운데 하나는 사람들이 리더에 관해 이야기를 지어내는 것이다. 리더 대부분이 자신이나 가족에 대한 지극히 창의적인 거짓말을 듣는다. 사탄은 교회에서 리더를 비방하고 반쪽 진실을 말하며 빈정거림을 일삼을 사람들을 언제든지 찾아낸다. 바울은 교인들 사이에 퍼진 쓰레기 같은 소문을 무시하라고 디모데에게 충고한다. 그들의 말이 사실이라면 기꺼이 진위를 밝힐 증인이 있을 것이다. 그렇지 않다면 이 조언을 기억해야 한다. "범죄한 자들을 모든 사람 앞에서 꾸짖어 나머지 사람들로 두려워하게 하라"(딤전 5:20).

장로가 심각한 죄를 지어 그리스도와 교회를 수치스럽게 한다면 즉시 조치를 취하라. 장로라는 위치에서 전체 회중에 죄의 그림자를 드리웠다는 의미이므로 그는 모든 사람 앞에서 책망을 받아야 한다. 리더들이 용기가 없어서 문제를 공공연히 밝히지 못하는 경우가 많다. 교회 이미지 때문에 죄의 문제를 감추고 싶어 한다. 그러면 죄를 지은 사람이 순교자로 포장된다. 그가 회복될 수 있는 유일한 방법은 먼저 죄를 자백하고 죄를 범한 사람들 앞에서 고백하며 그들에게 용서받는 것이다.

장로가 죄를 고백하고 회개하면 죄를 전체 회중 앞에서 말하고 공개적 질책을 받지는 않는다. 아울러 다른 장로들이 그를 교인으로 받아들이도록 추천해야 한다. 그렇다고 리더십으로 복권시켜서는 안 된다.

장로가 맡은 책임

리더십에서 장로가 맡은 책임도 매우 중요하다. 그리고 장로의 삶에서 많은 부분이 조정이 필요하다. 그러나 책임의 중요성을 절감하는 사건이 일어나기 전에는 보통 이 문제를 간과한다. 결정을 내리는 권위자인 장로가 오히려 교회의 힘을 약화시키기도 한다. 예를 들어 세부 사항에 집중하는 사람은 영적 리더십 팀에서 중요한 역할을 담당하지만, 그 꼼꼼함이 사사건건 트집 잡는 방향으로 흐르면 사람들을 좌절하게 하고 갈등을 유발하여 교회 발전을 저해한다. 장로는 품성을 개발하고 임무를 완수하는 데 책임을 다해야 한다.

마지막 권고

"하나님과 그리스도 예수와 택하심을 받은 천사들 앞에서 내가 엄히 명하노니 너는 편견이 없이 이것들을 지켜 아무 일도 불공평하게 하지 말며"(딤전 5:21). 바울은 지극히 깊은 인상을 남기기 위해 하늘에서 보고 있는 모든 천사를 언급하며 시작한다. 모든 일을 편견 없이 하고 공평함을 유지하면서 '객관성을 지키라'고 말한다.

"이것들"이란 장로를 대하는 태도와 앞의 모든 권고를 총칭하는

말이다. 탐욕을 피하고 순전한 삶을 추구하라는 권고(딤전 6:11-14)
와 복음을 전하라(딤후 4:1-3)는 권고와 마찬가지로 이 명령도 상당
히 중요하다.

　의도적으로 리더들을 세우고 교육하지 않음으로써 공공연히 죄
를 짓는 교회가 얼마나 많은가? 얼마나 객관적으로 리더를 선정하
는가? 바울은 교회를 인도하고 사역을 효과적으로 하기 위해 리더
들을 세우고 훈련하라고 엄중히 말한다. 분명한 목표와 훈련 프로그
램, 객관적 성품과 자질을 평가하는 공정한 선발 과정을 두지 않고
교회는 리더를 세우라는 권고를 진지하게 듣지 않았다. 그 결과 편
견과 편애로 가득한 구식 시스템이 여전히 남아 있다. 진정한 리더십
을 세우려면 바울의 권고를 따라야 한다.

좋은 본보기가 되어 사역을 지켜라

'사람들은 우리를 주시하고 있다', '우리가 하는 대로 보고 배운다',
'비전은 가르쳐서 되는 게 아니라 보고 체득하는 것이다.' 모범의 중
요성을 강조하는 말은 많다. 성경 역시 모범의 중요성을 강조한다. 베
드로는 리더들에게 양 무리의 본이 되라고 했으며(벧전 5:3) 바울은
디모데를 비롯한 사람들에게 자신이 그리스도를 본받은 것처럼 자
신을 본받으라고 했다(고전 11:1; 빌 4:9). 디모데는 바울의 조언을 따
랐다. 바울은 고린도 교인들과 수백 킬로미터 떨어진 에베소에서 이
런 내용의 편지를 보냈다. "그러므로 내가 너희에게 권하노니 너희는

나를 본받는 자가 되라"(고전 4:16). 고린도 교인들에게 기억을 끄집어내어 본받으라는 말인가? 아니다. 바울은 디모데를 보낸다. "이로 말미암아 내가 주 안에서 내 사랑하고 신실한 아들 디모데를 너희에게 보내었으니 그가 너희로 하여금 그리스도 예수 안에서 나의 행사 곧 내가 각처 각 교회에서 가르치는 것을 생각나게 하리라"(17절). 디모데는 바울을 따랐으며 고린도 교인들은 디모데를 보면서 바울 사도를 따랐다. 사실 바울을 따름으로써 그들은 그리스도를 따랐다.

바울은 그들에게 자신의 성품을 따르라고 하지 않았다. 사람들이 진리의 몸과 사역의 철학을 따르기를 바랐다. 17절에서 바울은 자신이 고린도 교인들에게 전하는 모범이 무엇인지를 설명한다. "나의 행사 곧 내가 각처 각 교회에서 가르치는 것"이다. 디모데후서에서 설명했던 것과 같은 내용이다. "너는 그리스도 예수 안에 있는 믿음과 사랑으로써 내게 들은바 바른 말을 본받아 지키고 우리 안에 거하시는 성령으로 말미암아 네게 부탁한 아름다운 것을 지키라"(딤후 1:13-14).

바울은 자신이 방문하는 교회마다 표준화된 진리를 가르쳤다. 핵심은 메시아이신 그리스도며 부수적으로 지상명령과 실천 방안을 제시했다. 영적 은사, 몸의 사역, 리더의 자격 등에 대한 바울의 가르침의 핵심은 복음이다. 그가 남긴 서신을 조각조각 맞춰 보면 구체적인 행동 방법을 알 수 있다.

고린도 교인들은 디모데의 교리와 방식을 모방하여 개인의 삶과 교회에 적용했다. 그들은 디모데의 본을 따름으로써 배웠다. 바울은 반드시 따라야 하는 일을 상세하게 디모데에게 지시했다.

"오직 말과 행실과 사랑과 믿음과 정절에 있어서 믿는 자에게 본이 되어." 딤전 4:12

"오직 너 하나님의 사람아 이것들을 피하고 의와 경건과 믿음과 사랑과 인내와 온유를 따르며 믿음의 선한 싸움을 싸우라 영생을 취하라 이를 위하여 네가 부르심을 받았고 많은 증인 앞에서 선한 증언을 하였도다." 딤전 6:11-12

"나의 교훈과 행실과 의향과 믿음과 오래 참음과 사랑과 인내와 박해를 받음과 고난과…그러나 너는 배우고 확신한 일에 거하라 너는 네가 누구에게서 배운 것을 알며." 딤후 3:10-11, 14

신념의 본

나는 이런 말을 자주 한다. "내 생각에 비웃고 내 의견을 무시할지언정 내 신념에 대해 이래라저래라 하지 마라." 신념이란 내가 투쟁해서라도 지키고자 하는 믿음이다. 리더라면 자신이 알고 확신하는 것에 대해 본을 제시해야 한다. 윤리와 철학에 대한 뿌리 깊은 신념은 전염성이 있다. 사역에 대한 리더의 신념 역시 파급효과가 있다.

좋은 모범을 보이면 사역의 본질을 지킬 수 있다. 개인의 생활 방식과 윤리 의식은 하나님을 위해 하는 모든 일의 토대가 된다. 사람들은 리더가 보이는 모범을 따른다. 당신이 재생산하는 것이 바람직한 모범이 되도록 노력하라.

리더십 공동체

구성

모든 제자교회는 결국 리더십 공동체를 구성하여 재생산과 배가를 지속한다. '와서 나와 함께 있으라' 단계로 가려면 리더십 공동체가 필요하다.

리더와 훈련생은 4가지를 목표로 교회의 리더십 공동체를 구성한다.

1. 훈련과 교육
2. 교육의 적용
3. 전도와 교회개척 전략
4. 도제교육 환경 제공

혹자는 훈련소, 신학교, 교회개척학교라는 이름으로 부를 수도 있겠으나 여기에는 공동체라는 단어의 핵심이 빠져 있다. 리더십 공동체란 신앙·관계적으로 연합한 사람들의 집단으로 함께 그리스도의 일에 협력하는 모임이다.

리더십 공동체는 모두를 위한 곳이 아니다. 리더십 훈련에서 '와서 나와 함께 있으라' 단계에 속하려면 공동체에 참여하도록 초청받고 공동체의 규칙과 요건에 헌신해야 한다. 에베소 회중 가운데 소수가 바울의 리더십 공동체에 속했다. (일반적으로 교회 예배 참석자의 10퍼센트가 리더십 공동체를 구성한다.) 바울은 리더십 공동체를 어떻게, 왜 시작했을까?

제도에서 훈련으로

지역 회당에서 3개월 동안 강론한 바울은 스테인드글라스 대신 칠판을 택했다. 회당의 리더들은 완강한 태도로 바울과 그의 가르침을 비방했다. 그래서 바울은 모두가 명심해야 하는 원칙 하나를 실천했다. 영적으로 건강한 구도자들과 일하고, 불순종하는 자들이 사역의 전략을 주도하게 해서는 안 된다는 원칙이다. 바울은 두란노 서원이라는 강의실로 전도의 전략지를 옮겨서 리더 양성소를 시작했다. 2년 동안 매일 오전 11시부터 오후 4시까지 토론을 벌였다. "바울은 오전에 선선할 때 천막을 만들고 11시부터는 외부 활동을 멈추고 두란노에서 강의했다. 학교를 맡아서 사람들을 가르쳤다."[1]

바울이 가르친 대상을 보자. "제자들을 따로 세우고"(행 19:9). 에베소의 회중 전체가 따른 것이 아니다. 장차 사역과 교회에서 리더가 될 후보들의 소수 집단이 대상이었다. 그들은 아시아 전 지역의 복음화를 주도할 리더십 공동체를 형성했다. "아시아에 사는 자는 유대인이나 헬라인이나 다 주의 말씀을 듣더라"(행 19:10).

리더십 공동체는 기독교의 경계와 범위를 확장하는 것을 목표로 한다. 리더들은 지상명령에 따라 그리스도와 그분의 뜻에 헌신하여 동역한다.

표8

제자교회

초대교회 확장 장애물 제거		선교교회 와서 보라	와서 나를 따르라	제자교회 와서 나와 함께 있으라
행 2-7장 5-7년 행 2:42-47 **형성:** 와서 보라 **발달/조정:** 와서 나를 따르라 **재생산:** 와서 나와 함께 있으라 최초의 교회 →	빌립 베드로 바울 안디옥: 새로운 파송 의 중심지 내 안에 거하라	형성 2년 8개 도시 많은 교회 장로 임명	발달 조정 추가 서신 데살로니가 교회 4년 15개 도시 9개 이상의 교회	재생산 추가 에베소 바울

(공의회 / 행 15장)

사람들의 우선순위 · 목회적 우선순위 · 리더십 우선순위

리더십 공동체의 목표

1. 훈련과 교육

예수님은 두 가지 이유에서 열두 제자를 선택하셨다. '예수님과 함께함'(제자도의 기초인 모범과 성품 전이가 일어나는 토대)와 '보내서 전도함'(사역 능력 함양)이라는 이유에서다(막 3:14). 예수님의 모범을 본받아서 바울은 자신의 성품과 사상을 선택한 제자들에게 전하기로 계획한다. 그는 자신이 에베소에 온 뒤로 자신과 함께 여행하고 탁월한 능력을 보인 사람들을 택하여 리더로 훈련하는 환경으로 이끌었다.

바울은 교육과 전도에 초점을 두었다. 사도행전 19장 9절에서 "강론"으로 번역된 단어 디알레고메노스(*dialegomenos*)는 '논쟁하다, 주장하다'를 의미한다. 랍비 유대교와 초기 기독교에는 전도자와 교사의 일에 대한 명확한 구별이 없었다.[2] 많은 학자가 타티안과 클레멘트 같은 초기 교부들은 교육과 전도를 구별하지 않았다고 추정한다. "그들은 편안하고 느긋하게 변증론을 집필하는 학자들이 아니었다. 그들은 선교사이자 설교자요 전도자이자 많은 경우 순교자였다."[3] 두란노 서원에서 바울이 보인 모범은 교부들의 방식에 영향을 주었다.

바울의 가르침에는 지적인 활력이 있었다. 그는 성경말씀에서 생각을 제시하고 자신과 학생들과 구도자들이 품은 의문에 대해 토론을 벌였다. 디알레고메노스는 자신의 주장을 설득하기 위해 사용한다. 바울은 날마다 적대적인 사람들과 굶주린 사람들을 모두 대면했다.

양쪽은 전혀 다른 질문을 제기했다. 실제적인 대화와 토론, 열정, 열띤 의견 교환은 제자들에게 매우 흥미진진한 교육 환경을 조성했다.

바울은 학생들을 가르치는 동시에 전도하는 것을 목적으로 삼았다. 어떤 결과물이나 방식을 재생하려면 그 바탕이 되는 철학을 이해해야 한다. 그래서 바울은 일종의 거리 신학교를 운영했다. 자신과 비슷한 '민간 전문가들', 언제든지 거침없이 말할 수 있는 사람들을 훈련했다. 바울 자신이 훌륭한 교육을 받은 덕분에 자신을 공격하는 사람들과도 능숙하게 대화할 수 있었다. 그는 학생들에게 필요한 원리를 가르쳐서 즉시 사용하게 했다. 그러나 학생 스스로 말씀에서 답을 찾도록 도전하는 것만큼 효과적인 방법은 없다.

평생 유지되는 철학을 가르쳐라

미래의 리더에게 평생 남을 성경에 기초한 철학을 가르치는 것이 중요하다. 방법은 계속 변하지만 방법의 기초가 되는 원칙은 심리 면에서나 사역 면에서 인내력을 제공한다. 바울이 모든 교회에 가르친 것을 보면 일정한 교육 유형이 있었다. 그는 자신이 개척한 모든 교회, 자신이 위임한 모든 목사, 자신이 세례를 베푼 모든 신자가 같은 방식으로 사고하기를 기대했다.

복음을 가르칠 때 어떤 방법을 사용하든 자신의 가르침이 전달 가능하고 재생되게 하는 데 주안점을 두자. 성경 문맹이 일반화된 요즘 시대에 미래 리더들은 성경의 기초 교리에 확고한 뿌리를 내려야 한다. 오늘날 문화에서는 리더십 공동체에 토론과 전도가 그리 활발하지 않은 것 같다. 하지만 생각을 새롭게 하는 교육은 한 사람을 변화시킨다. 그가 평생 사역하는 동안 교육으로 배운 원리가 그를 지탱하는 힘이 된다.

2. 교육의 적용

진정한 교육에는 언제나 적용 수단이 수반된다. 리더십 공동체는 그리스도의 6단계 교육 방법 중 5단계인 '스스로 하게 하라'를 실천하는 곳이다.

바울의 강의실은 철학적 기초를 배우고 그것을 실제로 해볼 수 있는 자리였다. 강의실에는 세 부류의 사람이 있었다. 제자(훈련생), 구도자(결국 믿음을 갖게 될 사람들), 적대자(기독교를 파괴하려고 애쓰는 사람들)이다. 변증가에게는 그야말로 흥미진진한 청중이다. 먼저 바울이 설명하고 나면 반대자들이 그 해석에 반론을 제기하고 구도자들이 핵심을 꿰뚫는 질문을 던진다. 바울은 성경으로 대답하고 논쟁했다. 제자들은 자신이 배운 것을 즉시 적용했다.

처음에는 바울이 대부분의 질문에 대답했다. 어쩌면 디모데, 누가, 실라, 다른 리더도 대답했을 것이다. 그러나 시간이 갈수록 다른 사람들이 질문에 답변했을 것이다. 소그룹으로 나누어 다양한 주제에 대해 토론하면서 학생들에게 자기 의견을 분명히 표현하고 소통 능력을 연마할 기회도 주었을 것이다. 바울이 지켜보는 가운데 자연스럽게 '스스로 하게 하라'가 이루어졌다.

현대 문화에서는 두란노 서원 같은 환경을 조성하기가 어렵다. 반대자는 교회 건물에 아예 들어오지 않으며 강연자와 대화하지도 않는다. 게다가 에베소처럼 평일 오후에 5시간씩 시간을 내서 올 수 있는 사람도 많지 않다. 그러나 나는 두란노 서원 역할을 하는 곳이 있어야 한다고 생각한다.

배운 내용을 실천할 곳이 없으면 제대로 배우기 어렵다. 우리 교회에서는 소그룹을 돕는 리더 후보들을 세웠다. 그들은 소그룹에서 철학적 기초를 배우고 현장 실습을 한다. 후보들은 배운 내용을 시험해 보고 아군인 소그룹 회원들에게서 먼저 공격을 받아 본다. 그들이 궁극적으로 바라는 것은 자신의 생활 터전에서 만나는 모든 사람에게 신앙을 나누고 그들을 전도하는 것이다. 또한 장차 리더로서 성장하여 소그룹을 인도하고 또 다른 훈련생을 훈련시키는 것이다. 이런 구조가 교회 안에 있다면 그 교회는 매년 재생산할 것이다. 이 교회의 리더십 공동체는 생명력을 유지하고 꾸준히 성장할 수 있다.

바울이 2년 동안 일주일에 6일 하루 5시간씩 강의하기는 어려웠을 것이다. 왜 그럴까? 두 가지 이유가 있다. 한 가지는 실제적인 이유다. 하루 중 제일 더울 때 푹푹 찌는 실내에서 5시간 동안 사람들의 관심을 계속 붙잡아 두려면 신학 강의만 하기보다는 많은 활동을 해야 했을 것이다.

다른 한 가지는 성경에 근거한 어려움이다. 강의실에서 이루어진 토론과 논쟁에 대해 회의론자들은 "그게 뭐 대수인가?"라고 반문했다. 다음 구절에 나오는 "그래서"(so that)에 대답이 있다. "[그래서] 아시아에 사는 자는 유대인이나 헬라인이나 다 주의 말씀을 듣더라"(행 19:10). 누가는 두란노 서원에서 이루어진 강의가 그리스도의 복음이 온 지방으로 확대된 이유라고 생각한 게 분명하다. 바울의 리더십 공동체가 했던 강의 덕분에 전도와 교회개척이 가능했다. 그러자면 단순 강의보다 외부 전도가 필요했다. 바울은 강의가 없을 때 거리로 나가서 사역했다. 하나님이 바울의 손으로 놀라운 능력을 행하셨다(행 19:11). "믿은 사람들이 많이 와서 자복하여 행한 일을 알리며…이와 같이 주의 말씀이 힘이 있어 흥왕하여 세력을 얻으니라"(행 19:18, 20). 바울은 제자들을 데리고 거리 사역을 나갔을 것이다. 밀레도에 온 에베소 장로들에게 자신이 3년 동안 "공중 앞에서나 각 집에서나 거리낌 없이"(행 20:20) 사역했다고 말했다.

일정 기간 제자들은 제자, 구도자, 반대자가 모인 곳에서 생각을 넓힐 기회를 얻었다. 구도자는 궁금한 질문에 대답을 들었고 회의론자는 반박을 펼쳤으나 반대에 번번이 실패했다. 제자들은 질문에 대답하고 논쟁을 거부했다. 바울은 이제 다음 단계로 넘어가서 배운 진리를 들고 세상에 나가야 할 때라고 생각했다.

3. 전도와 교회개척 전략

리더십 공동체의 방식을 이 시대의 교회문화에 어떻게 적용할까? 전도와 교회개척을 개발하는 세 가지 방식을 소개한다.

교회행사의 네트워크화
지역 전도 파견
교회개척

교회행사의 네트워크화

리더십 공동체가 필요한 이유이자 공동체의 중요한 장점은 목사 개인의 사역보다 공동체의 비전을 유지하는 데 도움이 된다는 것이다. 하나님이 공동체를 통해 하실 일에 대한 비전과 열정을 잃어버리고 침몰하는 교회가 많다. 바울은 교회에서 정기적으로 점검해야 하는 여러 약속과 명령과 도전을 제자들에게 주입했다.

많은 교회가 수백 가지 행사를 개최한다. 성경공부, 수련회, 야유회, 댄스파티, 운동회, 특별 행사가 열린다. 리더십 공동체가 각 행사에 참여하여 교회에 다니지 않는 사람들을 만날 기회로 이용하면 어떨까?

예를 들어 250명 회중 가운데 리더와 훈련생으로 구성된 리더십 공동체 그룹이 25개 있다고 하자. 학생부 리더나 중등부 교사처럼 다양한 리더가 모인다. 리더십 공동체가 힘을 합쳐서 각 사람의 인맥을 이용하여 최대한 많은 사람을 행사에 동원한다. 그 결과 여성 참석자가 전보다 100명이나 더 왔다고 하자. 여성 교인 네 명에게 미리 소그룹 네 개를 맡겨서 행사 다음 주부터 모임을 시작하게 한다. 이렇게 행사가 사역으로 이어지고 새로운 네트워크가 형성되었다.

교회의 네트워크를 활용하여 사람을 늘리는 방법을 고민해 보자. 리더십 공동체의 생활과 기능의 토대가 되는 소그룹 네트워크를 형성하는 방법이 궁금하다면 부록을 참고하라. 세부 내용을 확인할 수 있다.

지역 전도 파견

바울은 제자들을 데리고 거리로 나갔다. 오늘날 거리로 나가는 방법은 소그룹 회원들의 인맥을 활용하는 것이다.

소그룹 각자가 느끼는 고민이 있다. 그룹 내에서 그 고민을 나누고 서로 지지해 줄 수 있다. 물론 사역이 개인의 필요에만 집중돼서는 안 되지만, 그 필요라는 문으로 사람들의 삶에 들어간다면 그것은 바람직하다. 최근에 아이들의 배변 훈련에 대한 세미나에서 시작된 교회 이야기를 들었다. 어린아이를 둔 부모에게 아이의 배변 문제는 매우 중요하다. 이 문제를 겪는 것은 잠시뿐이지만, 이 세미나에 참석자가 매우 많았다는 것은 그만큼 이 문제를 빨리 해결하고 싶어 하는 사람이 많다는 것을 의미한다.

생산적으로 잘 기획하기만 한다면 사람들이 복음을 직접 들을 수 있는 복음전도 행사를 여는 것이 좋다고 생각한다. 하지만 더 좋은 방법은 삶에서 그리스도가 필요한 사람을 자연스럽게 만나는 것을 훈련하는 것이다. 우리 교회의 경우, 소그룹에서 한 복음전도 행사 대비 훈련은 별로 효과적이지 않았다. 행사 때 활용한 기술이 자연스럽게 삶으로 흘러들어가지 않았다. 소그룹 사람들은 자신들이 기획하던 행사가 실용적이지 않다고 생각하면 계획하기를 멈추고 아예 그 그룹을 떠나 버렸다.

우리는 방법을 바꿔서 그리스도인들이 네트워크에 공을 들이도록 도왔다. 휴가를 떠난 이웃집의 잔디밭에 물을 준다거나 친구와 야구경기에 함께 가는 일, 친구 집의 조경을 도와준다거나 아이들을 봐주는 일도 모두 전도활동이 되었다. 이 모든 활동은 후에 친구를 그리스도께 인도하는 기회의 바탕이 되었다.

우리는 무엇보다도 소그룹의 문을 개방하는 일에 공을 들였다. 지금까지 소개한 소그룹들은 훈련이나 특별한 필요에 맞는 다소 닫힌 모임이었다. 사람들은 교회에 다니지 않는 사람들과 모이는 데 어려움을 겪는다. 사람들을 자연스럽게 데려올 수 있는 공간이 부족하기 때문이다. 가장 자연스러운 장소가 바로 소그룹이다.

구도자나 교회에 다니지 않는 불신자나 정착할 교회를 찾는 그리스도인에게 이렇게 말할 수 있다. "우리 모임에 와 볼래?" 그리스도인 10명 중 9명은 친구를 따라왔다가 교회에 다니게 되었다. 교회에 교인들만 대상으로 하는 훈련모임만 있다면 교인들이 친구를 어떻게 데려올 수 있겠는가? 또 다른 모임을 일정에 추가하기에는 시간이 부족할 테고 친구가 교회에 혼자 오지도 않을 것이다. 폐쇄적인 소그룹 구조에서는 아무 일도 일어나지 않는다.

사람들을 오게 하려면 팀의 노력이 필요하다. 사람들이 교회라는 공동체에 동화되도록 함께 노력해야 한다. 예를 들어 조는 그리스도에 대해 궁금해하는 친구로 골프를 좋아한다. 조의 친구인 나는 골프를 싫어한다. 그런데 우리 교회에 골프도 좋아하고 그리스도를 사랑하며 조와도 잘 지낼 것 같은 사람이 세 명 있다고 하자. 조에게 그들을 소개하여 함께 어울리게 한다. 결국 조는 교회 공동체 안에서 그리스도를 발견한다.

이런 가치와 방법을 중요하게 생각하고 실천하는 리더십 공동체 없이는 이런 식의 전도가 일어나지 않는다. 지역 전도는 리더십 공동체의 에너지와 지침, 책임감에 달려 있다. 목사와 동역자 팀이 리더십 공동체를 지도한다. 바울의 경우 디모데, 실라, 누가가 동역자 팀의 구성원이었다. 동역자들에게는 훈련생으로 구성된 팀이 있었다. 각 훈련생은 또 다른 훈련생들로 구성된 팀을 맡는다.

리더십 공동체는 회중 가운데 깊이 파고들어 수백 명의 삶에 영향을 미친다. 정기 모임을 열어 계속 점검하고 조정하며, 문제 있는 사람들을 제외하고 새로운 리더들을 세우며 새로운 전도의 방향을 제시한다. 리더십 공동체의 에너지와 열정은 교회에 활력을 불어넣는다.

교회개척

제자 삼는 교회가 되면 전도가 도시로만 제한되지 않는다. 에베소의 리더십 공동체는 바울의 지도로 아시아 전역으로 뻗어 나갔다. 에베소 교회와 연합하고 요한계시록 2장과 3장에서 그리스도께 점검받았던 여섯 곳의 자매교회는 에베소 교회 리더십 공동체가 맺은 열매다. 바울은 교회개척 없는 전도를 생각하지 않았다. 한 지역에서 그리스도를 전한 뒤에 그 지역에 계속 머물면서 복음 전하는 사명을 완수하길 바란다면 답은 하나, 바로 교회다.

사람들은 그리스도를 전하는 가장 효과적인 수단이 교회개척이라고 믿는다. 그러나 바울이 "가서 교회를 개척하자"라고 말하지는 않았다. 그는 이렇게 주장했을 것이다. "가서 그리스도를 전하자. 우리의 사역이 열매를 맺으면 교회를 세우자."

교회개척에 대해 잘못 생각하는 사람들이 있다. "나는 조이타운에 교회를 개척하겠다. 좋은 교회가 많지 않은 지역에서 관심을 보이는 그리스도인들을 찾아 교회를 시작할 것이다." 그런 리더는 사람들을 그리스도께 인도하는 것이 아니라 교회를 세우는 일에만 집중한다. 그가 말하는 교회개척은 그리스도의 복음보다 리더 자신에게 초점이 맞춰져 있다. 교회를 세우겠다는 목표를 세우고 시간이 흘러 자신과 함께하는 그리스도인이 충분히 모이면 리더로서 만족감을 느낀다. 바울이라면 그리스도가 필요한 사람들에게 그리스도를 전하고 새로 믿은 그리스도인들을 중심으로 새로운 교회를 세웠을 것이다. 회심하지 않은 사람들을 전도하고자 교회를 개척했을 것이다.

가장 똑똑한 리더 후보생들을 외지로 파송하여 선교와 교회개척을 하도록 도전하라. 제자 삼는 교회는 교회개척에 대해 열정적으로 논의하고 계획하며 재정을 지원한다.

4. 도제교육 환경 제공

바울은 에베소에 있는 동안 리더십 공동체의 일원으로 현장에서 수고하던 본도, 로마, 알렉산드리아, 마게도냐, 데살로니가, 이고니온, 고린도, 라오디게아, 골로새의 27명을 언급한다. 이미 함께 동역하던 누가, 실라, 디모데, 에라스도도 있었다. 에베소의 일반 제자들을 제외하고 리더십 공동체에 속한 동역자가 30명이 넘었다.

바울이 설교하고 교회를 세운 곳에는 어김없이 리더십 공동체를 대표하는 리더가 있었다. 그럼으로써 다양한 교회 가운데 비전을 유지하고 지역 사람들의 성장을 도모했다. 바울로서는 자신이 세운 교회에 책임을 다하는 요인이 되기도 했다. 무엇보다도 이 방법은 교회를 계속 재생산하는 본보기로 우리에게도 좋은 모델이다.

리더십 공동체는 재생산의 토대를 마련한다. 회중은 '와서 나와 함께 있으라' 단계에 도달했을 때 제자 삼는 성숙한 교회가 된다. 어느 교회에나 이런 측면이 있으나 제자 삼는 교회는 의식적으로 공동체가 함께 제자 삼는 일에 매진한다.

리더십 공동체의 시작과 운영

목적

교회의 리더로서 전도, 교회개척, 세계선교를 통해 교회 사역을 시작하고 인도하며 확장시킬 사역의 핵심 리더십을 구성한다. 재생산과 배가를 이어 갈 리더들을 훈련해서 교회 안에 훌륭한 리더십 팀을 세우는 일은 중요하다. 리더십 팀을 세우면 교회 안에 예루살렘에서 전도하는 데 필요한 열정과 열매가 넘쳐 나게 된다. 또 교회가 나아갈 방향이 분명해지며 사역 수준을 유지할 수 있다.

사람 선택

먼저 실라, 디모데, 누가와 같은 사람을 세운다. 이들은 성실하고 효율적으로 사역하며 이미 교회 안에서 검증된 사람들이다. 이들은 리더십 공동체의 핵심으로 다양한 부서에서 책임을 질 수 있다. 일반적으로 이들은 장로훈련을 이미 받았을 것이다. 디모데전서 3장 1절에 기록된 헌신과 사모함을 이미 갖추고 있다.

교회 안에서 이런 사람을 찾기 어렵다면 사람들을 훈련하라. 리더십 공동체의 훈련과정에 순복할 마음을 가진 사람이 있을 것이다. 이미 성품과 능력이 확인된 사람들을 떠올리며 이런 질문에 답해 보라.

1. 리더십 공동체에 참여할 마음이 있는가?
2. 교회에서 하는 일에 같은 열정을 품고 있는가?
3. 리더십에 은사가 있는가?
4. 작은 일에 충성하는 성실함의 시험을 통과했는가?
5. 배우려는 자세가 되어 있는가?
6. 리더십 공동체에서 중도 탈락할 경우 그의 신앙생활은 어떻게 될까?
7. 현재 리더십 공동체에 필요한 사람인가?

앞의 질문에 대해 충분히 논의하고 기존 리더십 공동체 팀원들이 해당 후보의 자격에 동의한 뒤에 리더십 공동체로 초청한다. 훈련생은 간단한 서약서에 서명한다. 헌신과 시간을 요구하면 재미는 원하지만 의무는 싫어하는 사람이 떨어져 나간다. 바울은 한낮에 강의하여 헌신되지 않은 사람들을 솎아 냈다. 오후 1시에 누리는 휴식을 포기하려면 헌신이 필요하다. 잠자는 사람들을 솎아 내기 위해 다음과 같은 헌신을 요구할 수 있다.

1. 리더십 공동체의 일원이 되기를 희망한다.
2. 리더가 되는 데 필요한 능력을 개발하고 성품에 대한 다루심을 받고 싶다.
3. 리더십 공동체의 계획과 문화에 기꺼이 순복한다.
4. 모든 모임에 정시에 참석한다.
5. 사역의 책임을 진 동안 리더십 공동체에 계속 헌신한다.

일부 후보생은 일단 서약서에 서명하고서 뒤늦게 어려움을 깨닫는다. 자신이 서명하면서 생각한 것과 다르게 예상하지 못한 일이 많이 일어나면 이런 반응을 보인다. "이런 일은 미처 예상하지 못했어요. 서약서에 있는 내용을 읽지 못했어요." 중요한 삶의 지혜를 후보생에게 가르칠 기회다. 상세하게 적힌 내용만 헌신하겠다는 말은 변명일 뿐 진정한 헌신이 아니다.

결혼한 부부가 쓰레기 버리는 일이나 아이들 뒤치다꺼리는 결혼 서약에 없었으므로 결혼 서약이 무효라고 말하는 것이나 마찬가지다. 이런 식이다. "당신이 아플지 몰랐어." "당신이 이렇게 지저분한지 몰랐어." "계약에 없던 일이야." 진실로 사랑하는 사람은 서로 헌신한다. 그리스도께 불타는 마음을 가진 사람은 어려움과 예상하지 못한 상황에도 계속 헌신한다. 리더십 공동체를 시작할 때 힘겨운 싸움이 반드시 일어날 거라고 미리 예상하라.

사람을 선정하는 일은 리더십 공동체에 매우 중요하다. 정말 필요하거나 맡길 책임이 있어서가 아니라면 초대하지 말라. 현재의 리더가 후보생의 필요성을 절감하고 그를 기꺼이 훈련하겠다고 하지 않는다면 초대하지 말라. 마지막으로 목사나 책임자의 동의 없이 리더십 공동체로 받아들이지 말라.

리더십 공동체는 작은 규모로 시작하여 사역의 성장에 따라 새로운 후보생을 추가하는 것이 좋다. 우리도 적은 수로 시작했다가 12명, 15명으로 늘렸다. 몇 년 뒤에는 50명 정도가 리더십 공동체의 정규 구성원이 되었다.

실제 적용

모임

리더십 공동체는 일정을 조율하여 한 달에 두 번 모인다. 지난 2년 동안 우리는 월요일 오후 5시 30분에서 7시 30분까지 모였다. 격주로 모이고 그 외에는 핵심 리더들이 자신의 리더 후보생들과 보낼 시간을 준다. 여름에는 한 달 정도 쉰다. 각자의 상황에 맞게 하면 되지만 한 달에 한 번보다는 두 번이 갑절로 좋다.

진행

규모가 커지면 달라지지만 기본 원리는 다음과 같다.

첫 시간에는 먼저 15분 동안 하루 일과를 정리하고 긴장을 푸는 시간을 보낸다. 간식으로 간단히 저녁을 해결한다. 이어서 45분 동안 목사나 책임자가 강의한다. 교육은 중요하다. 스토리텔링이나 비전 공유, 신학적 설명, 현안에 대한 대화나 토론 등으로 진행한다. 우수한 성과에 대해 시상하거나 그룹 구성원의 필요를 위해 기도하고 성찬이나 예배를 드려도 좋다. 전체 리더가 인도하는 첫 시간에는 모든 사람이 함께 모인다. 아웃리치 단체들과 네트워크를 구성하거나 아이디어를 나눌 수도 있다.

다음 시간에는 디도, 디모데, 실라 같은 사람들이 함께 사역하는 사람들과 따로 그룹을 지어서 특정 사역에 대해 논의한다. 소그룹 리더들은 집단 역학을 배우고 훈련생들은 더욱 기본적인 내용을 배운다. 7-8개 그룹으로 흩어져서 모임을 한다. 두 번째 시간을 활용하는 방법은 부록을 참고하라.

사역하는 지역과 상관없이 리더십 공동체를 만들 수 있다. 예수님, 초대교회, 선교교회, 제자교회의 전통을 따르고 싶다면 리더십 공동체가 필요하다. 먼저 핵심 인물을 모아서 이번 장에 소개한 대로 리더십 공동체를 시작하라.

리더십 공동체를 세워 나가는 동안 계속 변화가 있을 것이다. 기본 원칙은 같아도 교회나 그룹의 필요와 분야에 따라 적절한 방법이 있다. 무작정 시험해 보기보다는 천천히 기본 기술부터 숙련하기 바란다. 교회 리더들이 제자 삼는 방식을 철저히 훈련해야 이미 알고 있는 다른 방식에 적용할 수 있다.[4]

리더십 공동체를 통해 재생산하고 배가하는 일에 헌신하라. 교회의 리더들을 훈련하라. 시간이 지나면 특출한 인재가 눈에 띌 것이다. 하나님이 리더 훈련을 통해 교회개척자, 목사, 선교사를 많이 배출하실 것이다.

리더들을 가르치고 훈련함으로써 목적, 철학, 전략 안에서 하나로 연합하게 된다. 아무리 좋은 팀이라도 품성이나 죄의 문제가 발생할 수 있지만 잘 훈련받은 리더들은 목적이나 기능 때문에 틈이 벌어지지 놔두지 않는다.

일단 제자교회를 세웠으면 파송받은 교회를 관리해야 한다. 감옥에서 보내는 4년 동안에도 바울은 전도에 리더십을 발휘했다. 바울이 훈련한 사람들을 통해 전도가 계속되었다. 목사가 떠나면 일을 제대로 이어 나갈 사람이 없어서 고생하는 오늘의 교회와는 다르게 바울이 세운 교회들은 어려움을 겪지 않았다. 제자양육을 통해 훈련받은 사람들이 사역을 이어 갔기 때문이다. 바울은 감옥에 있으면서도 이렇게 고백했다. "하나님의 말씀은 매이지 아니하니라"(딤후 2:9). 훈련된 사람들이 복음을 세상에 전했기 때문이다.

바울은 서신을 통해 교회에 수정 조치를 제시하고 각 교회의 시급한 필요를 다루었다. 그의 서신은 신학과 실제적인 조언으로 가득하다. 당시와 지금의 교회가 겪는 모든 문제를 다루고 있다. 새로 세워진 교회들이 그의 메시지를 들었다.

다시 제자 삼기를 생각하다

오늘날 에베소가 폐허로 변한 걸 보면 무언가가 잘못되었다. 바울과 디모데가 에베소에 머물며 사역할 때만 해도 교회는 번성했다. 1세기 말 에베소 교회는 사도 요한이 있었음에도 처음 사랑을 잃어버렸다. 에베소 교회를 강하게 만든 힘은 사람들을 제자로 만들고, 그들의 삶을 보며 주변 사람들이 기독교 신앙을 받아들이고 싶은 마음이 들도록 노력한 바울과 디모데의 헌신이었다. 바울의 삶과 가르침을 실천하는 교회는 번성한다. 그렇게 하지 않는 교회는 현실과 멀어지고 힘이 떨어지며 무력해진다.

바울이 에베소에 도착했을 때 성령님을 조금이라도 아는 신자는 일부에 불과했다. 그러나 3년 뒤에 소동이 일어나고 바울이 에베소를 떠날 때쯤 아시아 전 지역에서 주의 말씀을 들었다. 에베소 교회는 강력한 힘을 발휘했다. 여러 교회를 개척하고, 하나님의 권능이 도시 전체를 사로잡는 것을 목격했으며, 아울러 바울이 가르친 많은 제자를 배출했다.

에베소서에는 회중의 우선순위가 담겨 있고, 바울에 이어 에베소를 담당한 디모데에 보내는 서신에는 목회의 우선순위가 담겨 있다. 바울이 두란노 서원에서 매일 했던 강의와 요한계시록 2-3장에 나오는 일곱 교회와도 연관성이 있다. "그래서"라는 연결어가 그 증거다. "바울이 그들을 떠나 제자들을 따로 세우고 두란노 서원에서 날마다 강론하니라 두 해 동안 이같이 하니 [그래서] 아시아에 사는 자는 유대인이나 헬라인이나 다 주의 말씀을 듣더라"(행 19:9-10).

바울의 사역은 힘들고 어려운 교회개척에만 고정되지 않았다. 그가 단지 교회개척만 하지 않았기 때문이다. 새로운 교회가 탄생한 것은 그가 이방인에 대한 전도자라는 소명에 충실했다는 증거다.

전도유망한 목사가 교회를 개척하기 위해 어느 도시에 오면 그의 사역은 그 교회로만 제한될 때가 많다. 그러나 사람들을 전도하는 것을 목적으로 삼고 그 과정에서 교회를 세우면 훨씬 더 많은 전도가 일어난다. 삶의 다양한 모습에 맞게 사회에 접촉하고 복음을 전하기 위해 오늘의 교회가 지금과 다른 전략과 수단을 사용하면 어떨까? 그리스도께 받은 사랑으로 이웃을 사랑하는 일에 헌신되고 훈련된 신자들의 군대를 파견하는 방법이 최선이다.

일단 교회를 개척했으면 그것으로 모든 일이 끝났다고 생각하지 말라. 전형적인 교회개척자는 교회개척이라는 첫 번째 목표를 달성하면 교인 수를 늘리는 것을 다음 목표로 삼는다. 이런 노력의 85퍼센트가 실패로 돌아간다. 이런 교회들은 비슷한 규모의 고만고만한 교회로 머문다. 교인 역시 평생 다른 교회로 수평 이동하며 떠돈다.

제자 삼는 교회의 차별점은 전 지역을 향한 비전이다. 그들의 전략은 즉시 전도를 시작하여 사람들을 훈련시켜 다시 외부로 보내 전도하게 한다. 제자교회는 에베소 교회에서 했던 일을 되풀이하는 교회인 것이다. 바울이 날마다 강의했던 이유가 여기에 있다. 단순한 설교가 아니라 다양한 자료를 동원하여 하루 4시간씩 집중적으로 강도 높은 강의를 진행했다. 누군가는 이를 가리켜 선교적 교회라고 한다. 이런 교회에서는 다른 사람들에게 집중하면서 '내가 이를 위해 창조되었다'고 느낄 수 있으며, 이런 삶을 살며 사람들은 큰 기쁨과 영향력을 발견한다. 예수님은 "누구든지 나를 위하여 제 목숨을 잃으면 구원하리라"(눅 9:24)고 하셨다. 이 말씀은 천국에 들어가는 것 이상을 포함한다. 거기에는 예수님이 약속하신 삶의 풍성함이 있다. "내가 온 것은 양으로 생명을 얻게 하고 더 풍성히 얻게 하려는 것이라"(요 10:10). C. S 루이스(Lewis)는 이렇게 말했다. "자기 망각 없이는 기쁨이 있을 수 없다."[5] 아이의 즐거움에 온전히 동참하는 부모의 눈에는 기쁨이 가득하다. 그 순간에 그들은 자신의 문제를 완전히 잊어버리고 다른 누군가의 기쁨에 온전히 동참한다.

바울과 제자들은 다른 사람들이 잘될 때 기쁨을 느꼈다. 사실 가족이 아닌 남이 잘될 때 우리가 자연스럽게 느끼는 감정은 기쁨이 아니다. 이 기쁨은 성령의 역사에서 나오는 감정이다. 우리 자신의 성공을 뛰어넘어 다른 사람이 성공하고, 새 교회를 개척하며, 새로운 도시를 전도했을 때 느끼는 순수한 기쁨이다. 자아를 잊고 사람들에게 공을 돌리며 다른 민족과 지역에서 교회가 성장하는 것을 보며 느끼는 기쁨이다.

하나님 나라의 진전을 가로막는 가장 큰 장애물은 깊이 뿌리내린 자아에 대한 집착이다. 여기서 벗어나려면 힘겨운 상태를 탈출하기 위해 뛰어내려야 한다. 하지만 제자 삼는 교회에서는 현실에서 벗어나라고 강요하기보다 훈련을 통해 생각과 생활을 바꾼다. C. S. 루이스는 『인간 폐지』(홍성사 역간)에서 가슴이 없는 사람들이 있다고 했다. 그의 요점은 우리가 사람들을 교육할 때 바른 생각만이 아니라 바른 반응을 하도록 훈련해야 한다는 것이다. 바른 생각에 대한 훈련만으로는 부족하다. 가슴 없는 사람들은 삶의 모든 부분에서 그리스도께 순종하기로 훈련된 마음이 없는 사람이다.

물론 예상과 결과가 다른 경우도 있지만 내가 믿기로 제자 삼는 교회는 제자라고 하는 훌륭한 성품을 지닌 그리스도인으로 세상을 채우기 위한 최고의 희망이다. 이 제자들은 자신과 접하는 모든 것을 변화시킨다. 그들은 사업, 가정 심지어 스포츠 동호회에도 영향을 끼친다. 사회의 모든 영역이 변화된다. 완전하지는 않더라도 전보다 선하게 변한다.

그러나 이 계획은 제대로 되기가 어렵다. 우리는 제자 삼는 교회의 목표를 단지 교회를 세우고 개인 전도로 성장하는 것으로 제한할 때가 많기 때문이다. 교회들이 전도를 많이 한다면 그것도 엄청난 발전이지만 그것만으로는 충분하지 않다. 우리 사회가 믿음의 사람들에게 아무 영향도 받지 않는 이유는 우리 삶에 제자도가 수반되어 있지 않기 때문이다. 2군 육성제도가 형편없어서 야구장에서 계속 패배하여 실망만 안겨 주는 야구팀과 비슷하다. 훌륭한 경기장과 멋진 유니폼이 있고 경기 전 국가 연주 때 웅장한 오르간을 연주하지만 일단 경기만 시작하면 패배한다.

지난 20년 동안 진전이 있었다고 믿고 싶다. 신앙 형성의 측면에서 교회들이 고전했지만 제자 삼는 일에 많은 노력을 기울여 왔다. 제자도는 마치 운동장에서 팀을 정할 때 마지막에 선택된 아이와 같다. 사람들은 상황이 절박하여 아이에게 기회를 줄 때가 되어야만 아이의 실력을 확인할 수 있다.

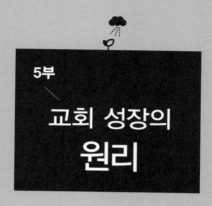

5부

교회 성장의
원리

교회는 인간의 행동과 무관하게 우연이나 기적 같은 사건들에 의해
서만 성장하지 않는다. 예수님은 하나님이 계획하신 교회 성장의 본
을 사역을 통해 보이셨다. 이제는 사람들이 그 일을 이어 가야 한다.
사도들이 하나님의 계획을 따르고 교회에서 그 계획을 실천함에 따
라 말씀이 전파되고 사람들이 그리스도께 나왔다. 이런 확장은 불순
종이나 부주의, 실수로 일어나는 일이 절대 아니다.

교회의 성장에서 예수님이 제자들에게 보이신 8가지 원리가 어떻게
교회 확장을 촉발했는지 확인할 수 있다. 해당 원리는 1세기에도 효
과적이었고 오늘날에도 분명 효력을 발휘한다. 이미 살펴본 우선순
위와 방식에 이 8가지를 추가하면 제자 삼는 교회의 기본 틀이 마련
된다.

THE
DISCIPLE
MAKING
CHURCH

원칙에 기초한
교회

제자도의 4단계, 예수님의 6단계, 에베소 교회의 방식과 우선순위와 더불어 신약성경에서 제자교회의 8가지 원리를 확인할 수 있다.

1. 의도적 전략

2. 지상명령: 사역의 중심

3. 배가

4. 책임: 순종의 촉매제

5. 소그룹: 제자도의 주요 수단

6. 도제교육: 리더 개발

7. 리더 선발: 은사와 성품

8. 사역의 분산

교회의 성장은 여러 요소가 결부되어 일어난다. 제자교회의 발달 과정에 따라 각 요소를 살펴보자.

1. 의도적 전략

제자들에게는 예수님이 하신 방식이라는 지침이 있다. 우리는 기록된 말씀에서 원리를 도출하지만 제자들은 살아 있는 말씀에 집중했다. 초대교회의 리더들은 예수님과의 경험을 기억하며 예수님의 약속을 실천했다. "내가 아직 너희와 함께 있어서 이 말을 너희에게 하였거니와 보혜사 곧 아버지께서 내 이름으로 보내실 성령 그가 너희에게 모든 것을 가르치고 내가 너희에게 말한 모든 것을 생각나게 하리라"(요 14:25-26). 그들은 하나님이 생각나게 하시는 대로 행동했다.

사도들은 간단하면서도 엄격한 지침을 마련했다. 복음을 전하여 사람들을 모으고 사도행전 2장 42-47절의 핵심 원리에 헌신했다.

1. 진리의 근원 : 성경말씀
2. 교제
3. 기도
4. 찬양과 경배
5. 전도

예수님께 배운 우선순위를 실천하자 교회가 성장했다. 하나님은 핍박이라는 수단으로 제자도 과정에 직접 개입하셔서 교회를 유대,

사마리아, 온 세계로 흩으셨다. 빌립을 사마리아로, 베드로를 고넬료에게 보내셔서 사도들이 이방인을 전도하게 하셨다. 이후 바울의 회심으로 행동의 중심지를 안디옥으로 옮기셨다. 하나님은 상황에 따라 의도적인 전략을 사용하셨다.

하나님의 전략을 받은 바울은 복음을 전하고 교회를 세우며 이방인 회중 가운데서 장로들을 임명했다. 사람들을 회심시키고 제자를 만들며 순종을 가르치고 리더들을 세우면서 교회는 그리스도의 명령에 순종했다. 건강한 교회는 재생산하고 배가하면서 복음을 들고 열방으로 나갔다.

교회에는 전략적으로 생각하는 사람이 드물다. 바울과 바나바 같은 사람은 전도할 지역이나 집단을 계획하고 목표 달성에 필요한 절차를 마련하며 계획을 실행에 옮긴다. 두 사도는 반대에 부딪히자 전략을 수정했다. 힘들어도 계속 전진하고 돌아가는 길에 교회들을 방문하며 장로들을 세웠다. 하나님의 손안에서 전략적으로 선택된 사람들은 망치와 못이 된다. 그들을 통해 하나님은 원수의 땅이 그분의 영토임을 표시하신다.

바울이 떠난 2차 여행에서 그의 의도가 어떠한지를 확인할 수 있다. 그는 갈라디아 교회들을 확인하고 아시아로 이동하기로 했다. 모든 부분에서 사역을 유지하는 일이 중요함을 알기에 바울은 기존 교회들을 가르치고 마게도냐에 새로운 교회들을 세우며 고린도에서 목양의 일을 지속했다. 데살로니가 사람들에게 보내는 편지에서는 교회들을 계속 세워야 하는 필요성을 역설하기도 했다.

바울에게는 에베소에서 성취하려는 분명한 목표가 있었다. 3개월 동안 회당에서 아무 성과를 얻지 못하자 주저함 없이 제자들을 데리고 두란노 서원으로 갔다. 그곳에서 사람들의 우선순위, 목회의 우선순위, 리더십 공동체라는 3단계 사역을 제시했다. 바울이 의도한 전략에서 이미 선보였던 것이다. 복음 전파는 계획 없이 시작되지 않았다. 모든 단계가 철저한 계획과 의도적 전략으로 이루어졌다. 이 시대 교회도 의도적 전략을 실천한다면 같은 결과를 얻을 수 있다. 다만 예수님이 보이시고 바울이 실천한 계획을 따라야 한다.

2. 지상명령: 사역의 중심

지상명령을 사역의 중심에 둔다는 말은 곧 제자 삼는 일에 중점을 둔다는 뜻이다. 초대교회는 제자 삼기를 사람들에게 전도하는 첫 단계로 삼았다. 초대교회 그리스도인들은 제자 삼는 일에 철저히 헌신했다. 열두 제자가 보인 모범을 따라 더 많은 제자를 데려오는 일에 전념했다. 일단 회심이 일어나면 성숙에 집중하고 재생산을 추구했다.

제자들은 말씀 사역을 떠나지 않고 교회를 가르치고 세상을 전도하는 일에 헌신했다. 제자 삼는 일에서 딴 길로 새지 않았다. 이것은 그들의 소명이자 모든 사역의 중심이었다(행 6:1-7).

예루살렘으로 제한된 교회의 장벽을 허물기 위해 하나님은 지상명령을 제시하셨다. 하나님은 사람들이 느낀 두려움, 편안함, 불편함을 의도적으로 간과하셨다. 고문과 죽음도 백성을 외부로 파송하는 일을 멈추게 하지 못할 정도로 교회 확장에 대한 하나님의 의지는 확고했다. 교회가 지상명령에 뛰어들도록 핍박이라는 과감한 조치를 사용하셨다.

초대교회는 핍박이라는 축복을 받아들이고, 하나님이 시작하신 교회 확장에 뛰어들었다. 고통을 하나님이 일하시는 정상적인 방식의 일부로 보았다. 이미 십자가를 보았기에 하나님의 일을 이루기 위해서라면 어떤 수단이든 받아들였다. 사마리아인을 비롯한 이방인에게 전도하라는 명령에 순종하고, 안디옥 교회 개척을 인정하는 모습에서 지상명령에 대한 초대교회의 철저한 믿음을 확인할 수 있다.

불평과 변증이 앞을 가로막더라도 지상명령을 교회를 이끄는 동력으로 삼아야 한다. 하나님만큼 자기 백성을 사랑하는 분은 없지만, 그분은 의도적으로 우리가 힘든 일을 겪게 하신다. 우리를 세우기 위해서다. 편안하고 안락한 상태를 싫어하는 사람은 아무도 없다. 그러나 하나님은 지상명령을 동력으로 삼으셔서 편안하게 눌러 앉으려는 우리의 옆구리를 찌르신다.

바울과 바나바를 기꺼이 보내는 모습에서 지상명령에 대한 안디옥 교회의 철저한 헌신을 확인할 수 있다. 루스드라에서 돌에 맞아거의 죽게 되어 밖으로 쫓겨난 두 사도는 그대로 사역을 중단할 만도한데 끝까지 8개 도시를 방문했다. 사도들의 계속 나아가려는 열정과 교회들을 돌아보려는 헌신된 마음을 본 사람들은 다른 사람들의 마음을 얻고 세우는 일을 하겠다는 결단을 더욱 굳건히 하게 되었다.

바울은 자신에게 주어진 임무에 대한 열정 때문에 바나바와 갈라섰다. 그는 미전도 지역으로 나가는 자신의 사역을 더디게 하는 요인을 없애길 바랐다. 바울이 그랬듯이 우리는 스스로 이런 질문을 해볼 필요가 있다. 나는 어디에서 제자를 가장 많이 삼을 수 있을까? 어디에서 지상명령을 가장 잘 성취할 수 있을까?

아시아 북부로 가는 바울에게서 교회를 강화시키려는 그의 열정을 확인할 수 있다. 하나님이 계획을 바꿔서 마게도냐로 보내시자 바울은 즉시 순종했다. 계속 사역하고 사람들이 있는 곳이라면 어디서든 설교하는 그의 결단력은 실로 놀라울 정도다. 그는 마게도냐에서 이 마을 저 마을을 다녔다. 유대인이 거부하자 이방인에게로 향했다. 바울은 꿈꾸고 기도하며 계획하는 일을 멈추지 않았다. 충분히 실망할 수 있는 일 앞에서도 그의 시선은 오직 지상명령에 고정되어 있었다.

열방에 복음을 전하려는 열정으로 충만한 바울은 에베소 전도가 성 안에 갇혀 있기를 바라지 않았다. 감옥에 있으면서도 교회의 확장을 관장했다. 편지, 사신, 기도를 통해 지상명령이 계속 성취되도록 노력했다. 오늘의 교회도 이렇게 해야 하지 않겠는가?

3. 배가

초대교회는 사도행전 2장 42-47절에 나오듯이 제자를 배가하려는 전략을 세웠다. 사도행전 1장 8절에 따라 열두 제자는 많은 제자를 파송할 계획을 세웠을 것이다. 믿는 무리가 많아지고 가는 곳마다 신자들이 늘어났다. 설교로 교회를 시작하고 회심자들을 소그룹으로 모아서 우선순위에 따라 사역하며, 또 다른 회심자를 낳았다.

열두 제자의 머릿속에는 언제나 배가를 일으켜야 한다는 생각이 있었을 것이다. 하나님의 계획에 따라 교회가 흩어지면서 재생산은 배가로 전환되었다. 사도들이 제자들을 잘 훈련시킨 덕분이었다. 빌립이 복음을 전한 사마리아인들은 사람들에게 복음을 전했다. 에디오피아 사람은 집으로 돌아가 또 복음을 전했다. 아마도 그를 통해 수많은 사람이 그리스도를 영접했을 것이다. 구레네와 구브로 사람들은 이방인에게 설교했다. 흩어진 제자들은 자신들이 가는 곳에서 복음을 전했다. 자연스럽게 배가가 일어났다.

바울과 바나바가 새로 교회를 세우면 회심자들은 '와서 보라' 활동에 주로 참여했다. 두 사도는 오래 머무를 수 없었기 때문에 신출내기 교회에 리더들을 임명했다. '와서 나를 따르라' 교육이 부족한 상태였지만 리더가 전혀 없는 것보다는 몇 명이라도 있는 편이 나았다. 바울과 바나바는 기도로 장로들을 세우고 성공을 빌어 주었다.

배가가 있으려면 먼저 재생산이 일어나야 한다. 초기 단계에서 새로운 교회들은 세상으로 뻗어 나가지 못한다. 먼저 개인 차원에서 재생산하는 법을 배워야 한다. 선교교회의 두 번째 단계에서 보듯이 나머지는 성숙하면서 자연스럽게 따라온다. 계획에 없던 일이지만 디모데, 실라, 마게도냐 교회 사람들의 선교는 배가의 훌륭한 사례다. 바나바는 마가 요한을 데리고 구브로로 돌아가서 사역했다. 바울은 디모데, 실라, 누가, 아볼로, 아굴라, 브리스길라 등을 훈련해서 전략적으로 배가를 계획했다.

선교교회 단계에서 제자도에 대한 바울의 강한 헌신을 볼 수 있다. 특히 데살로니가전서 1장 5-8절이 그 증거다. 그는 예수님의 계획에서 배운 것을 바탕으로 데살로니가 사람들에게 조언했다. 사람들이 그리스도를 영접하는 것도 중요하지만 재생산으로 나아가야한다. 이것이 교회를 살리는 생명줄이다.

바울은 겉치레로 훈련생들을 세운 것이 아니다. 그의 제자들은 바울의 가르침을 듣기만 하지 않고 리더가 되어 바울의 조언대로 충성된 사람들을 세웠다. 이들은 또 다른 사람들을 가르쳤다(딤후 2:2). 예수님은 제자 삼는 일로 세상에 복음을 전하라고 가르치셨다. 에베소에서는 그 일이 날마다 일어났다.

4. 책임: 순종의 촉매제

책임이란 '사람들이 하나님에 대한 헌신을 유지하도록 돕는 것'이다. 초대교회는 다락방에서 열흘 동안 기도하면서 책임을 실천했다. 그들은 함께 격려하며 훈련했다. 다섯 가지 우선순위를 실천하고 물질을 공유하며 사도들의 판단에 순종했다.

교회 안에서 권위와 책임의 역할을 분리할 수 없다. 둘은 함께 움직인다. 아나니아와 삽비라 사건은 교회 안에서 권위의 중요성을 잘 보여 준다. 열두 제자가 내외부의 문제를 해결하는 방식에 교회가 순종했기 때문에 사역이 번성했다. 권위에 대한 순종은 초대교회의 일상을 촘촘하게 짜는 실과 같았다. 사랑의 권위가 없었다면 폭발적으로 성장하여 단시간에 많은 사람이 신자가 된 초대교회에 큰 혼란이 생겼을 것이다. 성도들이 리더십에 순종하면서 복음 전파가 확산되었다.

베드로와 요한은 빌립의 사역을 보기 위해 사마리아로 갈 때 자신의 권위를 사용했다. 그들이 보기에 사마리아인들의 믿음은 진심이었다. 하나님은 사마리아인들을 성령으로 충만하게 하시고 방언으로 말하는 은사를 주셔서 회심의 증거를 보이셨다. 3가지 주요 장벽을 교회가 허문 뒤에는 회심의 증거로 방언을 주시는 방식이 중단되었다. 이후 방언의 은사는 모든 믿는 사람이 아니라 일부가 받게 되었다.

베드로와 요한은 사도들에게 자신들의 경험을 보고하기 위해 돌아갔다. 베드로는 고넬료의 집에서 있었던 경험을 말했을 것이다. 성령님의 인도하심에 열려 있는 사도들은 그들의 말을 받아들였다. 그래도 그것이 주님이 주신 메시지와 방법인지 확인하기 위해 베드로가 전하는 말을 신중하게 검토해야 했다.

바나바는 안디옥의 새 교회를 확인하기 위해 파견되었다. 안디옥 교회 신자들은 예루살렘 교회에 헌금을 보내어 자신들의 신앙을 인상 깊게 표현했다.

바울과 바나바의 첫 번째 여행에서 책임을 다하는 모습을 볼 수 있다. 안디옥을 떠날 때 교회 리더들은 그들에게 안수하며 보냈다. 장로들이 그들에게 권위를 위임한다는 상징이었다. 장로들은 세부 사역을 전도자들에게 맡기고 그들이 가서 복음을 전하고 돌아오게 했다. 교회를 세운 뒤에 전도자들은 장로들을 세우고 다시 권위를 이양했다. 바울과 바나바는 리더들을 세우기 전에 권위의 필요성과 영향에 대해 설명했다.

초대교회는 까다로운 질문들은 예루살렘 공의회에서 대답해야 한다고 굳게 믿었던 것 같다. 이방인 문제에 대해 명확한 설명이 필요할 때 바울과 바나바, 안디옥 교회는 권위 있는 답변을 하지 못했다. 몇몇 사람이 강하게 의견을 제시했다. 많은 토론 끝에 야고보가 결정을 내렸고 해당 내용은 안디옥과 새로운 교회에 전달되었다.

하나님께 순종하기 위해 초대교회, 선교교회, 이후 모든 교회는 책임을 다해야 한다. 그리스도는 열두 제자에게 "내가 너희에게 분부한 모든 것을 가르쳐 지키게 하라"(마 28:20)고 하셨다. 책임감 없이는 제자 삼을 수 없다.

오늘의 교회는 책임의 긍정적인 부분을 잘 모른다. 제자도를 잘 모르기 때문이다. 누군가가 교회의 규율에 걸리는 행동을 할 때만 그의 생활 방식을 눈여겨본다면 그는 훈계에 부정적으로 반응할 것이다. 작은 일을 무시하고 큰 사건에만 집중하기 때문에 벌어지는 당연한 결과다. 성실함, 품성, 관계처럼 작은 일에 열중하면 큰 사건을 미연에 방지할 수 있다. 심각한 문제가 벌어져도 이미 관계가 형성되어 있기 때문에, 그 관계 안에서 훈계하면 사건을 일으킨 당사자가 가르침과 치리를 더 잘 받아들일 수 있다.

바울과 훈련생들이 맺은 관계를 통해 훈련생들은 더욱 책임감을 갖게 되었다. 바울과 실라를 보라. 그들은 함께 살고 사역하며 서로 책임을 다했다. 책임이라는 말이 징계와 연결될 때가 많은데 사실 책임에는 긍정적인 측면이 많다. 날마다 자신의 헌신을 지키도록 서로 도와주는 것이다.

바울은 하나님이 요구하시는 것이라면 무엇이든 할 준비가 되어 있었다. 그는 하나님께 가장 큰 책임감을 보였다. 마게도냐에서나 고린도에서 유대인들에게 거절당한 뒤 계속 설교하는 바울에게 바나바는 자신의 격려의 은사를 사용하여 바울이 계속 책임을 다할 수 있도록 도왔다. 그리스도를 위해 사는 방법에서 서로 격려하라는 권고가 어려운 문제를 처리하라는 명령보다 성경에 다섯 배는 많이 나온다. 다른 사람의 도움 없이 우리가 과연 그리스도인의 여정을 계속 걸어갈 수 있을까?

샌디에이고에 항상 햇볕이 내리쬐듯이 에베소에 있는 모든 사람이 책임을 다했다. 그 증거가 온 지역에서 확인된다. 바울은 그들에게 충성하고 은사를 개발하며 사용하라고 권했다. 목사는 말씀에 기초하여 사역을 이끌었고 모든 리더는 사역에 참여하여 최고의 열매를 맺었다.

에베소 사람들은 서로가 최선을 다해 헌신하도록 도왔다. 서로의 관계가 책임 있는 관계의 기초다. 사랑하며 인정하는 환경이 조성돼 있지 않다면, 사람들이 서로 책임을 다하기를 기대할 수 없다.

5. 소그룹 : 제자도의 주요 수단

제자들은 예수님께 '집집마다' 개념을 배우고 실천했다. 그리스도인이 5천 명이 넘으면서 예루살렘 교회는 관리할 수 있는 단위로 교인들을 나눠야 했다. 사도행전 6장 1-7절에서 제자들이 관리 문제로 고민하는 모습을 볼 수 있다. 제자들은 일곱 명을 리더로 세웠다. 그들이 수백 명을 어떻게 관리했는지는 성경에 나오지 않지만 5천 명에서 만 명에 이르는 사람들을 돌보려면 셀 리더 수백 명이 필요했을 것이다. 작은 모임에서 기도, 성찬, 성경공부, 예배, 전도가 이어졌다. 사람들의 신앙을 자극하기 위해 책임 체계가 필요했다.

리더 수백 명은 합의된 기대 사항에 따라 일했을 것이다. 훈련의 차원에서 보면 열두 제자가 우선순위를 정하여 지시했을 가능성이 크다(마 10장; 눅 10:1-24). 초대교회의 사역은 잘 정비되어 있었다. 소그룹 리더들은 "모든 제자"(행 6:2)라고 불린 그룹의 일원이 되도록 호출되었을 것이다.

소그룹이 선교교회에 언급되지는 않지만 교회 건물이 부족했다는 것과 초대교회 전통으로 볼 때 소그룹이 존재했을 것으로 추정된다. 어쩌면 바울, 바나바, 마가 요한도 소그룹을 형성했다고 말할 수 있다. 공동체, 훈련, 전도를 위해서는 사람들을 관리 가능한 규모로 나눠야 한다.

바울이 에베소에 도착하기 전까지 함께 여행한 무리를 소그룹이라고 부를 수 있다. 에베소에 도착한 뒤 바울은 "각 집에서"(행 20:20) 사역했다. 상식적으로 생각할 때 바울은 소그룹 형태의 모임에서 장로들과 사람들을 만났을 것이다. 리더십 공동체 역시 소그룹 형태다. 소그룹 사람들은 분명 아시아로 전도를 갔을 것이다. 예수님이 제자들을 보내신 때나 바울과 바나바의 선교로 볼 때 그들은 둘씩 갔을 가능성이 크다.

효과적인 제자양육은 소그룹에서 이루어져야 한다. 위압적인 분위기가 아니라 친밀함과 다양한 은사를 나누면서 재생산을 위한 훈련이 이루어진다. 가르침과 책임 부여는 더 큰 공동체 활동을 위한 출발점이다. (소그룹에 대해서는 부록을 참고하라.)

6. 도제교육: 리더 개발

도제교육은 초대교회에서 가장 초기 단계에 일어났다. 일곱 명을 선택할 수 있었던 것은 타인의 사역 능력을 신뢰하고 기꺼이 위임하려는 마음이 있었기 때문이다. 열두 제자는 예수님이 보이신 모범(눅 16:10)을 성실히 실천했다. 집에서 모인 회중에게는 사도들에게 목회 훈련을 받은 리더들이 있었다. 사도행전 6장 2절에 나오는 제자들이 그 리더들이다. 결정을 내리기 위해 5천 명을 모두 불러 모을 수는 없었다. 바울은 회심 후 얼마 안 되는 시간 동안 벌써 자신의 제자들을 세웠다(행 9:25). 베드로는 고넬료를 방문할 때 어떤 "형제"들을 데려갔는데 그들은 일어난 일을 보고 "놀랐다"(행 10:23, 45).

바나바는 안디옥에 갈 때 훈련생인 사울을 데려갔다. 돌아와서 초대교회에 안디옥 교회의 선물을 전달하고는 바나바와 사울은 또 다른 훈련생 마가 요한과 함께 떠났다(행 12:25).

선발의 원리는 항상 적용된다. 리더를 개발하는 일은 활기차고 배가하는 교회를 만드는 데 필수다. 하루라도 빨리 시작하고 계속 지속하여 훈련생이 정보와 경험을 습득하도록 도와야 한다.

바나바와 사울은 1년 동안 안디옥에서 가르쳤다. 사도행전 13장 1-3절에 리더들이 언급된 것을 보아 그들은 리더들에게 은사와 역할을 개발하도록 격려했음에 틀림없다. 하나님이 바나바와 사울을 선교로 보내시고 새 리더들에게 책임을 맡기셨다는 점에서 안디옥에서의 도제교육은 성공적이었다.

전도자들은 새로운 교회를 세우면서 '와서 보라', '와서 나를 따르라', '와서 나와 함께 있으라'를 순차적으로 시행했다. 처음에는 이 세 가지가 동시에 일어났다. 최초의 도제교육은 비공식적이었으나 이후 빠르게 발전했다.

하나님이 보시기에 성공적이려면 사역이 배가되어야 한다. 배가는 도제를 통해 일어난다. 지름길은 없으며 꾸준한 인내와 수고로 리더를 훈련하고 개발해야 한다.

두 번째 여행에서 바울은 실라, 디모데, 누가를 훈련하기 시작했다. 여행이 끝날 즈음 그에게는 훈련생 5명과 회심자 11명이 있었다. 4년 동안 15개 도시에서 설교하는 동안 9개 이상 교회를 개척하고 5-10명의 훌륭한 리더들을 세웠다. 바울은 갈라디아, 마게도냐, 그리스를 다니며 가능성 있는 리더 수백 명에게 상당한 영향을 끼쳤다. 에베소에 있는 바울의 리더십 공동체는 30명 정도였다. 그는 여기 속한 리더들을 훈련하는 일에 집중했다.

우선순위와 방식을 유지하고 확장하고자 하는 교회는 리더를 훈련하는 리더십 공동체를 구성해야 한다. 도제교육을 사역의 일부로 시행하지 않으면 점차 힘을 소진하게 된다. 효과적으로 확장하고 사역을 이어 가기 어려우며 모든 열정을 잃는다.

리더십 공동체를 조직하고 세움으로써 사람들에게 비전을 제시하고 목표를 달성하는 데 필요한 창의성과 주인 의식이 더 많이 발휘된다. 훈련받고 의욕 넘치는 리더들을 사역과 전도에 배치하면 사역이 더욱 배가된다. 이것이 제자교회의 열매이자 사역이다. 지금 시작해 보지 않겠는가?

7. 리더 선발 : 은사와 성품

유다를 대신할 사람을 선발하는 모습에서 선발 과정과 리더십에 필요한 자질을 확인할 수 있다. 선택된 사람은 사역 경험이 많고 120명 중 한 사람이어야 했다(그는 70명 중 한 명일 것이다). 그들과 함께한 순간부터 순종을 실천한 신자며, 그리스도를 알고 그분의 사역을 목격했고, 세례 요한 때부터 함께 있었던 사람이라야 했다.

사도들은 7명을 선택해서 성령과 지혜로 충만한 사람들에게 질문했다. 일곱 사람은 이미 행동과 성품이 검증된 사람이었다. 그들에겐 상황을 처리할 행정적 은사도 있었다. 누가는 예루살렘 교회 리더십의 자질을 자세히 설명하지 않았지만 교회가 확장되면서 리더십의 자질도 더욱 풍성해졌을 것이다.

하나님은 예루살렘의 장벽을 허물고 리더들을 직접 보내셨다. 사람과 의논하지 않고 사울을 선택하여 이방인 사역을 맡기셨다. 심도 있는 교육을 받았고 많은 은사를 지녔으며 헌신된 사울은 하나님이 선택하시기에 충분한 사람이었다. 대체로 리더십은 하나님과 교회 사이에서 중재하는 일을 담당한다. 초대교회는 상의 후에 바나바를 선택했다. 빌립은 은사 때문에 사마리아로 갔으나 베드로는 필요 때문에 고넬료로 보내졌다. 하나님은 베드로가 예루살렘, 사마리아, 이방인 가운데 방언이 일어나는 것을 직접 목격하게 하셨다. 베드로 정도의 성품과 생각을 지닌 사람이 아니고서는 그런 변화를 받아들이지 못했을 것이다. 그러나 베드로도 기존 생각 바꾸기를 어려워했다. 성령님은 안디옥 교회를 개척하는 인물로 사울과 바나바를 고르셨고 교회가 그 결정을 확정했다.

누가는 새로운 교회에서 장로를 선택한 기준을 기록하지 않았다. '거룩한 직감'으로 선택하지는 않았을 것이다. 예수님이 열두 제자를 선택하는 모습이나 사도들이 리더를 고르는 기준, 바울이 디모데와 디도에게 보낸 서신에서 리더십 선발을 위한 객관적인 기준이 사용되었음을 확인할 수 있다.

바울이 어떻게 실라와 누가 등을 선택했는지는 자세히 알 수 없으나 바울이 디모데에게 적용한 기준이 있다. 바울이 마가 요한을 거절하고 실라를 택한 데서 일 중심적이고 과거 기록을 중시하는 그의 기준을 알 수 있다. 디모데서는 리더십에 필요한 자질을 명확히 보여준다. 바울은 세 가지 원칙을 실천했다. 에베소에서도 마찬가지였을 것이다. 리더의 19개 자격 조건을 설명한 뒤에 그것의 중요성을 디모데에게 진지하게 권고했다(딤전 5:17-20).

리더십의 개발과 선발은 긴밀히 연결되어 있다. 리더십 개발로 충분한 인력을 마련해 놓지 않으면 교회에 리더가 필요할 때 마땅한 후보를 찾기가 어렵다. 잘 훈련된 리더는 좋은 리더가 될 수 있다. 리더들을 발굴하는 일에 헌신하면 교회 전체에 유익이다.

8. 사역의 분산

지상명령의 핵심인 제자 삼기는 교회 사역의 재생산과 배가를 통해 자격 있는 사람을 배출하기 위해 존재한다. 제자 삼기는 수백 명의 사람이 수백 가지 일을 했던 초대교회의 중심사상이다. 사도들은 일곱 명에게 권위를 넘기고 교회가 흩어질 때 예루살렘에 머무르면서 사역을 분산시켰다. 열두 사도가 흩어진 교회를 따라갔다면 훌륭한 사역자들이 아무런 도전 없이 제대로 성장하지 못했을 것이다. 스데반과 빌립을 비롯한 사람들의 설교 사역에서 사도들이 사람들의 사역을 축복했다는 것을 확인할 수 있다.

하나님은 교회를 흩으시면서 제도주의를 무너뜨리셨다. 예수님이 떠나실 때까지 사도들이 물러서서 예수님께 모든 일을 미루었듯이 초대교회 사람들은 흩어질 때까지 기적을 행하는 일을 사도들에게 맡겼다. 흩어지지 않으면 사역이 최고의 효과를 발휘할 수 없다. 흩어진 교회는 가는 곳마다 설교하고 지상명령을 효과적으로 실천했다.

많은 교회에서 교회를 인생의 폭풍을 피하는 안전한 장소로 생각한다. 그들은 교회의 주요 목표를 성도를 돌보고 먹이는 일이라고 믿는다. 정말 그렇다면 교회는 이기적인 인간을 위한 중간 기착지에 불과하다. 그런 시각은 성경에서 말하는 교회와 결코 일치하지 않는다.

선교교회는 대규모로 흩어졌다. 수백, 수천 명이 그리스도께 돌아왔다. 회심자들을 다른 사람의 손에 맡기고 다시 전도하러 떠나는 바울과 바나바의 마음이 편하지는 않았을 것이다. 그러나 바울은 "너희 안에서 착한 일을 시작하신 이가 그리스도 예수의 날까지 이루실 줄을 우리는 확신하노라"(빌 1:6)고 했다. 그리스도 안에서 갓난아기에 불과한 초신자들을 돌보는 일을 맡기려면 믿음의 행동이 필요했다. 영적인 부모는 하나님이 책임지심을 믿고 힘들더라도 결단해야 했다.

"각 교회에서 장로들을 택하여 금식 기도하며 그들이 믿는 주께 그들을 위탁하고"(행 14:23). 바울과 바나바는 장로들을 주께 맡겼는데 그들을 신뢰해서 그런 게 아니라 하나님이 교회 리더들을 돌보시리라 믿었기에 그렇게 했다. 교회에 대한 주님의 헌신 때문에 그들은 장로들에게 거룩한 신뢰를 둘 수 있었다. 예수님은 "내 교회를 세우리니"(마 16:18)라고 하셨다. 예수님이 건축가이시고 우리는 건설하는 일꾼이다.

오늘의 리더들에게는 감정을 굴복시킬 정도로 강력한 소명의식이 부족하다. 그들은 바울보다 사람들을 훈련할 기회가 훨씬 많은데도 온갖 의심에 휩싸여 있다. 바울은 자신의 소명에 순종하고 새로운 교회에 머무르는 일을 동시에 할 수 없었다. 그는 하나님이 새로운 교회를 돌보고 좋은 리더십을 세우시리라고 신뢰했다. 사역의 분산은 훌륭한 리더들이 자만에 빠지는 일을 막았다.

분산과 선교를 동일시하지 말라. "바울이 계속 전도해야 하기 때문에 사역을 분산시켰다"라고 말하는 사람이 많다. 그러나 바울은 3년 동안 머물렀던 에베소에서도 사역을 나누었다. 리더에게 분산은 하나님께 순종하기 위해 불가피한 일이다.

2차 선교여행에서 분산이 풍성하게 일어났다. 갈라디아의 장로들과 교회를 향한 바울의 말에서 지역 교회의 자율권에 대한 그의 의지를 볼 수 있다. 교회는 어른처럼 독립적이어야 하지만 일정한 체계에 대한 책임을 다해야 한다. 바울은 여러 교회를 방문함으로써 그들에 대한 책임을 다했다.

어쩔 수 없는 상황으로 실라와 디모데가 마게도냐에 머무르게 되었을 때도 이 뜻밖의 분산이 문제없이 지나간 이유는 바울이 은사와 성품을 보고 두 사람을 선정하여 잘 훈련한 덕분이다. 준비된 리더십으로 효과적인 사역을 할 수 있었다.

고린도에서 머문 18개월 동안 바울은 많은 사람을 훈련시켰다. 바울은 아굴라와 브리스길라 같은 사람에게 책임을 맡겼으며, 두 사람은 능력 있는 설교자 아볼로를 훈련했다. 바울은 어디를 가든 리더십의 토대를 마련했다. 교회가 늘어나면서 훈련받은 인원보다 많은 리더가 필요해졌다. 바울은 사역의 확대를 위해 리더십 기반을 넓혀야 했는데 바울처럼 우리도 성장과 죽음 중에 선택해야 한다. 바울은 뒤로 물러나지 않았다. 우리도 물러서지 말자.

에베소서 4장 16절에서 성숙한 회중교회를 이렇게 설명한다. "그에게서 온몸이 각 마디를 통하여 도움을 받음으로 연결되고 결합되어 각 지체의 분량대로 역사하여 그 몸을 자라게 하며 사랑 안에서 스스로 세우느니라." 분산을 실천하려면 기초가 튼튼해야 한다. 기초란 목사와 회중이 모두 성경에서 요구하는 기대 수준을 알고 그것을 위해 함께 협력하는 것을 말한다. 리더십 공동체를 만들고 은사를 확인하며 사람들을 훈련하면 하나님이 교회에 계획하신 일이 더욱 배가되고 창의성이 온전히 발휘된다.

리더와 따르는 사람 모두가 성경의 기대에 부응해야 한다. 그러자면 회중과 목회자의 팀워크가 필수적이다. 제자교회의 핵심은 광범위한 사역에 회중 모두가 온전히 참여하는 데 있다. 교회를 제자교회로 만드는 일에 삶을 투자할 각오가 되어 있는가?

다시 제자 삼기를 생각하다

이번 장을 다시 읽으면서 두 가지 문제가 눈에 들어왔다. 책임과 도제교육이다. 연관된 문제이지만 각각 공간을 할애하여 별개로 다룰 만한 문제다. 교회가 정말로 형편없이 실패한 일 가운데 두 가지가 가장 심각하다. 실천 방법에 대한 지식이 부족하고 잘못된 방법을 남용한 것이 원인이다.

책임

훈련생은 책임을 다해야 한다. 그렇다고 예수님께만 책임을 다하면 된다는 생각은 오산이다. 물론 예수님은 우리가 한 행동에 대답을 요구하시는 최고의 권위자이시지만, 한참 뒤에야 우리는 예수님의 최종 판결을 들을 수 있다(고전 3:12-15). 성경적 책임의 개념은 앞에서 잘 설명했다고 믿는다. 지금 나의 관심을 끄는 것은 책임을 실천하는 데 어려움을 겪는 교회의 현실이다.

교회 권위의 역사는 별로 아름답지 않다. 책이나 영화에서 이

단에 빠지거나 불순종한 교인을 고문하고 처벌하는 모습이 종종 나오는데, 고문당하는 사람들은 그 교회에서 세례받은 교인인 경우가 많다. 중세교회는 부패한 왕과 교황이 이끌었다. 폭군들에게 사람들의 마음과 생각을 얻을 수 없다면 차라리 그들의 몸을 갈기갈기 찢고 생명을 빼앗겠다는 신념이 팽배했다. 그러나 덕분에 교회가 정결해지고 문제가 명확히 드러났으며 하나님의 나라가 확장되었다. 재세례파들을 참수한 일이나 옥스포드에서 주교들을 화형에 처한 사건은 오히려 핍박받는 사람들에게 용기를 주었다.

오늘날에는 책임을 별로 대수롭지 않게 여긴다. 21세기에 들어서 성공한 리더의 도덕적 실패를 언급할 때 책임을 자주 들먹인다. 성가대원과 바람난 목사나 재산을 흥청망청 쓰는 유명 목사 정도는 뉴스거리도 아니다. 섹스, 돈, 권력은 성격과 인품의 결함을 보여 주는 단골 메뉴다. 이런 경우 책임을 논하는 것이 당연히 필요하다.

하지만 오늘의 교회가 책임에 대해 놓친 부분이 있다. 사람들이 제 길을 유지하고 심각한 죄에 빠지지 않도록 하는 것만이 책임의 문제가 아니다. 하나님에 대한 헌신을 유지하는 것도 책임의 역할이다. 이는 신뢰의 관계를 감싸는 사랑의 행동이다. 교회 공동체 전체가 서로 도우며 함께 살아가야 한다. 바울이 데살로니가 사람들에게 보내는 편지에 매우 아름다운 구절이 있다. "또 형제들아 너희를 권면하노니 게으른 자들을 권계하며 마음이 약한 자들을 격려하고 힘이 없는 자들을 붙들어 주며 모든 사람에게 오래 참으라"(살전 5:14).

책임은 인간의 모든 필요를 포함한다. 교회의 모든 부문에 책임감이 필요하다. 관계를 벗어나면 실패하기 쉽다. 사람들은 지적을 피해 도망치고 숨는다. 책임은 은혜, 안전, 용납의 환경에서 번성한다. 사람들은 용납받고 안전하다고 느낄 때 경계를 낮추고 더욱 편하게 죄를 고백하며 자신의 고민을 속 시원히 털어놓는다.

가장 큰 문제는 교회가 제자도를 최우선순위로 두지 않는 것이다. 오늘날 제자도는 교회의 필수 요소가 아니다. 가장 큰 증거는 극히 소수의 교인들만이 책임을 다하는 의미 있는 관계 안에 있다는 것이다. 바로 이 지점에서 책임과 도제교육이 교차한다. 예수님이 제자를 훈련시키는 데 열중하려면 서로 책임을 다하는 친밀한 관계가 필요했다. 이것에 대해서는 『삶을 선택하라』(*Choose the Life*)라는 내 책에 설명해 두었다.[1]

가장 강력한 형태의 책임은 우리가 섬기는 리더들이 우리 문제에 깊이 마음을 쓰고 있다는 사실을 알게 되었을 때 발휘된다. 엄격한 방식이 효과적이라고 잘못 생각하는 사람들이 있다. 그러나 죄책감, 비난, 처벌은 사람을 숨게 만든다. 숨는 일은 전혀 새로운 문제가 아니다. 하나님도 아담을 달래서 숨은 자리에서 나오게 하셨다. 하나님은 우리를 잠시 숨어 있게 두시지만 결국에는 찾으러 오신다.

우리가 의도적으로 책임을 다하기로 선택하는 것이 가장 좋다.

책임을 친구라고 생각하고 선택하는 것이다. 그리스도가 명령하신 모든 것에 순종하는 법을 배우려면 먼저 자발적으로 사람들에게 순복하는 일부터 시작해야 한다.

도제교육

도제교육은 누군가에게서 일하는 방법을 배우는 것이다. 가장 근본이 되는 목적은 누군가에게서 어떤 사람이 되는 방법을 배우는 것이다. 우리 집 근처에는 불교사원이 있다. 승복을 입은 수도승이 우리 집을 지나가는 모습을 종종 본다. 그들은 깨어 있는 시간 동안 일, 대화, 기도 등을 하며 스님이 되는 방법을 배운다. 예수님은 자신과 함께 있고 나가서 전도하도록 열두 제자를 선택하셨다(막 3:14). 수도승들처럼 열두 제자도 함께 살고 함께 팔레스타인 거리를 다니며 예수님처럼 사는 방법을 예수님께 직접 배웠다. 도제교육은 함께 일할 때 효과가 있다.

바로 여기에 문제가 있다. 오늘의 제자도 방식에는 도제교육이 포함되지 않는다. 성경공부나 교회 활동은 있지만 함께하는 삶이 없다. 제자들의 끈끈한 유대감은 영적 전쟁을 함께 뚫고 나간 경험에 기초하는데, 이 시대 제자들은 함께 교회에 다닐 뿐이다.

나는 대학 시절 농구선수였다. 대학 대항전에도 참가했지만 같은 학교 학생들끼리 벌이는 교내 시합에도 참가했다. 마찬가지로 같은 교회에서 함께 예배드리는 사람들 사이에서도 갈등이 생기기 마련이다. 그러나 예배 시간이나 인력 감축 같은 문제를 두고 교인들끼리 죽기 살기로 싸우면서 서로 품성이 다듬어지는 긍정적 결과를 낳기도 한다.

1세기 이스라엘의 랍비 모델은 오늘의 교회에 시사점을 준다. 우선 훈련생은 랍비를 한 명 선택한다(랍비에게 지원한다). 허락을 받으면 훈련생은 랍비에게서 생활 방식을 배운다. 랍비의 언어, 사역 방식, 생활, 품성을 배운다. 예수님과 제자들의 경우에는 이렇게 정리할 수 있다. 1) 제자가 예수님을 따르기로 선택한다. 2) 예수님의 언어를 배운다. 3) 예수님의 사역 방식을 배운다. 4) 예수님의 삶과 성품을 본받는다. 5) 예수님을 따르는 다른 제자들을 찾아서 가르친다.

제자 삼는 교회라면 너무 형식적이지는 않되 제자들끼리 상호 순종한다는 원칙으로 함께 신앙의 여정을 걸어가도록 짝을 지어 주면 효과적이다. 예수님을 따르는 모든 사람은 배우자 외에 함께 그리스도께 순복하는 최소 한 명 이상의 누군가가 필요하다. 그 누군가는 그리스도를 따르는 사람이 되는 것이 무슨 의미인지, 예수님이 하신 것처럼 믿고 살며 사랑하고 사역하며 인도하는 것이 무엇인지를 훈련생에게 가르쳐야 한다. 바울은 이렇게 말했다. "너희는 내게 배우고 받고 듣고 본 바를 행하라 그리하면 평강의 하나님이 너희와 함께 계시리라"(빌 4:9).

가장 시급한 일은 서로에게 순복하기로 결단하고 이미 준비된 과정에 다른 사람들이 참여하도록 인도하는 책임을 다하는 것이다. 교회에서 현재 도제관계에 있는 사람에게 손을 들어 보라고 하면 전체 회중의 10퍼센트도 안 될 것이다. 예수님이 가르치신 일에 순종하고 그대로 행하라고 가르치는 도제관계가 교회에서 이루어지지 않는다면, 우리가 지상명령을 제대로 수행하고 있다고 말할 수 없다. 그리스도에 대한 설교나 선교에 대한 강조가 부족하지는 않다. 정말로 부족한 것은 사람을 제자 삼는 가장 기본적인 일이다. 해결책은 관계와 책임에 기초한 제자양육이다. 그것이 과거에 교회를 바꾸어 놓았고, 오늘날 변혁을 이룰 단 하나의 방법이다.

부록

리더십 공동체
개발

오늘날 제자도에 대한 혼란 때문에 교회가 제자 삼는 일을 제대로
못 한다는 비난이 많다. 사실은 정반대다. 내가 말하는 제자의 의미
를 설명하기 위해 몇 가지 용어를 먼저 정의하고 싶다.

자신의 죄를 사함 받고 그리스도를 믿기로 한 모든 사람은 그리스도
의 제자다. 신앙고백을 한 사람에게 하나님은 계속 전진하고 성장하
라고 명하신다. 성장의 과정에는 신자를 사랑, 연합, 영적 성숙으로
이끄는 제자훈련이 필요하다. 이 과정은 끝이 없다. 아이에서 장년까
지 모두가 이 신앙의 여정을 가야 한다. 제자도에 대한 혼란이 있는
이유는 제자도를 과정이 아니라 프로그램이라고 가르치기 때문이
다. 제자도 과정을 가장 분명하게 확인할 수 있는 곳은 교회다. 교회
에는 모든 나이, 모든 인생 주기의 사람들이 있기 때문이다.

제자도는 사람들을 그리스도에 대한 믿음으로 인도하라는 교회에 주신 명령이다. 또한 제자도는 신자들을 신앙으로 인도하여 그리스도의 몸 안에서 성숙하고 은사를 발휘하게 하는 일이다. 각자가 자신의 예루살렘에서 시작하여 인생의 소명을 성취한다. 제자도는 영적 성숙을 향해 가는 교회 안의 모든 그룹을 포함한다. 교회는 총체적인 제자도의 단위며 사람들을 그리스도와의 관계와 섬김으로 인도하는 살아 있는 유기체다.

그리스도가 사람들을 제자로 삼으셨을 때 그분은 하나님이자 인간으로서 그렇게 하셨다. 성령님의 모든 은사와 함께 온전한 신성이 그분 안에 있었다. 요한복음 14장에서 예수님은 자신이 떠나는 것이 우리에게 유익이라고 하셨다. 그래야 지상명령을 성취하기 위한 은사가 성령을 통해 우리에게 전해진다.

교회는 공동체적이고 의도적인 차원에서 '와서 나와 함께 있으라' 단계, 즉 재생산의 단계에 도달할 때 성숙한 제자교회가 된다. 대부분 교회에서 의도하지 않고 작은 규모로 이 일이 일어난다. 제자교회의 특징은 의도적으로 리더십 공동체를 개발하는 것이다. 당신의 교회가 예수님의 전통, 초대교회, 선교교회의 본을 따라 제자교회가 되기를 바란다면 의도적으로 리더십 공동체를 훈련해야 한다.

부록의 내용은 제자교회를 조직하는 하나의 방법이다. 먼저 리더십 공동체를 구성하는 기본 요소가 무엇인지 알아본다. 이어서 셀교회를 운영하는 방법을 보고, 리더십 공동체 내부에서 목회적 돌봄이 확산되는 데 소그룹이 하는 역할을 알아본다. 다음에는 소그룹을 성공적으로 계획하고 기도로 모든 기본 임무를 완수하도록 훈련생들을 가르치는 방법을 소개한다. '4인 그룹의 힘'과 '책임과 책임감'도 참고하라.

랜들 넛슨 Randall K. Knutson

리더십

공동체

리더십 공동체를 세우려면 다음 9가지를 수행해야 한다.

1. 셀교회 구조 마련

2. 리더십 공동체 정의

3. 리더십 공동체 조직

4. 소그룹 네트워크(셀) 구성

5. 훈련생 선발

6. 훈련생 서약서

7. 전도의 어장 마련 및 관심 그룹 재생산

8. 소그룹 리더의 역할

9. 수석 리더의 역할

1. 셀교회 구조 마련

다음 그림은 우리 교회 리더들이 소그룹을 통해 회중이 은사를 사용하도록 훈련하는 총체적인 제자도 과정이다.

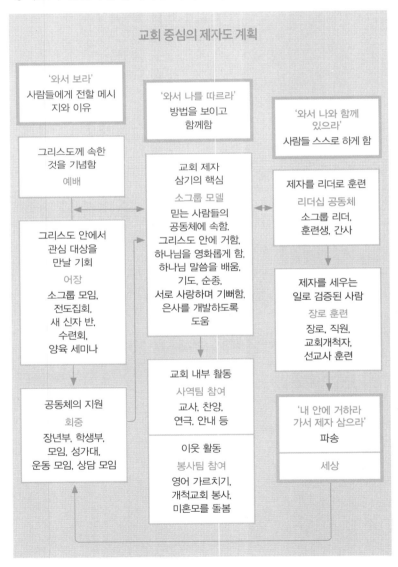

교회 중심의 제자도 계획

'와서 보라'
사람들에게 전할 메시지와 이유

그리스도께 속한 것을 기념함
예배

그리스도 안에서 관심 대상을 만날 기회
어장
소그룹 모임,
전도집회,
새 신자 반,
수련회,
양육 세미나

공동체의 지원
회중
장년부, 학생부,
모임, 성가대,
운동 모임, 상담 모임

'와서 나를 따르라'
방법을 보이고 함께함

교회 제자 삼기의 핵심
소그룹 모델
믿는 사람들의 공동체에 속함.
그리스도 안에 거함,
하나님을 영화롭게 함,
하나님 말씀을 배움,
기도, 순종,
서로 사랑하며 기뻐함,
은사를 개발하도록 도움

교회 내부 활동
사역팀 참여
교사, 찬양,
연극, 안내 등

이웃 활동
봉사팀 참여
영어 가르치기,
개척교회 봉사,
미혼모를 돌봄

'와서 나와 함께 있으라'
사람들 스스로 하게 함

제자를 리더로 훈련
리더십 공동체
소그룹 리더,
훈련생, 간사

제자를 세우는 일로 검증된 사람
장로 훈련
장로, 직원,
교회개척자,
선교사 훈련

'내 안에 거하라 가서 제자 삼으라'
파송

세상

2. 리더십 공동체 정의

리더십 공동체는 적극적인 소그룹 리더들의 모임으로 리더들은 개인적 도움을 얻고 비전을 확장하며 사역기술을 습득하고 새로운 후보생을 훈련한다.

리더십 공동체	소그룹 사람들이 참여하는 모든 사역활동을 이끄는 리더들의 모임으로, 함께 모여서 식사하고 예배하며 기도하고 강의를 들으며 개인 성장을 위한 도움을 받는다.
적극적 소그룹	교회의 목회적 돌봄을 분산시켜서 다양한 소그룹에서 목양의 책임을 진다. **예** 찬양팀, 드라마팀, 중보기도팀, 중고등부 교사팀, 학생부, 남성 모임, 여성 모임, 독신자 모임, 부부 모임 등
리더	리더십 공동체는 현재 소그룹에서 리더로 섬기거나 앞으로 섬길 사람들을 대상으로 한다.
개인적 도움	교회의 목자들이 양이 되어 돌봄을 받는 시간이다.
비전 확장	핵심 가치를 나누고 큰 그림을 그리며 미래의 사역을 계획한다.
사역기술 습득	더욱 잘 섬기기 위해 리더십 은사를 개발하고 훈련한다.
후보생 훈련	새로운 후보생을 리더십 입문 단계로 초청하여 은사를 잘 사용하도록 양육한다.

3. 리더십 공동체 조직

리더십 공동체는 격주로 모인다. 격주로 계획한 이유는 사람이 비전을 잃기까지 불과 한 달이 걸린다는 느헤미야의 원리 때문이다. 만약 모임을 한 번 빠지더라도 한 달 안에 리더십 공동체와 연결의 끈을 계속 이어 갈 수 있다. 저녁 모임은 이렇게 진행된다.

1. 함께 간식을 먹는다. (15분) 모임 시간은 월요일 저녁 5시 30분-7시 30분이다. 2시간을 알뜰하게 사용하여 사람들이 일찍 귀가하게 한다. 부부가 함께 참석할 수도 있다. 이른 저녁에 모이기 때문에 부담이 적고 모임 후에 가족의 필요를 돌볼 여유가 있다.

2. 함께 예배드리고 예배팀이 준비한 제목으로 기도한다. (15분)

3. 목사는 핵심 가치를 살아 내느라 수고하는 리더들에게 비전, 기도, 예배, 격려의 메시지를 전한다. (30-45분)

4. 3-5명으로 흩어져서 개인기도 제목을 나누고, 각 모임의 발전 사항 보고하며, 각자에게 있는 고민을 해결하는 시간을 보낸 다. (45분)

5. 정기적인 수련회를 열거나 특별 시간을 마련해 훈련하고 어장 전략을 세우며, 교회의 전도 행사에서 새 신자들에게 소그룹 을 어떻게 소개할지 계획한다.

6. 리더십 공동체의 리더들은 이렇게 구성된다.

소그룹 리더	10명을 목양하는 목자로서 훈련생 한 명을 둔다.
수석 리더	3-5명의 소그룹 리더들을 관리한다.
훈련생	기존 소그룹이나 어장 전략을 통해 선발된다.
코디네이터	리더십 공동체나 새로운 행사 행정을 담당한다.

4. 소그룹 네트워크셀 구성

다음은 리더십 공동체의 조직 구성 사례다. 교회 모든 부문의 소그

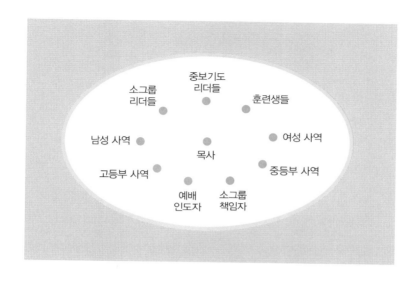

룹이 연합하며 훈련생을 양육한다.

네트워크에는 다음 유익이 있다.

1. 각기 다른 분야의 원활한 소통
2. 모든 가족을 그리스도께 이끄는 방법을 함께 고민
3. 새로운 그룹 확장에 효과적
4. 사역 결과 피드백 용이

다음은 리더십 공동체 시간을 활용하는 세부 시간 배분표다.
(다음 페이지)

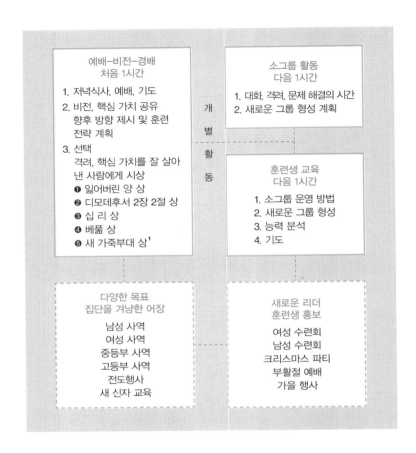

예배-비전-경배
처음 1시간

1. 저녁식사, 예배, 기도
2. 비전, 핵심 가치 공유
   향후 방향 제시 및 훈련
   전략 계획
3. 선택
   격려, 핵심 가치를 잘 살아
   낸 사람에게 시상
   ❶ 잃어버린 양 상
   ❷ 디모데후서 2장 2절 상
   ❸ 십 리 상
   ❹ 베풂 상
   ❺ 새 가죽부대 상[1]

소그룹 활동
다음 1시간

1. 대화, 격려, 문제 해결의 시간
2. 새로운 그룹 형성 계획

개
별
활
동

훈련생 교육
다음 1시간

1. 소그룹 운영 방법
2. 새로운 그룹 형성
3. 능력 분석
4. 기도

다양한 목표
집단을 겨냥한 어장

남성 사역
여성 사역
중등부 사역
고등부 사역
전도행사
새 신자 교육

새로운 리더
훈련생 홍보

여성 수련회
남성 수련회
크리스마스 파티
부활절 예배
가을 행사

5. 훈련생 선발

1. 훈련생은 이미 훈련받은 리더의 지도와 영향력 아래에서 그리스도의 성품과 사역기술을 개발하는 일에 헌신한 사람이다.
2. **훈련생의 자격 요건** 훈련생은 리더십 공동체에 기쁨으로 참여

하고 소그룹 리더의 훈련에 순종한다. 훈련생에게는 다양한 자질과 능력이 요구된다.

(1) 적절한 리더십 능력이 있어야 한다.

(2) 리더십 공동체 참여를 열망해야 한다.

(3) 영적인 일에 마음이 불타올라야 한다.

(4) 리더십에 은사가 있어야 한다.

(5) 배우려는 자세가 되어 있고 사람들을 끄는 매력이 있어야 한다.

(6) 리더가 되기에 부적합한 연약함이나 심리적으로 미성숙한 부분이 없어야 한다.

(7) 그룹을 이끌 수 있어야 한다.

(8) 사람들을 통해 일하고 사람들에게 사역하는 일을 촉진한다.

3. **리더십 공동체 참여 절차** 훈련생은 공동체에 들어오기 전에 다음 단계를 거쳐야 한다.

(1) 리더들은 기도하면서 예비 훈련생 명단을 작성한다.

(2) 소그룹 리더는 훈련생의 8가지 요건으로 수석 리더와 상의하여 훈련생을 결정한다.

(3) 결정되면 소그룹 리더가 후보생과 만나서 후보생의 헌신도를 확인한다.

(4) 예비 훈련생은 리더십 공동체의 규정을 읽고 월요일 저녁 모임에 참석한다.

(5) 리더십 공동체에 참여하기로 결정한 훈련생은 훈련생 서약서에 서명하고 오리엔테이션에 참석하여 리더를 배정받는다. 수석 리더는 어느 소그룹 리더의 모임에 참여할지를 결

정한다. 모임은 최대 5명으로 한다. 모임 배정이 끝나면 훈련
생들은 소그룹 리더와 함께 모임에 참여한다.

4. 오리엔테이션 오전 모임 훈련생이 리더십 공동체에 참여할 의사
를 보이면 오전 모임 일정을 한 시간 잡아서 세부 내용을 설명
한다.

15분	다과 시간
30분	리더십 공동체의 목적, 목표, 일정, 요건, 서약 소개
15분	질의응답(서명한 서약서 제출 기한은 2주)

6. 훈련생 서약서

훈련생 서약

1. 나는 리더십 공동체의 일원이 되기를 희망한다.

2. 나는 미래의 리더가 되기 위해 그리스도인의 생활 방식과 사역 방법
을 더 깊이 훈련하기를 희망한다.

3. 나는 리더십 공동체의 계획과 문화에 기꺼이 순복한다. 이를 위해
다음을 실천한다.

   (1) 맡은 사역 완수

   (2) 개인의 발전을 위한 특별 세미나와 워크숍 참석

   (3) 정기적인 교회행사 지원

4. 나는 리더십 모임을 개인 일정에 최우선으로 삼고 문제가 생기거나

늦을 경우 연락한다.

5. 나는 사역의 책임을 진 동안 리더십 공동체에 계속 헌신한다.

6. 나는 훈련이 끝난 후 새로운 그룹을 시작한다.

나는 리더십 공동체에 헌신하기로 기도했으며 팀의 일원으로 하나님이 인도하신다고 느낀다.

나는 그리스도와의 관계, 사람들을 향한 사랑, 리더십 능력 면에서 계속 성장하기를 희망한다. 그러므로 하나님과 리더십 공동체 앞에서 위의 사항을 준수하기 위해 노력하기로 동의한다.

나의 친구이자 신앙의 성숙을 위한 사랑의 인도자로서 내가 이 서약의 내용에 미치지 못할 때마다 조언해 주기를 기대하며 허가를 요청한다.

이름 _____

소그룹 리더 _____

일시 _____

7. 전도의 어장 마련 및 관심 그룹 재생산

풀러신학교 교회 성장연구소의 칼 조지(Carl George) 박사가 어장 (fishing pool)이란 말을 처음 고안했다. 어장이란 새로운 사람들을 불러 모으고 관계를 형성하며 새로운 소그룹으로 인도하기 위해 개최하는 의도적인 전도 행사를 지칭한다. 조지는 교회나 소그룹에 참여하는 사람들은 주로 인간관계 때문에 동참한다는 사실을 발견했다. 비슷한 사람, 필요, 생활 방식이 주요 이유였다. 우리는 새로운 사람들을 초청하여 소그룹에 참여시키기 위한 방법을 고안했다. 어장은 새로운 소그룹 리더들에게 인원을 충원할 기회를 제공한다.

어장 계획

4대 주요 목표

(1) 구체적인 목표(관심) 그룹 선정

(2) 새로운 사람 초청

(3) 세운 목표 달성

(4) 훈련생 충원

어장의 다양한 예

(1) 새 신자 모임

(2) 여성 차 마시는 모임

(3) 육아 세미나

(4) 여성·남성 수련회

(5) 주말 부부관계 프로그램

(6) 운동 동호회

(7) 전도를 위한 성경공부

(8) 캠핑 여행

(9) 가난하고 억압받는 사람들을 돕는 사역

⑽ 사회 성경공부

어장의 구조

모든 어장 행사는 다음을 전제로 한다.

⑴ 새로운 그룹을 시작할 예정인 훈련생들과 그룹 활동을 한다. 사람들을 섞어서 훈련생들과 교제할 기회를 제공한다. 사람들에게 가장 편한 훈련생을 선택하게 한다.

⑵ 남은 시간은 리더 훈련생의 주도로 테이블에 모인 사람들끼리 시간을 보낸다. 그룹 활동은 관계에 초점을 두고 부담 없이 관심사에 대해 대화하는 것을 목적으로 삼는다.

⑶ 참가자들은 다양한 훈련생과 만나서 교제한다. 맞는 사람들끼리 만나서 새로운 소그룹을 만드는 것이 목표다.

⑷ 훈련생들은 결혼 프로그램이나 새 신자 모임, 운동경기 같은 행사 뒤에 소그룹을 시작할 준비를 한다. 행사 시간에는 사람들과 관계를 맺고 소그룹 멤버로 초청할 인맥을 쌓는다.

8. 소그룹 리더의 역할

세부 임무

1. 개인의 성장을 위한 환경을 조성하며 소그룹 모임에서 다음 활동을 한다

⑴ 하나님의 말씀을 개인의 삶에 적용한다.

(2) 서로 돕고 책임을 다하는 관계를 형성한다.

(3) 하나님이 어떤 분이시며 어떤 일을 행하셨는지를 기념하고 경배한다.

(4) 서로를 위해 중보하고 하나님의 일을 위해 기도한다.

(5) 가족처럼 한 몸이 된 사람들을 모임으로 초청한다. 이들은 집에서 운전해서 갈 수 있는 거리에 살며 현재 교회에 다니지 않거나 그리스도 안에 있지 않은 사람(친구, 이웃, 직장 동료)을 말한다(이하 '확대 가족').

2. 사람들을 섬기고 돌본다

목회적 돌봄은 두 가지로 일어난다.

(1) **사랑** 소그룹 사람들이 서로, 확대 가족에게 영적 은사를 발휘하도록 지도한다.

(2) **섬김** 복음을 나누고 성도 스스로가 '복음' 자체가 되게 하여 사람들을 그리스도의 제자로 삼고 교회에 오도록 이끈다.

3. 다음과 같이 소그룹의 진행 상황을 감독한다

(1) 소그룹의 모든 사람을 위해 기도하는 기도일기를 만든다.

(2) 소그룹의 필요에 따라 매주 강의 계획 자료를 준비한다.

(3) 소그룹 보고서를 작성하여 수석 리더에게 제출한다.

(4) 교회와 리더십 공동체 활동에 성실하게 참석한다.

4. 재생산 리더십을 확인하는 리트머스 시험지는 새로운 훈련생을 얼마나 잘 훈련하고 배가시키는가이다. 새로운 소그룹을 이끌 리더 훈련생을 매년 세우라.

9. 수석 리더의 역할

세부 임무

1. **소그룹의 문제를 해결한다**

   수석 리더는 문제 해결 능력을 발휘한다.

   (1) 소그룹 리더들이 목적과 계획을 구체화하도록 돕는다. 시행 과정을 감독하고 소그룹의 효과와 재생산을 격려하며 확인한다.

   (2) 3주나 6주에 한 번 각 소그룹 모임에 참석하여 모임 활동을 확인한다.

   (3) 리더들이 그룹과 개인의 필요를 분별하도록 돕는다. 리더들에게 우선순위를 점검하도록 질문하고 다음 조치를 취하도록 인도한다.

   (4) 리더들이 소그룹에서 영적 은사를 적극 활용하도록 인도한다.

2. **소그룹 리더들의 목자로서 자신이 관리하는 리더들에게 다음 활동을 담당한다**

   (1) 각 리더를 위해 기도 사역을 한다.

   (2) 사역과 공동체에 필요한 의제를 결정하기 위해 기도하는 시간을 보낸다.

   (3) 자신이 감독하는 각 소그룹 리더(최대 5명)와 관계를 형성한다.

   (4) 격주로 사역 공동체 밖에서 개인적으로 연락하여 격려하고 계획을 전하며 성장하도록 인도한다.

   (5) 최소 분기에 한 번 소그룹 리더들과 계획을 의논하는 회의

를 개최한다. 리더십 공동체 모임에 빠진 소그룹 리더들에게 내용을 전달한다.

3. 리더 훈련생들을 양육한다

새로운 리더들을 준비시키기 위해 수석 리더는 다음 활동을 한다.

(1) 소그룹 리더는 미래 리더들을 염두에 두고 시간을 투자한다. 가능성 있는 소그룹 훈련생들을 만나서 향후 사역 가능성에 대한 비전을 제시한다.

(2) 소그룹 리더 후보자들을 오리엔테이션 모임에 초청한다. 새롭게 소그룹을 시작하는 훈련생들을 지원한다. 소그룹 리더들이 사람들의 은사를 확인하고 격려하도록 돕는다.

(3) 또 다른 수석 리더가 될 만한 리더를 세운다.

주말이나 주중 행사를 두 부분으로 계획한다. 첫 시간에는 사람들을 계속 섞어서 친밀도를 확인하라. 누가 누구를 좋아하는가? 누가 누구와 함께 있는가? 다음 시간에는 가까운 사람들끼리 모이게 하여 행사 내내 함께 있게 한다. 행사가 끝나면 관계가 깊어질 가능성이 크다. 소그룹 오리엔테이션 모임을 갖고 새로 사귄 사람들에게 계속 연락한다. 훈련생들은 새로운 인맥에게 연락하여 앞으로 시작할 소그룹에 초청한다. 이 같은 네트워크가 계속 이어져야 한다.

셀교회

운영 방법

이번에는 리더십 공동체에서 목회적 돌봄이 확산되기 위해 소그룹을 어떻게 운영해야 할지 알아본다. 세부 내용은 다음과 같다.

1. 건강한 소그룹 사이클

    표 〈4단계 소그룹 사이클표〉

2. 9-18개월 소그룹 사이클 구성

    표 〈건강한 소그룹 사이클표〉

3. 개인 발전표 검토

    표 〈개인 발전표〉

1. 건강한 소그룹 사이클

※ 『세렌디피티 소그룹 성경』자료에서 인용

1) 친해지기

서로 알아 가는 모임 구축 단계로 구애 단계라고도 부를 수 있다. 친밀감을 쌓고 영적 연합을 이루며 진정한 기독교 공동체를 경험하고 서로 친숙해진다.

  (1) 먼저 리더는 그룹이 어느 정도 성숙한지 확인한다.

  (2) 리더십 공동체 모임에서 신규 소그룹 코디네이터와 상의하여 모임 교재를 정한다.

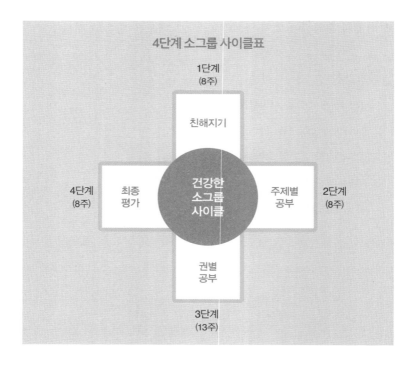

2) 주제별 공부

먼저 가벼운 성경공부로 시작한다. 흥미로운 방법이 많은데 소그룹의 발달 단계에 따른 성경공부 방법을 사용한다.

(1) **초보자 그룹** 관계 형성과 신앙 형성에 중점을 두고 관계 중심의 단순한 모임으로 진행한다.

(2) **중간 그룹** 더욱 깊이 있는 성경공부 교재로 신앙과 삶에 대해 진지하게 고민하도록 유도한다.

(3) **성숙한 그룹** 개인의 신앙만이 아니라 선교와 소명에 대해 함께 고민하고 지상명령에 순종할 방법을 다각적으로 살펴본다.

3) 권별 공부

도움과 사랑이 필요한 상처 입은 사람들에게 그리스도를 전하고 사랑으로 다가가는 방법을 공부하고 다음과 같이 한다.

(1) 사람들을 소그룹 공동체로 초청한다.

(2) 1세기 초대교회 그리스도인들처럼 치유의 공동체를 육성한다.

4) 최종 평가

소그룹 회원들을 배출하여 다음 소명으로 진행하게 한다.

(1) **평가** 다음 질문에 답해 본다. '나의 업무, 가정, 신앙생활에 필요한 다음 단계가 무엇인가?'

(2) **점검** 전략적인 다음 단계를 결정하기 위해 성품, 은사, 업무 스타일, 열정을 점검한다. 교회에 섬김이 필요한 부분을 확인한다. 열정과 관심에 따라 적절한 리더십과 연결해 준다.

(3) **피드백** 삶의 목표와 방향을 정하는 데 도움을 얻기 위해 소그룹 회원들과 이야기를 나눈다.

(4) **졸업식** 모든 그룹이 동시에 해산하고 회원들을 새로운 그룹에 섞는다. 가을학기를 준비하는 시간으로 여름을 보낸다.

(5) **회원들을 새로운 소그룹으로 배출** 회원들이 새로운 소그룹에 속하더라도 한 달에 한 번(주일 오후 등) 이전 멤버들끼리 만나서 새로운 변화에 적응하도록 돕고 필요를 나눈다.

2. 9−18개월 소그룹 사이클 구성

1-2년 동안 진행할 4단계 소그룹을 계획할 때 다음을 고려한다.

1. 소그룹 회원들에게 다음 사항을 상기시킨다.
   (1) 건강한 소그룹에는 분명한 목표가 있다.
   (2) 책임을 적절히 조정한다.
   (3) 새로운 소그룹을 시작하는 것은 변함없는 기본 목표다.
2. 9-18개월 사이클을 지역 학교의 연간 일정과 일치시킨다.
3. 훈련생은 새로운 소그룹을 시작하기 전에 소그룹에 참여하고 리더십 공동체에서 훈련받는다.
4. 소그룹은 구체적인 목표 대상을 염두에 둔다.
   - 취학 연령 전 아이를 둔 어머니
   - 젊은 미혼자
   - 십 대 아이를 둔 부모

- 회사 인근의 남성 소그룹
- 중학교 자녀를 둔 부모
- 어린 자녀를 둔 부모
- 부부 행복 프로그램 참가자
- 새 신자
- 중독치료 프로그램 참가자
- 집단 중독치료 수료자

건강한 소그룹 사이클표

친해지기(8주) 1단계	주제별 공부(1-2학기) 2단계	권별 공부(1-2학기) 3단계	최종 평가(8주) 4단계
목적 지원 성경			졸업
소그룹 공동체 생활 형성	신앙과 생활의 문제 연구	구체적인 성경공부 시작	은사와 관심을 점검하여 다음 단계로 이동

※ 「세렌디피티 소그룹 성경」 자료에서 인용

3. 개인 발전표 검토

목사마다 교인들이 소그룹에서 배웠으면 하는 주제나 기술을 갖고 있다. 주제와 상관없이 모든 소그룹이 개인의 발전을 위해 같은 항목을 실천할 수도 있다. 다음 표는 하나님의 부르심을 잘 성취하고 있는지를 평가하는 수단이다.

개인 발전표

	친해지기 (8주)	주제별 공부 (8주)	권별 공부 (13주)	최종 평가 (8주)
	1단계	2단계	3단계	4단계
기도	대화기도	반나절기도	중보기도	기도일기
도움	식사, 나눔, 행사	식사, 나눔, 행사	식사, 나눔, 행사	식사, 나눔, 행사
말씀	관계 공부	주제별 공부	권별 공부	최종 평가
간증	개인 간증 개발 개인별 계획: 개인 이야기	개인 간증 개발 그룹 계획: 외부인 초청	개인 간증 개발 교회 계획: 복음 전도	개인 간증 개발 활동 계획: 어려운 사람 돕기

소그룹

만들기

건강한 소그룹은 우연히 만들어지지 않는다. 신중한 계획과 고민이 있어야 가능하다. 성공적인 소그룹 계획에는 다음 기본 사항과 기도가 필요하다.

1. 소그룹의 정의
2. 분명한 목표 설정
3. 집중 목표
4. 소그룹에 알리고 싶은 내용
5. 소그룹에 바라는 행동
6. 소그룹에 바라는 모습
7. 기본 원칙 명시
8. 소그룹 생활을 삶의 방식이자 삶의 전부로
9. 성공 확인 지표

1. 소그룹의 정의

소그룹은 3-14명이 정기적으로 만나는 모임으로, 사랑하는 사람들을 초청하여 그들이 직장, 가정, 친척과의 관계에서 그리스도를 존중하는 삶을 발견하고 성장하게 하는 것을 목표로 한다.

(1) 각 소그룹에는 목표와 목적, 기본 원칙이 있다. 소그룹 리더는 지역의 연간 학교 일정과 같게 소그룹 일정을 계획한다.

(2) 진정한 기독교 공동체는 3-14명 사이에 돌봄과 지원이 있는 모임에서 형성된다.

(3) 매주 만나는 것을 권장하지만 격주나 월별로 모이는 것도 가능하다.

(4) 공동의 목적은 우리의 주님이자 주인이신 그리스도를 경배하고, 서로 섬기며, 공통 목적으로 그리스도의 제자로서 연합하고, 우리 주변 세상의 선교를 준비하는 것이다.

(5) 소그룹은 아직 하나님과 함께하는 것에 대해 잘 모르지만 궁금한 사람, 헌신된 그리스도인이지만 지체의 경험과 도움을 바라는 사람에게 모두 열려 있다.

(6) 소그룹은 그리스도의 사랑을 배우고 인생의 장애물을 극복하며 새로운 성과를 경험하기에 가장 좋은 수단이다. 직접 경험하고 확인해 보라.

(7) 직장, 가정, 공동체 안에서 그리스도와의 관계에서 은사를 발휘하기 위해 개인의 목표를 정하고 꿈꾸며 위험을 감수해 보기를 격려한다.

(8) 모든 것을 수용하는 생활 방식을 추구한다. 하나님의 사랑이 우리의

삶을 주관하며, 우리 자신을 하나님의 목적에 일치시키고, 그분의 권능과 영감으로 하나님을 경외하는 삶을 산다. 그리고 이렇게 변화된 태도로 직장 사람, 가정, 확대 가족을 대한다.

2. 분명한 목표 설정

소그룹은 사람들이 살고 일하며 노는 곳에서 그리스도를 경외하는 생활 방식을 개발하고 한 단계 더 나아가도록 돕는 것을 목표로 삼는다.

3. 집중 목표

목표를 달성하기 위해 6가지 소그룹 목표를 정한다.

(1) 우리의 보살핌과 도움을 확산한다.

(2) 직장 동료, 친구, 이웃을 말과 행동으로 사랑한다.

(3) 사람들을 잘 훈련된 제자로 삼기 위해 우리의 삶과 교회행사에 초청한다.

(4) 은사를 확인하며 개발하고 사용하여 열매를 맺는다.

(5) 장차 리더가 될 훈련생을 키운다.

(6) 사람들이 성장하고 은사가 개발되면 창의적인 새로운 사역을 시작한다.

4. 소그룹에 알리고 싶은 내용

(1) 그리스도와의 관계 안에서 하늘 아버지를 경배하고 활기찬 기도생활을 유지한다.

(2) 하나님의 말씀을 더 깊이 이해하는 데 도움이 되는 다양한 자료로 하나님의 말씀을 공부한다.

(3) 믿는 사람들에게만이 아니라 직장 동료, 친구, 이웃에게 말과 행동으로 사랑하고, 그들에게 그리스도와 또 다른 신자들을 소개한다.

(4) 고용주, 직원, 고객과의 관계에서 하나님을 경외하는 직업윤리를 실천한다.

(5) 교회 가족이 한 팀이 되어 확대 가족을 사랑하고 그들을 초청하여 예수 그리스도의 복음을 전한다.

(6) 도움과 영적 양육이 필요한 사람들을 위해 기도하고 섬긴다.

(7) 각자의 능력, 장점, 은사를 직장, 가족, 상처 입은 사람들과의 관계에 사용한다.

(8) 향후 소그룹이나 사역에 지속적으로 참여한다.

5. 소그룹에 바라는 행동

(1) 모임 참석을 최우선으로 한다.

(2) 모임에 오기 전에 그날의 내용을 미리 준비한다.

(3) 기본 원칙을 설명하고 모임에 새로운 사람들을 초청한다.

(4) 확대 가족에게 의식적으로 오픈하고 모임에 초청된 친구들이나 모임 사람들을 사랑으로 돕는다.

(5) 합의한 서약 내용을 준수하고(소그룹 대표) 믿음에 따라 새로운 소그룹을 시작한다.

(6) 한밤중에라도 도움이 필요할 때는 언제든지 서로 전화하여 격려하고 기도할 수 있다.

(7) 하나님의 말씀에서 배운 원리를 직장이나 여가나 인간관계에 적용한다.

6. 소그룹에 바라는 모습

우리는 모두 다음 부분에서 총체적으로 성장하기를 바란다.

(1) **신앙생활** 소그룹 멤버들이 그리스도 안에서 하나님과 자신의 삶을 향한 그분의 목적을 발견하고 믿음과 헌신으로 반응하도록 도전한다.

(2) **가족과 사람들과의 관계** 더 깊이 성숙하고 가족과 사람들을 이해하며 각자의 삶에 대한 하나님의 독특한 목적을 이해한다.

(3) **직업** 하나님의 섭리에 대한 새로운 깨달음과 통찰력을 얻어 자기 자신을 일터에서 주님을 섬기는 윤리적 청지기로 간주한다.

7. 기본 원칙 명시

다음은 사람들에게 요구하는 기본 원칙이다.

(1) **기도** 따로 기도 시간을 떼어 기도하며 삶의 속도를 늦추어 대화기도, 반나절기도, 중보기도를 하는 시간, 기도일기를 쓰는 시간을 누린다.

(2) **교제와 사랑의 도움** 다음과 같은 사역을 실천한다.

① 시간에 상관없이 상처 받거나 힘들 때 연락하라고 함

② 아픈 사람에게 식사 전달

③ 격려 카드 보내기

④ 아이 돌봐주기

⑤ 그룹으로 함께 먹고 시간을 보냄

⑥ 서로 자신의 삶에 일어나는 일을 나눔

⑦ 모든 일을 함께 기념함

(3) **하나님의 말씀** 사람들에게 『세렌디피티 소그룹 성경』을 소개하고 이것으로 성경을 귀납법적으로 연구한다. 또 하나님 말씀에서 배운 내용을 직장, 가족, 친구 관계에 실제로 적용해 본다.

(4) **섬김** 서로 사랑하고 돌보는 기술을 연마하고, 자신의 은사를 발휘해 주변 사람들을 전도하며, 사람들을 교회로 초청하기 위한 특별한 활동과 지원 체제를 고안한다.

8. 소그룹 생활을
   삶의 방식이자 삶의 전부로

이런 식으로 사람들은 평생 요한복음 15장을 향해 나아간다. 직장생활, 가족생활, 여가생활에서 믿는 사람으로서 하나님을 영화롭게하는 데 초점을 둔다.

(1) 매주 정기적으로 하나님의 말씀을 묵상하여 기도와 하나님과의 친교를 유지한다.

(2) 윤리적이고 하나님을 경외하는 삶을 살면서 말과 행동에 열매를 맺는다.

(3) 하나님이 주신 물질과 자원으로 사람들을 최대한 돕기 위해 하나님의 인도하심에 순종한다.

(4) 하나님의 말씀에 따라 행동했다면 어떤 일을 경험하든 항상기뻐한다.

(5) 사람들의 영적·물리적·정신적 필요에 따라 그들을 사랑하고도와준다.

9. 성공 확인 지표

진행 과정을 측정하는 수단은 다음 열두 가지를 보면 알 수 있다.

(1) **연결 지표** 하나님이 내 마음에 기도하라는 부담을 주신 사람이누구인가?

(2) **호감 지표** 누가 나의 사랑에 반응하는가? 그 이유는 무엇인가?

(3) **이웃 지표** 직장이나 가정에서 만나는 사람들과 관계를 돈독하게 하기 위해 어떤 활동을 할 수 있는가?

(4) **사랑 지표** 우리 가정에 초대한 사람이 있는가? 편지, 카드, 선물을 보낸 적이 있는가?

(5) **비용 지표** 하나님이 지금 당장 하라고 하시는데 머뭇거리는 일이 있는가?

(6) **우정 지표** 친구들의 질문과 필요에서 감지한 것이 있는가? 어떻게 도와줄 수 있는가?

(7) **스트레스 수용 지표** 내 주변 사람 가운데 스트레스와 고통 가운데 있는 사람은 누구인가? 내가 도울 방법이 있을까?

(8) **기도 지표** 최근에 내가 함께 기도한 사람은 누구인가?

(9) **팀 지표** 우리 교회나 소그룹 중에 내 친구들에게 소개해 줄 사람은 누구인가? 언제 어떻게 소개할 것인가?

(10) **선포 지표** 어떤 상징, 행동, 기도, 말로 그리스도를 향한 사랑을 선포하고 있는가?

(11) **친밀 지표** 이번 주에 하나님이 나에게 그분의 어떤 모습을 보여 주셨는가? 내가 좀 더 자라기를 바라시는 부분은 무엇인가?

(12) **청지기 지표** 하나님이 주신 도구와 책임으로 나는 현재의 자리에서 사람들의 삶에 기여하기 위해 무엇을 하고 있는가?[2]

4인

그룹의 힘
마음을 하나님께, 자신에게,
사람들에게 열기

나는 하려는 것보다 많은 것을 이미 알고 있다. 그리스도에 대해 아
는 것을 행하는 방법을 배워야 한다.

서론

세상의 종말에 가까울수록 인간의 마음에는 치열한 전쟁이 벌어진
다. 『순전한 기독교』(홍성사 역간)에서 C. S. 루이스는 이 전쟁을 침입
으로 규정한다.

처음으로 신약성경을 진지하게 읽었을 때 놀랐던 것 가운데 하나는
우주 안에 존재하는 죽음과 질병과 죄의 배후 세력으로 간주되는
'어두운 권세'에 관한 언급이 상당히 많다는 점이었다. 어두운 권세

역시 하나님의 창조물로 원래는 선하게 창조되었으나 후에 악하게 변했다는 점에서 기독교는 이원론과 구별된다. 기독교는…우주가 전쟁 중이라는 견해에 동의한다.[3]

전국적으로 교회의 문을 두드리기를 거부하는 사람들이 많아지면서 소그룹이 점점 줄어들고 있다. 상처 받은 사람들은 여전히 하나님의 나라에 들어갈 전초기지를 찾고 있다. 우리가 그들에게 가지 않는다면 그들이 어떻게 발견하겠는가?

다음 세대의 외침은 교회의 정의를 새롭게 한다. 교회는 건물이 아니다. 사람이, 바로 우리가 교회다. 우리는 절망에 빠진 세상에 사랑과 소망을 전하는 믿음의 공동체를 만들도록 예수님이 의탁하신, 예수님께 부름 받은 사람들이다. 수많은 사람이 앉아 있는 교회에 가서 설교를 듣는 일은 크게 어렵지 않다. 교회 언저리에 머물러 있으면 자신을 노출할 필요도 없고 대가를 치를 필요도 없다. 사실 대부분 이 상태를 좋아한다. G. K. 체스터턴(Chesterton)은 이렇게 말했다. "대부분의 교회가 생존하는 이유는 모든 사람이 서로 예의상 거리를 유지하기 때문이다."

결국 삶을 변화시키는 것은 공동체인데, 사실 공동체만이 유일하고 새로운 모델은 아니다. 소그룹이 점점 작아지고 있지만 소그룹 모델만이 여전히 사람들에게 자신과 상대에게 솔직할 수 있는 공간을 제공한다. 우리가 진심으로 서로 최선을 다하고 자신과 이웃을 신뢰하는 방법을 배울 때, 성령의 권능을 향한 열망과 성령을 수용할 마음이 더욱 커진다. 4인 그룹에서는 하나님 나라의 씨앗을 시장, 학교, 주점, 식당에 뿌려 우리 주변에 있는 사람들에게 그리스도의 교회를 접할 기회를 제공한다.

온 세상이 악한 자의 권세 아래 있다(요일 5:19). 때가 찼고 당신이 필요하다. 많은 것이 불확실하고 불안전하다.

"너희가 온 마음으로 나를 구하면 나를 찾을 것이요 나를 만나리라." 렘 29:13

4인 그룹이란?

- 4인 그룹이란 동성 3-4명으로 구성된 모임으로 매주 모여서 한 주간 묵상한 내용을 나누고 성품 계발에 필요한 질문을 하며 비그리스도인 가족과 친구를 위해 기도한다.
- 4인 그룹은 2명으로 시작한다. 2명은 누구를 그룹에 더 추가할지를 주님께 물어본다. 3명이 삼각형 모양을 이루고 마지막 사람이 삼각형 안에 자리를 잡는 모양새다. 처음 모인 두세 사람이 마지막 사람에게 가치관, 성품, 행동에 대한 하나님의 관점을 보여 주며, 그렇게 4명은 예수님이 말씀하신 교회의 본질을 형성한다. (두세 사람이 모이는 것의 중요성이 마태복음 18장 20절에 기록되어 있다.)
- 삼위일체는 사랑과 참된 지식의 삼각형을 본질로 한다. 비밀 유지는 사람을 은혜로 바라보는 삼위일체의 온전한 결합에 기

초한 사랑의 행동이다.

- 4인 그룹은 예수님과 베드로, 야고보, 요한 사이에서 이미 검증된 모델이다. 예수님은 다양한 사람에게 각기 다른 일을 보이셨다. 성부 하나님께만 공유한 내용도 있고 일부 제자(베드로, 야고보, 요한)에게만 나눈 내용도 있다. 우리도 적절한 대상에 따라 조심스럽게 고백해야 한다. 성, 자기혐오, 두려움, 삶의 실패 등 문제에 따라 논의할 대상을 지혜롭게 정한다.

4인 그룹의 목적

- 그리스도인의 삶은 혼자 걷는 삶이 아니다. 우리는 적의 점령지에 살고 있으며 현재 전쟁 중이다. 당신의 삶에는 누가 뒤를 엄호해 주고 있는가?(요일 5:19)
- 우리는 실제로 하려는 일보다 훨씬 많은 것을 이미 알고 있다. 우리에게는 지식이 아니라 실천에 집중할 공간이 필요하다(약 2:17).
- 같은 4명이 정기적으로 만나면 적절한 질문을 통해 각 사람이 우선순위를 잘 지키고 있는지 확인할 수 있다.
- 건강한 4인 그룹은 각 사람이 하나님과의 친밀함, 가족, 직장, 목적 등의 차원에서 우리 삶에 일어나는 일을 분별하도록 서로 돕는다.
- 4인 그룹은 각자가 독립적인 그리스도의 제자다. 또한 함께 모

였을 때 서로 나눌 것이 있는 사람이 되게 해준다.

4인 그룹을 시작하는 방법

- 이미 관계를 맺고 있는 사람 중에 한 사람을 떠오르게 해 달라고 하나님께 기도한다. 반드시 신뢰하고 함께할 수 있는 사람이라야 한다. 그 사람과 만남을 시작한다. 두 사람이 만났으면 이제 함께할 또 다른 사람이 누구인지 하나님께 간구한다.
- 언제 만날지를 정한다. 출근하기 전에 일찍 만나거나 점심에 만나는 것도 좋다. 오전에 일찍 일하고 오후에 퇴근하는 사람은 초저녁에 만날 수도 있다. 저녁 시간 뒤에 만나는 모임도 있다. 4인 그룹은 매주 만날 때 효과적이다. 가장 적절한 시간을 정해서 추진한다.
- 핵심은 적용이다. 투명한 태도로 임하는 토론이 바람직하다. 우리 교회는 『세렌디피티 소그룹 성경』에서 "마음 열기, 본문 연구, 보살핌" 부분을 활용한다.

4인 그룹 시행 전이라면

- 성경공부나 기타 모임이 교회 안에 없다면 시작하고 싶을 것이다. 숨을 곳이 없는 작은 모임을 만들기 전에 먼저 큰 모임으로

시작하여 사람들을 만나게 하는 것이 좋다.

- 일부 교회는 함께 식사하고 공부하며 예배드린 뒤에 큰 집단을 작은 모임으로 나누기도 한다. 우리는 남성 수련회나 조찬 모임을 하고서 네 명씩 모여 강사의 설명에 대해 토론한다. 워크숍이나 수련회에서도 네 명씩 모이면 좋다. 집중해서 좋은 강의도 듣고 새로운 관계 안에서 실제적인 적용점도 찾을 수 있을 것이다. 그리고 참가자들이 집에 돌아가서 이 4인 그룹을 계속 이어 가도록 독려한다.

- 사역 리더십 팀을 4인 그룹으로 나눈다. 내가 아는 리더는 교회에서 전도를 위한 새 사역팀을 구성했다. 팀은 매주 모여서 서로 알고 공동체를 이루며 전도 행사를 계획했다. 4개월이 흐르자 리더로 선택한 사람들 안에 해결해야 할 신앙의 문제나 제자양육 문제가 드러났다. 리더는 4인 그룹 모델을 제안했다. 전체 팀은 매주 모이되 격주로 전도 계획과 4인 그룹 모임 시간을 보냈다. 이로써 전도를 위해 세운 평신도 리더들의 제자훈련과 신앙 문제가 해결되었다.

4인 그룹으로 배운 교훈

- 4인 그룹에게 정보와 자료를 전달하는 최고의 수단은 이메일과 SNS다. 이것을 통해 새로운 그룹은 계속 연결될 수 있다 (마 28:20). 또 그 주에 모임에 나오지 못한 사람과 4인 그룹의

배우자, 가족, 지인들에게도 정보를 보내기에 괜찮은 수단이다.

- 복음에 적대적인 국가에 있는 그리스도인은 만나거나 연락하는 일이 어려울 수 있다. 그럴 때 4인 그룹을 형성해 다른 신자들과 네트워크를 이루는 것이 하나의 전략이 될 수 있다(행 9:1-2).
- 인생의 시기에 따라 사람들은 다양한 소그룹에 참여한다. 사람들이 죄 때문에 강퍅해지지 않도록 서로 계속 연결되어 있을 수 있는 다양한 방법을 고안해야 한다(히 3:12-13).
- 4인 그룹에 속한 사람은 강의실에서는 배울 수 없는 실제적인 부분을 체험으로 배운다. 4인 그룹 내의 토론과 나눔을 통해 말씀이 살아 움직이는 것을 경험할 수 있다.
- 많은 경건한 사람이 신앙 형성을 등한시하여 기독교 공동체나 사역 리더십에서 떨어져 나간 경우를 많이 본다. 그들은 정직함과 책임감을 요구하고, 격려와 은혜와 사랑을 주는 그룹에서 스스로 떨어져 나간다. 그러나 4인 그룹은 단단한 결속력으로 빛 가운데 살아갈 장소가 되어 준다(약 5:16).

책임감

"남의 하인을 비판하는 너는 누구냐 그가 서 있는 것이나 넘어지는 것이 자기 주인에게 있으매 그가 세움을 받으리니 이는 그를 세우시는 권능이 주께 있음이라." 롬 14:4

나이가 들수록 책임(accountability)보다 책임감(responsibility)을 더 믿게 된다. 말장난 같지만 두 단어의 차이는 외적 순종과 순종의 태도의 차이만큼 중요하다. 외적 순종은 그리스도께 순종한 결과, 즉 섬김의 행위에 집중한다. 그러나 순종의 방법은 다양하다. 자신을 내어 놓음으로써 섬김을 대신할 수도 있다. 순종은 우리가 그리스도를 위해 얼마나 많은 행위를 하느냐가 아니라 아무도 보지 않을 때 우리가 얼마나 그리스도를 사랑하고 그분께 순종하느냐로 측정된다. 그 두 가지 행동을 할 때 더 높은 부르심의 자리로 이동할 수 있다(눅 10:38-42 참고).

기독교 신앙을 버리고 떠난 사람들은 비참하거나 무의미한 삶을 산다. 하나님의 부르심과 무관하게 살기 때문이다(요 14:21).

그리스도의 교회로서 서로 사랑하는 방법을 토론하기 위해 몇 가지를 제시하겠다.

1. 책임감에는 선택의 자유가 있으나 선택에는 판단이 따른다. 전자는 우리가 내리는 선택이지만 후자는 누군가가 우리를 판단하는 것이다.

2. 책임은 자기 파괴적인 위험한 일을 허용한 마약중독자나 심각한 행동 문제가 있는 사람을 판단하는 말로 사용된다. 대부분의 프로그램은 결국 책임감을 강조한다. 그렇지 않으면 성숙하지 않은 사람은 결코 자신의 삶을 돌이킬 수 없다.

3. 누군가의 행동을 감시하는 것은 장기적인 해결책이 아니다. 그들은 원하는 걸 얻을 때까지 거짓말하고 분노하며 조종한다. 알코올중독자 모임에서 봉사 지원자는 중요한 역할을 맡는데, 중독자가 술을 마시고 싶은 충동이 강하게 들 때 그에게 전화를 걸어서 바른 결정을 내릴 수 있도록 도움을 주는 일을 한다.

4. 오늘날의 책임에서 마음에 안 드는 부분이 있다. 바로 열매다. 너무 기계적이다. 물론 사람을 보호하려는 의도에서 그런 거겠지만, 보통 책임은 행동이나 죄의 고백에 집중하고 더 깊이 들어가지 않는다. 같은 행동을 계속하는 사람은 자신의 행동을 합리화하거나 판단을 받는다. 책임을 졌는지 확인하는 질문은 이것이다. "너 ─했니?"이런 질문은 '죄의 관리'라는 문제에만

집중하게 한다. 하지만 행위는 문제의 한 부분일 뿐이다.

5. 일반적으로 책임은 소위 '불완전 고백'에 집중한다. 기분이 좋지 않다거나 유감이라는 말은 하나님과 자신을 속인 것에 대한 변명에 불과하다.

6. 회개 없는 고백의 이면에는 자기기만이 있다. 자기가 싫어질 정도로 충분히 반성하더라도 여전히 하나님보다 더 사랑하는 것, 즉 죄가 있을 수 있다. 많은 사람이 사람들과 하나님 앞에서 그렇게 행동한다. 반성한다고 하면서 머릿속에서는 다음 행동을 꾸민다. "형제들아 너희는 삼가 혹 너희 중에 누가 믿지 아니하는 악한 마음을 품고 살아 계신 하나님에게서 떨어질까 조심할 것이요 오직 오늘이라 일컫는 동안에 매일 피차 권면하여 너희 중에 누구든지 죄의 유혹으로 완고하게 되지 않도록 하라"(히 3:12-13).

7. 내가 말하는 고백의 의미를 정리해 보겠다. 죄의 고백에는 두 부분이 있다. 혹시 잡초를 뽑아 본 적이 있는가? 죄는 잡초와 비슷하다. 첫 번째 부분은 잡초의 머리, 즉 고백이다. "내가 한 일은 _____ (죄의 내용)입니다." 두 번째 부분은 잡초의 뿌리다. 내가 하나님 대신 죄를 선택한 이유에 해당한다. 대부분의 모임에서는 죄 자체만 다루고 깊이 들어가지 않는다. 잡초의 머리인 고백에만 집중하면 그 안의 영, 곧 원인을 놓치기 쉽다.

8. 죄에 대해 설명하면서 원예 용어를 사용한 이유가 궁금한가? 창세기에서 이 주제를 그렇게 소개하기 때문이다. 정원에 자란

잡초가 바로 우리 마음에 들어온 죄다. 하나님의 나라와 이 타락한 세상의 전쟁에 대해 알고 싶다면 잡초를 뽑아서 성령께 자신이 지금 싸우고 있는 영적전쟁이 무엇인지 보여 주시기를 구하라. 우리는 낡은 죄의 본성에서 결코 자유롭지 않다. 우리의 영과 육은 계속 싸우고 있다 (롬 7:21-23; 갈 5:17).

9. 죄의 고백이 왜 잡초의 머리일까? 치유가 가능할까? 가능하다. 예를 들어 내가 누군가를 미워한 일, 거짓말, 허풍, 도둑질, 화가 나서 아이를 때린 일을 고백하면 해당 죄의 문제에 대한 대화가 시작된다. 무엇을 언제 어떻게 왜 했는지에 대한 대화가 이어진다. 이것이 고백의 다음 단계이자 죄의 뿌리가 된다. 뿌리는 자라므로 마음을 잘 가꾸고, 하나님과 '믿을 만한 지체'에게 내가 하나님 대신 왜 그 죄를 택했는지 알려야 한다. 죄를 해결하는 지름길은 없다. 단순히 죄를 고백한다고 해서 해결되는 것도 아니다. 단순한 고백은 죄 문제를 해결하는 게 아니라 오히려 상처만 남긴다.

10. 온전함은 흥미로운 신학적 개념이다. 하늘 이쪽 편에서는 결코 도달할 수 없는 일이다. 자기 의로 가득한 사람보다 상처 입은 사람과 함께 사는 것이 훨씬 안전하다. 그들은 자신을 지탱하는 원동력을 알고 있다. 자기 의로 가득한 사람은 자신의 업적에 스스로 도취된다. 야고보서 5장 16절은 "그러므로 너희 죄를 서로 고백하며 병이 낫기를 위하여 서로 기도하라"고 말한다. 이런 고백은 상호적이다. 바울은 죄를 극복하도록 우리가 서로 도와줄 때 하나님의 법이 성취된다고 말한다. 도움이 필

요한 사람을 도와주기에는 자신이 너무 대단한 사람이라고 생각하는 사람은 사실 전혀 중요한 사람이 아니라는 경고도 덧붙인다(갈 6:1-4).

11. 고백할 때 모두 공개해야 할까? 완전한 공개는 잡초를 뿌리째 뽑는다는 의미다. 단순한 고백을 뛰어넘는다. 예를 들어 누군가가 이렇게 말한다고 하자. "아내 앞에서 이성을 잃었습니다." 이 고백만 듣고 바로 기도하는 사람도 있다. 그러나 충분한 시간을 두고 조언하면 남편은 자신이 아내를 때린 적이 이번만이 아니라는 것을 고백할 수도 있다. 모든 문제를 고백하게 하려면 더 많은 질문이 필요하다. 이런 정직함이 바로 하나님이 자녀에게 가장 바라시는 일이다.

12. 참된 고백은 '진정한' 기도와 같다. "나를 만지소서", "나와 함께하소서", "나를 축복하소서" 같은 평범한 말도 전부 기도다. 마음에서 잘 정리하여 분명히 하는 말도 기도다.

"또 자기를 의롭다고 믿고 다른 사람을 멸시하는 자들에게 이 비유로 말씀하시되
두 사람이 기도하러 성전에 올라가니 하나는 바리새인이요 하나는 세리라 바리새인은 서서 따로 기도하여 이르되 하나님이여 나는 다른 사람들 곧 토색, 불의, 간음을 하는 자들과 같지 아니하고 이 세리와도 같지 아니함을 감사하나이다 나는 이레에 두 번씩 금식하고 또 소득의 십일조를 드리나이다 하고
세리는 멀리 서서 감히 눈을 들어 하늘을 쳐다보지도 못하고 다만

가슴을 치며 이르되 하나님이여 불쌍히 여기소서 나는 죄인이로소
이다 하였느니라 내가 너희에게 이르노니 이에 저 바리새인이 아니
고 이 사람이 의롭다 하심을 받고 그의 집으로 내려갔느니라 무릇
자기를 높이는 자는 낮아지고 자기를 낮추는 자는 높아지리라 하시
니라." 눅 18:9-14

13. 흉악한 범죄도 아닌 미미한 죄를 왜 사람들에게 고백해야 하
   는가? 여러 이유가 있다. 우선 대부분 상대방에게 판단받거나
   상대방이 훈계하려 들까 봐 고백을 꺼린다. 불안해하는 것이
   당연하다. 내 말을 들어줄 사람을 찾기도 쉽지 않다. 그러나
   죄를 고백하고 들어주는 사람을 만나면 치유가 일어난다. 상
   처 입은 사람들은 듣는 가운데 고백하는 사람을 치유하는 일
   에 동참할 수 있다. 설교나 강의나 판단조의 훈계가 아니라 자
   신의 경험을 담담히 나누는 것이다. 양파 껍질 같은 우리의 생
   각을 한 겹씩 까다 보면 성령님이 치유가 필요한 문제의 근원
   으로 인도하신다.

14. 일단 죄를 고백했으니 죄의 능력이 끊어졌다고 생각한다면 순
   진한 생각이다. 고백에는 힘이 있다. 그러나 솔직한 자기 성찰
   이 없다면 고백은 무의미하다. 진정한 고백은 죄를 빛으로 끌
   고 나와서 진리 앞에 노출시킨다. 죄를 빛 가운데 두면 죄의
   능력이 끊어진다. 고백에 대해 순진하게 생각하는 사람은 왜
   그 죄를 범했으며, 죄가 자신에게 어떤 영향을 미쳤는지 질문
   하지 않고 성급하게 죄를 단순화한다.

15. 그렇다면 책임감은 무엇이 다른가? 책임감은 고백 너머의 뿌리를 보고 하나님 대신 왜 그 죄를 택했는지에 집중한다. 그러려면 하나님과 사람들과 많이 대화하고 가지치기하는 과정이 필요하다. 하늘의 능력을 구하며 찾고 두드리면서 더 깊이 파고들어야 한다. 많은 사람이 죄의 욕망을 마법처럼 제거해 줄 지니를 원한다. 죄를 이겨 내라고 말만 하는 사람도 많다. 하지만 진정으로 죄를 고백하는 일에는 치유가 있다. 서로를 위해 기도할 때 하나님은 우리의 동기를 돌아보게 하신다. 대화하는 중에 새로운 길을 찾을 수 있다.

16. 사람들은 무엇을 찾고 있는가? 우리는 모두 깨어진 사람들이다. 우리는 마음을 다듬을 안전한 장소를 찾고 있다. 죄를 고백하지 않고 놔두면 잡초가 우리 마음을 잠식한다. 하나님 앞에서 순전한 마음으로 있을 수 있는 방법은 자기 성찰하는 삶을 사는 것이다.

17. 리안 페인(Leanne Payne)은 『치유기도를 통한 그리스도인의 영혼 회복』(Restoring the Christian Soul through Healing Prayer)이라는 책에서 '영적 전쟁의 은사'를 소개한다. 성령님의 인도에 따라 영혼에 구원의 진리를 선포하라. 이때 하나님이 권능으로 일하신다. 예수님은 질문을 받을 때마다 이 언어를 사용하셨다. 예수님의 비유에는 영혼에게 말하고 누군가의 마음의 문제를 시험하는 권능이 있다.

우리는 은사에만 집중하고 성품을 무시할 때가 많다. 책임과 책임감에 대해서도 마찬가지다. 죄를 고백하는 일은 자유를 얻는 요술 지팡이가 아니다. 하나님을 기쁘시게 하고 사람들을 섬기며 사랑하려는 소원 안에서 성숙해져야 한다. 성숙하는 과정에 있는 사람에게는 믿음, 신뢰, 이웃과 하나님과 친밀하게 교제하는 능력이라는 증거가 나타난다.

2010년 머리말

1 Dietrich Bonhoeffer, *The Cost of Discipleship*(New York: Macmillan, 1963), p. 48.

2 Dallas Willard, speech, March 24, 2009.

1990년 머리말

1 참고한 연구는 다음과 같다. James Hunter, *Evangelism: The Coming Generation*(Chicago: University of Chicago Press, 1987), p. 203-207.

1_ 성경의 제자도

1 자세한 내용은 다음을 참고하라. G. W. Bromily, *The Theological Dictionary of the New Testament*(Grand Rapids: Eerdmans, 1967), p. 457-459.

2 같은 책, p. 441.

3 Michael Wilkins, *The Concept of Disciple in Matthew's Gospel as Reflected in the Use of the Term Mathetes*(Boston: E. J. Brill, 1988), p. 160.

4 Robert Coleman, *The Master Plan of Discipleship*(Old Tappan, NJ: Revell, 1987), p. 99.

5 출처: Wilkins, *Concept of Disciple*. 윌킨스는 이 논지에 동의하지 않으며 효과적인 반론을 제기했다.

6 마이클 윌킨스의 글을 추천한다. 다음 자료를 참고하라. *The Anchor Bible Dictionary*(Garden City, NY: Doubleday, 1992).

7 Bill Hull, *Jesus Christ, Disciplemaker*(Grand Rapids: Baker, 2004). 예수님이 제자 삼기의 모범이라는 믿음을 토대로 집필한 책이다.

2_ 제자 삼는 교회의 초점

1 Eberhard Bethge, *Dietrich Bonhoeffer: A Biography*(Minneapolis: Fortress Press, 2000), p. 83.

2 세부 내용은 목회자의 관점에서 집필한 내 책을 참고하라. Bill Hull, *The Disciple-Making Pastor*(Grand Rapids: Baker, 2007).

3 David T. Olson, *The American Church in Crisis*(Grand Rapids: Zondervan, 2008), p. 29.

4 Dallas Willard, *The Spirit of the Disciplines*(San Francisco: Harper and Row, 1989), p. 246.

3_ 초대교회의 설립

1 자세한 내용은 내 책을 참고하라. Bill Hull, *Jesus Christ, Disciplemaker.*

4_ 초대교회의 방식과 우선순위

1 E. M. Bounds, *A Treasury of Prayer,* ed. Leonard Ravenhill(Minneapolis: Bethany House, 1961), p. 99.

6_ 제자 삼기의 장벽 제거

1 Michael Green, *Evangelism in the Early Church*(Grand Rapids: Eerdmans, 1970), p. 274.

2 Winston Churchill, BrainyQuote, http://www.brainyquote.com/quotes/authors/w/winston_churchill_9.html.

3 Willard, *Spirit of the Disciplines,* p. 247.

7_ 선교교회와 예수님

1 Green, *Evangelism in the Early Church,* p. 194.

2 같은 책, p. 195.

3 William L. Coleman, *The Pharisees' Guide to Total Holiness*(Minneapolis: Bethany House, 1977), p. 24.

4 같은 책, p. 26-27.

8_ 선교교회의 성숙

1 John Sterling, *An Atlas of Acts*(Old Tappan, NJ: Revell, 1966), p. 10-14.

9_ 선교교회의 재생산

1 Wilkins, *Anchor Bible Dictionary.*

2 같은 책.

3 같은 책. 신약성경의 제자도 관련 용어를 연구한 윌킨슨의 자료는 매우 귀중한 자료로서 내 연구에도 큰 도움이 되었다. Wilkins, *The Concept of Disciple in Matthew's Gospel as Reflected in the Use of the Term Mathetes.*

4 같은 책.

10_ 에베소 교회의 회중과 우선순위

1 Green, *Evangelism in the Early Church*, p. 206.

2 리더십의 시각에서 보는 리더십 문제에 대해서는 내 책을 참고하라. *The Disciple-Making Pastor.*

3 변화의 속성에 대한 추가 정보는 에베소서 4장 17-32절에서도 확인할 수 있다. 관련 구절로 골로새서 3장 12-17절이 있다.

4 자세한 내용은 내 책을 참고하라. Hull, *Right Thinking: Insights on Spiritual Growth*(Colorado Springs: NavPress, 1985).

11_ 목회의 우선순위

1 Walter Lock, *The International Critical Commentary*(Edinburgh: T & T Clark, 1924), p. 110-111.

2 Hull, *Disciple-Making Pastor*, p. 238-247.

3 디모데후서 2장 2절의 가르침에 대한 추가 내용은 같은 책을 참고하라. 같은 책, p. 135-140.

12_ 리더십 공동체 구성

1 Green, *Evangelism in the Early Church,* p. 206.

2 같은 책, p. 204.

3 같은 책, p. 205.

4 예수님의 6단계 교육법과 훈련단계에 대해서는 내 책을 참고하라. Hull, *Jesus Christ, Disciplemaker and The Disciple-Making Pastor.*

5 C. S. Lewis, quoted in Alan Jacobs, *The Narnian*(New York: Harper One, 2005), xxiii.

13_ 원칙에 기초한 교회

1 Bill Hull, *Choose the Life*(Grand Rapids: Baker, 2004), p. 31-42.

부록

1 상 이름 출처: Robert E. Logan, *Beyond Church Growth*(Grand Rapids: Revell, 1989), p. 156.

2 출처: Win Arn, *The Master's Plan for Making Disciples*(Monrovia, CA: Church Growth, 1982).

3 C. S. Lewis, *Mere Christianity*(New York: HarperCollins, 2001), p. 45